U0513861

大同书

康有为 / 撰
汤志钧 / 导读

蓬莱阁典藏系列

上海古籍出版社

图书在版编目（CIP）数据

大同书 / 康有为撰；汤志钧导读. —上海：上海
古籍出版社，2019.5（2024.6 重印）
（蓬莱阁典藏系列）
ISBN 978 - 7 - 5325 - 8892 - 3

Ⅰ.①大… Ⅱ.①康… ②汤… Ⅲ.①哲学思想–中
国–清代近代②国家制度–研究–中国–清代 Ⅳ.
①B258.1②D092.52

中国版本图书馆 CIP 数据核字（2018）第 133932 号

蓬莱阁典藏系列
大同书
康有为 撰 汤志钧 导读
————————————————

上海古籍出版社 出版、发行
（上海市闵行区号景路 159 弄 1–5 号 A 座 5F 邮政编码 201101）
(1) 地址：www. guji. com. cn
(2) E-mail：guji1@guji. com. cn
(3) 易文网网址：www. ewen. co

印 刷 苏州市越洋印刷有限公司
开 本 787×1092 1/32
印 张 10.625
插 页 5
字 数 215,000
版 次 2019 年 5 月第 1 版 2024 年 6 月第 3 次印刷
ISBN 978 - 7 - 5325 - 8892 - 3/B · 1061
定 价 42.00 元

如有质量问题，请与承印公司联系

出版说明

　　中国传统学术发展到晚清民国，进入一个关键的转折时期。面对"数千年未有之变局"，旧传统与新思想无时不在激荡中融汇，学术也因而别开生面。士人的眼界既开，学殖又厚，遂有一批大师级学者与经典性著作涌现。这批大师级学者在大变局中深刻反思，跳出旧传统的窠臼，拥抱新思想的精粹，故其成就者大。本社以此时期的大师级学者经典性著作具有开创性，遂延请当今著名专家为之撰写导读，希冀借助今之专家，诠释昔之大师，以引导读者理解其学术源流、文化背景等。是以本社编有"蓬莱阁丛书"，其意以为汉人将庋藏要籍的馆阁比作道家蓬莱山，后世遂称藏书阁为"蓬莱阁"，因借取而为丛书名。"蓬莱阁丛书"推出后风行海内,为无数学子涉猎学术提供了阶梯。今推出"蓬莱阁典藏系列",萃取"蓬莱阁丛书"之精华,希望大师的经典之作与专家的精赅之论珠联璧合,继续帮助读者理解中国传统学术的发展与大师的治学风范。

目 录

《大同书》导读

汤志钧

　　"大同"，儒家的理想社会，它一直为人们所向往，著名的政治家、思想家经常提到"大同"，孙中山就想望"成一个大同之治"。至于系统论述，并以之名书的则是康有为。

　　康有为在《大同书》中描绘出"无邦国，无帝王，人人平等，天下为公"的大同社会，引起人们的注视，但他的大同思想孕育较早，而《大同书》的撰述却迟。随着社会历史的发展、康有为政治生涯的递变，他的大同思想前后也有显著差异。因此，正确评价《大同书》，弄清其酝酿、写作、出版的过程，无疑是必要的。

一

　　《礼记·礼运》记载：

孔子曰:"大道之行也,与三代之英,丘未之逮也,而有志焉。大道之行也,天下为公。选贤与能,讲信修睦。故人不独亲其亲,不独子其子,使老有所终,壮有所用,幼有所长,矜、寡、孤、独、废疾者皆有所养;男有分,女有归。货,恶其弃于地也,不必藏于己;力,恶其不出于身也,不必为己;是故谋闭而不兴,盗窃乱贼而不作,故外户而不闭,是谓大同。"

《礼运》描绘的"大同"境界是"天下为公",货"不必藏于己",力"不必为己",老、幼、妇女、孤独都有所养。盗贼不作,外户不闭。这种"大同"境界,依托孔子,应写于春秋之后、战国或秦、汉之际。孔子是儒家的创始人,"天下为公"的"大同"社会,也一直为儒家所向往。

记录孔子言行的《论语》一书中,也有"老者安之,朋友信之,少者怀之"①以及"丘也闻有国有家者,不患寡而患不均,不患贫而患不安;盖均无贫,和无寡,安无倾"②等话语。

孔子的传人孟子也说:

五亩之宅,树之以桑,五十者可以衣帛矣;鸡豚狗彘之畜,无失其时,七十者可以食肉矣;五亩之田,勿夺其时,数口之家可以无饥矣;谨庠序之教,申之以孝悌之义,颁白者不负戴于道路矣。七十者衣帛食肉,黎民不饥不寒,然而不王者,未之有也。③

春秋战国,诸侯征伐,列国纷争,在这社会动荡之际,百家争鸣,不仅儒家,其他学派也有这种愿望和想法。如《老子》第八十章说:"甘其食,美其服,安其居,乐其俗;邻国相望,鸡犬之声相闻,民至老死不相往来。"《庄子·马蹄》说:"夫至德之世,同与禽兽居,族与万物并,恶知君子小人哉!同乎无知,其德不离;同乎无欲,是谓素朴,素朴而民性得矣。"秦相吕不韦主持编辑的《吕氏春秋·贵公》也说:"昔先圣王之治天下也,必先公,公则天下平矣,平得于公。"

"大同",不仅在古代为人所乐道。清代中叶,社会动荡,衰乱迹象呈露,龚自珍在《平等篇》指出当时的基本矛盾是"浮不足之数相去愈远,则亡愈速,去稍近,治亦稍速",如果让"浮不足"长期分化下去,则"不祥之气,郁于天地之间,郁之久,乃必发为兵燧为疾疫,生民噍类,靡其孑遗,人畜悲痛,鬼神思变置。其始不过贫富不相齐之为之尔,小不相齐渐至大不相齐,大不相齐则至衰天下"[④]。

随着帝国主义势力的入侵,社会矛盾的激化,洪秀全在《原道醒世训》中引录《礼运》中"大道之行也,天下为公","是谓大同"一段,感慨地说:"而今尚可望哉!"

领导反清革命的孙中山曾手书《礼运》中有关"大同"的词句,还在论著和许多讲演中提到"大同"。如《三民主义·民族主义》说:

我们要将来能够治国平天下,便先要恢复民族主义和民族地位。用固有的道德和平做基础,去统一世界,成一个大同之治,这便是我们四万万人的大责任。⑤

"大道之行,天下为公"的"大同"世界,过去"只有思想",现代却"有了这个事实"⑥,孙中山观察当时的世界发展趋势,援引"大同",对中国的前途充满信心,认为时代前进,向往"大同","适于时代之潮流,合乎人群之需要"。

至于为《礼运》作注,并撰写《大同书》的,则是康有为。

二

康有为(1858—1927),又名祖诒,字广厦,号长素。戊戌政变后自号更生,张勋复辟后,又号更甡,晚号天游化人,广东南海西樵山银塘乡人。

康有为幼年接受严格的传统教育,攻读经史。1876 年(光绪二年),应乡试未售,从朱次琦(九江)学。朱次琦主张"济人经世,不为无用之空谈高论","扫除汉、宋之门户,而归宗于孔子"。康有为受其影响,"以圣贤为必可期","以天下为必有为"。

1879 年,康有为和久宦京师的张鼎华(延秋)相晤,使他"得博中原文献之传",从而"尽知京朝风气、近时人才及各种新书"。接着,薄游香港,经上海,购西书,讲西学,开始向西方寻找出路。

1884 年,中法战争爆发,次年,签订条约,康有为鉴于外敌入侵,"窥我滇、粤",极为愤慨。次年,"从事算学,以几何著《人类公理》"。接着,作《内外篇》,孕育大同境界。

《人类公理》是康有为较早发挥大同学说的作品,但未见存本。康有为早年哲学著作,仅见《实理公法全书》和《康子内外篇》。《实理公法全书》初稿曾以"公理书"为题,"凡例"也言"实理"、"公理",与《康南海自编年谱》所说《人类公理》思想相合。《康子内外篇》是康有为最早的哲学著作,根据《实理公法全书》、《康子内外篇》,参考《自编年谱》以及1888年的《上清帝第一书》,可以恢复康有为早期大同思想的基本面貌。

康有为为什么要写《人类公理》,其撰写的社会条件是什么?《人类公理》又是企图解决什么问题? 在帝国主义势力的疯狂侵略下,康有为感到"山河尺寸堪伤痛,鳞介冠裳孰少多"⑦! 沧海惊波,外患日迫,这使从小"慷慨有远志",夙有远大抱负的康有为,忧愤填膺。难道帝国主义势力侵略中国,是"人类公理"吗? 难道中国人民备受帝国主义势力的蹂躏,也是"人类公理"吗?

1888年前,康有为两赴香港,一游上海,曾引起他对资本主义制度的向往,但"欢来独惜非吾土",外患日深,民族危亡,清朝统治阶级却"酣嬉偷惰,苟安旦夕",以致"官不择才而上且鬻官,学不教士而不患无学",难道这是"人类公理"吗? "河决不塞",水旱流行,官吏则"游宴从容",小民则"荡析愁苦",难道这是"人类公理"吗?

照此说来,《人类公理》是在外患日迫、"内政不修"的社会背景下撰述的。康有为"日日以救世为心,刻刻以救世为事",而"忧国忧民",思"悲哀振救之",是具有爱国意义的。

　　康有为自述"人类公理"的思想来源是："读宋、元、明《学案》、《朱子语录》,于海幢华林读佛典较多,上自婆罗门,旁收四教,兼为算学,涉猎西学书。""合经子之奥旨,探儒佛之微旨,参中西之新理,穷天下之迹变,搜合诸教,披析大地,剖析今古,穷察后来。"说明他这时主要受了宋明理学、佛教哲学和西方资本主义国家社会政治学说、自然科学知识的影响,还没有渗进儒家今文学说。他"涉猎西学",企图"向西方学习","以几何著《人类公理》"。"几何",在中国古代虽有此名词,但他所说的"几何",是指以物的形状、大小、位置,研究其真理的科学,有其新的含义。

　　他以为几何公理是"一定之法",如一、二、四、八、十六、三十二[⑧],是"公然之实"[⑨],但是"不能无人立之法"。人立之法"其理较虚",只是"两可之实"[⑩],它本来没有"定则",只是"推一最有益于人道者以为公法而已"[⑪]。什么是"最有益于人道"的"公法"? 那就是平等。

　　康有为认为"人类平等"是"几何公理",所以要"以平等之意,用人立之法"[⑫],要"以互相逆制之法",使之平等。认为"学不外二端,为我、兼爱而已"。"兼爱"是"仁之极","为我"是"义之极"。"兼爱","既爱我又爱人","为我"则有时会"为其所以为",于是以德、刑检之。但是,"中国之俗,尊君卑臣,重男轻女,崇良抑贱",明明是不平等,却认为是"义","习俗既定以为义理,至于今日,臣不跪服畏威而不敢言,妇不卑抑不学而无所识,臣妇之道,抑之极矣,此恐非义理之至也。亦风气使然耳。物理抑之甚者必伸,吾谓百年之后必变三者。君不专,臣不卑,君臣轻重同,良贱齐一"。这才符合"佛氏平等之学"⑬。

康有为也曾"眉间蹙蹙常若有忧者",对人世间的不平等感到"不忍"。在一定程度上对"穷民"寄以同情,他说:"予出而偶有见焉,父子而不相养也,兄弟而不相恤也,穷民终岁勤勤而无以为衣食也。僻乡之中,老翁无衣,孺子无裳,牛宫马磨,蓬首垢面,服勤至死,而曾不饱糠覆也。彼岂非与我为天生之人哉?而观其生平,曾牛马之不若,予哀其同为人而至斯极也。"⑭他认为产生这些现象,主要由于"政事有不修,地利有未辟,教化有未至",这是"民上者之过"⑮。"忧天悯人","而有不忍人之心焉"。

康有为忧患人生,想望平等,他要"奉天合地,以合国、合种、合教、一统地界,又推一统之后,人类语言、文字、饮食、衣服、宫室之变制、男女平等之法、人类通同公之法,务致诸生于极乐世界"。

康有为不是迷信往古,而是想望未来,设想"斟酌古今,会通沿革,损益得失","务致诸生于极乐世界"。这有其沾染佛教哲学的迹象,但佛教讲"出世",康有为要"经世"。于是"参中西之新理","通天下之故,极阴阳之变"⑯,拟出"平等公同"的图景,从事《人类公理》的撰述。

康有为这种"平等"思想,除存有封建学说外,还渗透着西方资本主义的学理,他认为人生来平等,都应有自主之权,然而当前"人不尽有自主之权"⑰,如"君主畏权无限"⑱等,就是现实生活中不合"几何公理"的。这些,应与他"涉猎西学",沾染西方资本主义平等、民主思想有关。"公理学"的酝酿和撰述,象征着一个封建知识分子走向资产阶级改良派的历程,《实理公法全书》和《康子内外篇》也可视为中国人向西方国家寻找真理的早期撰著。

三

康有为早期的大同思想,是在《人类公理》的基础上,随着社会的发展而发展的,是在第一次上书不达后受了今文经学的影响而形成的。

1886 年前,康有为好《周礼》,尊周公,贯穿之所著《教学通议》一书⑲,强调"言教通治,言古切今"。1888 年,康有为鉴于中法战后民族危机严重,趁入京考试的机会,第一次向光绪皇帝上书,提出"变成法"、"通下情"、"慎左右"三点建议。

康有为在写《上清帝第一书》时,想望能有如周公其人辅佐光绪皇帝"制礼作乐"、"天下奉行"。当他上书时,曾托盛昱向光绪的师傅翁同龢代递折稿;还先后向工部尚书潘祖荫、都察院左都御使祁世长、吏部尚书徐桐上书"陈大计而责之"⑳。但除翁同龢将折稿摘抄外㉑,其余都没有达到预期的目的。且为徐桐"以狂生见斥"㉒。使他深感:"治安一策知难上,只是江湖心未灰。"㉓

1889 年,康有为离开北京,回到广州。次年春,移居徽州会馆,晤见廖平。廖平讲今文经学,讲"通三统"、"张三世",认为夏、商、周三代的制度,各有因革损益,不是不变的;《春秋》分"所见"、"所闻"、"所传闻"三世,汉代何休注《公羊》,以"所传闻世"为"衰乱"、"所闻世"为"升平"、"所见世"为"太平"。如以古代为衰乱、近代为升平、现代为太平的话,社会历史是向前发展的。"三统"和"三世"相结合,就成为要救国,要"太平",就要"因革"、"改制";只有"因革"、"改制",才能进步,才能达到"太平"的愿望。

于是,康有为一改过去的尊周公、崇《周礼》为尊孔子、崇《公羊》,依附今文"三统"说以强调变通,揭櫫孔子改制以宣传变法。他前所孕育的"大同"境界,至此渗透了今文学说。

1889年到1895年,康有为表面上不谈政治,实际从事维新运动骨干的培养和变法运动理论体系的建立。他在广州万木草堂讲学时,在弟子陈千秋、梁启超等的帮助下,撰写《新学伪经考》,说是古文经学所传之经,"非孔子之经",是"伪经",经过刘歆的篡伪;撰写《孔子改制考》,以宣传"改制",以孔子为"制法之王"。在戊戌变法前,康有为把《公羊》"三世"和《礼运》"大同"、"小康"相糅,基本上构成一个"三世"系统,即以《公羊》的"升平世"为《礼运》的"小康",以《公羊》的"太平世"为《礼运》的"大同"。

康有为这时的"三世"说,主要记录在《礼运注》、《春秋董氏学》和《孔子改制考》中,是以《公羊》的"所传闻世"为"乱世";以《公羊》的"所闻世"为"升平","升平者,渐有文教,小康也;太平者,大同之世,远近大小如一,文教全备也"。结合中国社会历史的发展,康有为以为"吾中国二千年来,凡汉、唐、宋、明,不别其治乱兴衰,总总皆小康之世也"。"汉文而晋质,唐文而宋质,明文而国朝质,然皆升平世家也。"他以中国二千年来封建社会为"升平世"即"小康"[24],以为"今者中国已小康矣",

通过变法维新,就可逐渐达到他所想望的"大同"境界。这是康有为戊戌变法前的"三世"说,是和他当时的政治活动密切结合的。

四

百日维新失败,康有为流亡海外,自日本游美洲,赴加拿大,抵伦敦,还香港,到新加坡。1901年,离槟榔屿,去印度,《大同书》就是他定居印度大吉岭时所写的。

在这几年中,国内的形势发生了很大的变化,己亥建储、庚子"勤王"、八国联军、《辛丑和约》以至革命运动的掀起,尽管他勤王、保皇的宗旨没有改变,但他的思想却随着时代的推移而有所震动。游历欧、美的结果,理想中的资本主义制度和亲眼目睹的资本主义制度之间的矛盾,耳食或阅读得来的书本知识和亲身游历得来的实际见闻之间的矛盾,要求发展资本主义而对封建主义有一定依恋性的矛盾等等,使他感到"千界皆烦恼","苍天太不平"。他在新加坡和"观天演斋主"丘菽园研读《天演论》,赋诗云:"我生思想皆天演,颇妒严平先译之","遂令亡人忘忧患,沉吟新论动琴丝"[25]。"物竞天择,适者生存",也使他"妄思新论",引发了"大同"三世说的演变。

康有为在1901年所撰《春秋笔削微言大义考》的《自序》中说:孔子之时,身行乎据乱,是"乱世"。如果能循"孔子之道","推行至于隋、唐",应该进化到"升平世"("小康"了);隋、唐以后,"至今千载",中国应该"可先大地而太平矣"。但因秦、汉的崇"刑名法术",王莽、刘歆的"创造伪经",晋代以后的"伪古学大行",以致"微言散绝","三世之说不诵于人间,大同之种永绝于中国",人们只是"笃守据乱之法以治天下"。那么,中国二千多年的历史,不过是"乱世",并非"小康",与《礼运注叙》所称"吾中国二千年来,凡汉、唐、宋、明,不别其治乱兴衰,总总皆小康之世也"不同了。

在康有为同一时期撰写的《孟子微》、《论语注》、《中庸注》中也有"吾既生乱世"、"即英、美诸国近号升平"等记载。他1901至1902年在印度写出的《大同书》也以欧、美为"略近升平",近号"升平";而中国则"伤矣哉!乱世也"。以自己为"既生乱世",和戊戌变法前的"大同"涵义不同了。

五

康有为在《大同书题辞》中说:"吾年二十七,当光绪甲申,法兵震羊城,吾避兵居西樵山北银塘乡之七桧园澹如楼,感国难,哀民生,著《大同书》。"㉖说是撰于1884年。但《大同书》是康有为受了今文经学影响后,再将《公羊》"三世"、《礼运》"大同"、"小康"糅合,形成一个"三世"系统的,在此以前,不可能已经撰有《大同书》;而《大同书》的"三世"说,又是他戊戌政变以后的"三世说",《大同书》中还有很多1884年后成书的例证。我认为梁启超所说《大同书》是康有为"辛丑、壬寅间(1901—1904年)避居印度,乃著为成书"是可信的,从而多次撰文辨证㉗;当《大同书》手稿发现后,又写了《〈大同书〉手稿及其成书年代》㉘;进一步核定它的成书年代和此后的增改之迹。

《大同书》不可能撰于 1884 年,而是 1901—1902 年所撰,因为:

第一,《大同书》中以"太平世"(大同)的社会组织形式是全世界设立一个统一的整体,最高的中央统治机构叫做"公政府"。他以为达到这个"理想",需要通过"弭兵会"来解决,他说:"俄罗斯帝之为万国平和会也,为大地万国联交之始也。"㉓这是指 1899 年 5 月 18 日由沙俄尼古拉二世倡议,在荷兰首都海牙召开的"海牙和平会议"。可知它不是撰于 1884 年,再经 1900 年的增订,而是撰于"起于己亥,终于庚子"的"海牙和平会议"之后。

第二,手稿中记载 1884 年以后的事迹很多,如今本戊部《去形界保独立》中有"故弱冠以还,即开不缠足会,其后同志渐集,舍弟广仁主持尤力,大开斯会于粤与沪,从者如云,斯风少变。戊戌曾奏请禁缠足,虽不施行,而天下移风矣。按:康广仁经理的上海不缠足会,于 1897 年 7 月成立;《大同书》又称:"戊戌曾奏请禁缠足",戊戌为 1898 年。又称:"虽不施行,而天下移风矣",则应为戊戌以后词句。这段记载,见于手稿正文中。

第三,手稿中有不少游历欧、美后的见闻记录,如"吾昔入加拿大总议院,其下议院长诸女陪吾观焉"(亦见今本第 130 页)。"而观欧、美之俗,男女会坐,握手并肩"(亦见今本第 160 页)。这些记载,不是亲历,是不会写得如此具体的。其中尤以有关印度的记载为多,如今本戊部《论妇女之苦》,举印度"抑女"事例,见于手稿。这些都写在正文之中,不是旁注,不是添加。手稿中所以有欧、美见闻,印度事例,正因为康有为政变后在这些地方游历、定居。

手稿的发现,有力地证明康有为不可能在 1884 年就已撰有《大同书》。1884 年到 1902 年,中国历史发生了很大变化,康有为的思想也起了很大的变化。因此,评价《大同书》,就不能不考定他的写作时间和他当时的政治活动。

1902 年,中国的革命运动已渐掀起,连康有为的弟子梁启超、欧榘甲也有些"摇移"。康有为要讲"世界大同",而游历后看到人各自私,"才智竞争","未能止杀人",写了《答南北美洲诸华商论中国只可行立宪不可行革命书》,说:

> 仆生平言世界大同,而今日列强交争,仆必自爱其国,此春秋据乱世所以内其国而外诸夏也。仆生平言天下为公,不可有家界,而今日人各自私。……仆言众生,皆本于天,皆为兄弟,皆为平等,而今当才智竞争之时,未能止杀人,何能戒杀兽。……仆生平言男女平等,婚姻自由、政事同权,而今日女学未至,女教未成,仆亦不遽言以女子为官吏也。仆生平言民权、言公议,言国为民公共之产,而君为民所请代理之人,而不愿革命民主之事,以时地相反,妄易之则生大害。⑩

政变后康有为游历各国,使他彷徨迷惑,不知如何再能走向"大同"之域?

　　如果说康有为在新加坡和丘菽园同温《天演论》，引发了他对天演进化的思考，那他的定居印度，则又使他在游历这世界文明故国后，又增加了一层惆怅。他在《大同书》中即有记述印度见闻四十余处，在他这时的其他著作、函札、诗文、游记也多次提到印度。

　　为什么他对"文明最古邦"、"大地第一故国"印度倍加感慨？首先，他以为印度守旧，等级森严，"不平等之处尚多"。他说："盖印俗重男轻女，寡妇多如是，幽闭伤天地之生，郁人道之和，失自由之性，旧俗多如是。"㉛又说："印度道中所见，盖无上等人，其上等人深居简出，出必车马，无从一见。""盖全印之地，实非乐土，且教化风俗束缚极严，全无自由之乐，印度可谓西方极苦世界。"㉜

　　其次，参观古迹，购买古董，大为失望，说是"吾欲购一印度古画，而遍访市上无之，稍有一二，笔墨极呆，已索千数，盖印度之文明绝矣"㉝。认为印度"只因倡革命，各自背君王。行省争分立，全疆遂尽亡"㉞。还写了《与同学诸子梁启超等论印度亡国由于各省自立书》，自称："吾居印度久，粗考其近代史，乃得其所以致亡之由，即诸子所日慕之望之自立也。""自游印度而不敢言革命自立焉。"将此文与《答南北美洲诸华商论中国只可行立宪不可行革命书》合刊为《南海先生最近政见书》，说什么资产阶级革命，只有法国一国，这是"欧洲特别之情"，而革命后且有"大乱"发生，以喻革命不适于中国国情，只有"皇上复辟"，才能"定宪法变新政而自强"。

　　戊戌政变后，康有为潜研《天演论》，"妄思新论"；游历欧、美，思想蜕变;定居印度,遥想文明古国。康有为"大同三世"说的改变,正是他不能找到一条通达大同之路的反映。

六

康有为在1901—1902年避居印度时撰写的《大同书》,生前仅发表了甲、乙两卷,"馀则尚有待也"。

1913年1月,康有为为母亲生辰,避居日本的他拟回香港,刚好麦孟华赴日,告以广州、香港革命派活动情况,乃不敢归。主编《不忍》杂志,于1913年2月由上海广智书局发行。

《大同书》在《不忍》创刊号起连载,登至第八册(孔子二千四百六十四年十月,当1913年11月出版),将乙部登完。就在这时,康有为奔母丧归,移居上海。到1917年续出第九、十册,但《大同书》没有续载。

《不忍》基本上都是康有为的撰著,《孔子改制考》、《孟子微》、《中庸注》、《礼运注》、《大学注序》等也先后在《不忍》刊出。

《大同书》甲、乙两部在《不忍》登出后,于"孔子二千四百七十年己未三月",由上海三马路望平街口长兴书局出单行本(下简称"甲、乙本")和装铅字排印一册。它是用《不忍》的铅版印行,和《不忍》所载几乎全同。封面《大同书》和首页"大同,甲部,乙部",都是康有为手写,并首载康有为《〈大同书〉成题词》。

从"甲、乙本"中也可看出《大同书》的撰写日期,不可能是1884年,如上述记载1900年海牙会议等事皆见于"甲、乙本",印度事迹的记载也特别多，可见它是康有为避居印度时撰写的。

《大同书》撰出后，曾多次修改，除增添编次、次序调整、补充事例外，内容也有增改，这些增改又与他游历欧、美有关，如"今本"《贫穷之苦》中增加"试观东伦敦之贫里，如游地狱，巴黎、纽约、芝加哥贫里亦然"。按康氏虽曾在1899年赴英国，而他到法国和纽约则在1905年。《天灾之苦》中说："美国之南科罗打市，一夕为海水没，吾尝观其影戏焉，惨哉!"按康有为由加拿大游美国系1905年。又"吾观意国奈波里之古城……今此山尚数年十数年一大焚裂也。希腊哥林士之古城亦然"。按康有为于1904年5月26日自槟榔屿启行，经锡兰、亚丁至红海，穿苏彝士运河入地中海，经希腊群岛，6月中旬至意大利，由巴的连诗登陆，经游奈波里而至罗马。6月27日，由罗马经游米兰，旋又游历欧洲各国，见其所撰《欧洲十一国游记》。此后，又于1906年重游意大利。他将"观意大利"加上"吾"字，下面增加希腊事，知系1904年以至1906年游意以后补写。

此外，《大同书》除甲、乙两部外，1902年以后增补的事例还有很多。可知康有为在1902年写了《大同书》后，又经过修补，除甲、乙两部外，迄未定稿出版。

《大同书》全书在康有为逝世后，由其晚年弟子钱定安整理，交中华书局于1935年4月出版（下简称"钱本"）。如甲、乙两部之后是丙部《去级界平民族》，"钱本"不分章节，还将"同种国既合一矣"以下五段排入"丁部"，致文义重复，应照原稿恢复；而且此本整理粗疏，颇多误植。

1956年7月，《大同书》由古籍出版社（北京）排印出版，据整理者称："又从著者家族那里借到一种抄本。我们参照各本和上下文义，对于最显著的错误加了一些订正。"此本标排亦确当，如"癸部""钱本"不分章，小标题亦有缺，今本则按文意分章，补标题。这是较好的版本，后出诸本都较多地吸收了这一版本的整理成果。

七

"大同"，是中国人长期的想望，康有为以毕生精力从事"大同"的探讨，《大同书》的撰述，自然引起海内外人士的重视。

《大同书》汲取了孔子的大同说和耶教、佛教"平等"等教义，也接受达尔文进化论、柏拉图乌托邦以至傅立叶、欧文等空想社会主义的影响。康有为游历各国，博览群籍，写成此书，在书中康有为提倡"破九界"的人道原则，批判现实社会，设计"升平世"的范式，规划社会改造方案，又展望"大同"境界，设计理想社会，立意高远，文辞丰赡，不愧为中国哲学史、中国思想史的名著，故国外学者，也对之有专门研究和译述。

由于《大同书》的撰写、增改时间很长，在阅读和评价《大同书》的同时，似应考虑下列几点：

第一，康有为的大同思想孕育较早，而《大同书》的撰述却迟。他自称1884年即撰有此书，这是倒填年月，不足凭信。它是1901—1902年康有为避居印度时撰写的，如今尚存手稿。因此，不能将他早年的大同思想和后来撰写的《大同书》混同评价。

第二，《大同书》于1901—1902年撰出后，康有为又多次增改，历经修缮，他生前只发表了甲、乙两部，"馀则尚有待也"，迄未定稿。因此，评价《大同书》，还得注视它的发表、增改迹象，不能只看到书中美妙的词句，忘记时代的烙印。

近代，中国风云变幻，《大同书》作为政治家、思想家康有为的撰著，是作者在各时期对当时政治、社会、经济、文化现象思考的反映，要正确剖析其思想内涵，就要弄清其写作、发表的时代背景。

---

① 《论语·公冶长》。

② 《论语·季氏》。

③ 《孟子·梁惠王上》。

④ 龚自珍：《平均篇》，《龚自珍全集》第78页，中华书局1959年版。

⑤ 孙中山：《三民主义·民族主义》，见《孙中山全集》第9卷第253页，中华书局版。

⑥ 孙中山：《在广州欢宴各军将领会上的演说》，同上第8卷第470页。

⑦ 康有为：《闻邓铁香鸿胪安南画界拟还却寄》，1885年，见拙编《康有为政论集》第28页，中华书局1981年版。

⑧ 康有为：《实理公法全书·公字解》。

⑨、⑩ 康有为：《实理公法全书·实字解》。

⑪、⑫ 康有为：《实理公法全书·总论·人类门》。

⑬、⑭、⑮ 康有为：《康子内外篇·不忍篇》。

⑯ 康有为：《长兴学记》第二叶，万木草堂本。

⑰ 康有为：《实理公法·总论·人类门》。

⑱ 康有为：《实理公法·总论·君主门》。

⑲ 《教学通议》，手稿，康氏家族旧藏，今归上海市文物保管委员会，载《戊戌变法前后》，上海人民出版社 1986 年版。

⑳ 见拙撰《重论康有为与今古文问题》，见《康有为与戊戌变法》第 19—34 页，中华书局 1984 年版。

㉑ 见翁万戈辑《翁同龢文献丛稿》之一《新政·变法》，台湾艺文印书馆 1998 年版。

㉒ 康有为：《与徐荫轩书》，康有为亲笔注语，见拙编《康有为政论集》第 51 页。

㉓ 康有为：《感事》，光绪十五年，同上第 62 页。

㉔ 引文见《春秋董氏学》和《礼运注序》。

㉕ 《康南海先生诗集》卷五《大庇阁诗集》，第 184—185 页，台湾丘海学会版。又，诗二首，康氏写赠丘菽园，丘氏亲属所藏手迹，文字与此略异，如"严平"作"严生"。

㉖ 《大同书》甲、乙卷合册，"孔子二千四百七十年己未三月"出版，长兴书局 1919 年版。

㉗ 见拙撰《关于康有为的〈大同书〉》，《文史哲》1957 年 1 月号；《再论康有为的〈大同书〉》，《历史研究》1959 年 8 月号；《论康有为〈大同书〉的思想实质》，《历史研究》1959 年 11 月号。

㉘ 见《文物》1980 年 7 月号。

㉙ 《大同书》第 75 页，古籍出版社 1956 年本，简称"今本"，下同。

㉚ 康有为：《答南北美洲诸华商论中国只可行立宪不可行革命书》，见《康有为政论集》第 484 页。

㉛ 康有为：《印度游记》，见《康南海先生游记汇编》第 34 页，台湾文史哲出版社 1976 年版。

㉜ 同上第 54—55 页。

㉝ 同上第 20 页。

㉞ 康有为：《十一月十二日送同璧女还港省亲，兼往欧美演说国事，并召薇女来》，见《康南海先生诗集》第 247 页。

大同书 ｜

康有为　撰

甲部　入世界观众苦

绪言　人有不忍之心

　　康有为生于大地之上，为英帝印度之岁，传少农知县府君（讳达初，字植谋）及劳太夫人（名莲枝）之种体者，吾地二十六周于日有余矣。当大地凝结百数十万年之后，幸远过大鸟大兽之期，际开辟文明之运，居于赤道北温带之地，国于昆仑西南、带江河、临太平海之中华，游学于南海滨之百粤都会曰羊城，乡于西樵山之北曰银塘，得氏于周文王之子曰康叔，为士人者十三世，盖积中国羲农黄帝、尧舜禹汤、文王周公、孔子及汉唐宋明五千年之文明而尽吸饮之。又当大地之交通，万国之并会，荟东西诸哲之心肝精英而醐饮之，神游于诸天之外，想入于血轮之中，于时登白云山摩星岭之颠，荡荡乎其骛于八极也。已而强国有法者吞据安南，中国救之，船沉于马江，血躜于琼山；风鹤之警误流羊城，一夕大惊，将军登埤，城民走迁，穷巷无人。康子避兵，归于其乡。延香老屋,吾祖是传,隔塘有七桧园,楼曰澹如,俯临三塘。吾朝夕拥书于是,俯读仰思,澄神离形,归对妻儿,憨然若非人。虽然,乡人之酬酢,里妇之应接,儿童之抚弄,宗姓之亲昵,耳闻皆勃谿之声,目睹皆困苦之形。或寡妇思夫之夜哭,或孤子穷饿之长啼;或老夫无衣,扶杖于树底;或病妪无被,夕卧于灶眉;或废疾癃笃,持钵行乞,呼号而无归。其贵乎富乎,则兄弟子姪之阋墙,妇姑叔嫂之勃谿,与接为构,忧痛惨凄。号为承平,其实普天之家室,皆怨气之冲盈,争心之触射,毒于黄雾而塞于寰瀛也。若夫民贼国争,杀人盈城,流血塞河,于万斯年,大剧惨瘥。呜呼痛哉! 生民之祸烈而救之之无术也,人患无国而有国之害如此哉! 若夫烹羊宰牛,杀鸡屠豕,众生熙熙,与我同气,刳肠食肉,以寝以处。盖全世界皆忧患之世而已,普天下人皆忧患之人而已,普天下众生皆戕杀之众生而已;苍苍者天,抟抟者地,不过一大杀场大牢狱而已。诸圣依依,入病室牢狱中,划烛以照之,煮糜而食之,裹药而医之,号为仁人,少救须臾,而何补于苦悲。康子凄楚伤怀,日月噫歆,不绝于心。何为感我如是哉? 是何朕欤? 吾自为身,彼身自困苦,与我无关,而恻恻沈详,行忧坐念,若是者何哉? 是其为觉耶非欤? 使我无觉无知,则草木夭夭,杀斩不知,而何有于他物为。我果有觉耶? 则今诸星人种之争国,其百千万亿于白起之坑长平卒四十万,项羽之坑新安卒二十万者,不可胜数也,而我何为不感怆于予心哉? 且俾士麦之火烧法师丹也,我年已十余,未有所哀感也;及观影戏,则尸横草木,火焚室屋,而怵然动矣。非我无觉,患我不见也。夫见见觉觉者,形声于彼,传送于目耳,冲触于魂气,凄凄怆怆,袭我之阳,冥冥岑岑,入我之阴,犹犹然而不能自已者,其何朕耶?其欧人所谓以太耶?其古所谓不忍之心耶?其人人皆有此不忍之心耶?宁我独有耶,而我何为深深感朕?

康子乃曰:若无吾身耶,吾何有知而何有亲?吾既有身,则与并身之所通气于天、通质于地、通息于人者,其能绝乎,其不能绝乎?其能绝也,抽刀可断水也;其不能绝也,则如气之塞于空而无不有也,如电之行于气而无不通也,如水之周于地而无不贯也,如脉之周于身而无不澈也。山绝气则崩,身绝脉则死,地绝气则散。然则人绝其不忍之爱质乎,人道将灭绝矣。灭绝者,断其文明而还于野蛮,断其野蛮而还于禽兽之本质也夫!

夫浩浩元气,造起天地。天者一物之魂质也,人者亦一物之魂质也;虽形有大小,而其分浩气于太元,挹涓滴于大海,无以异也。孔子曰:“地载神气,神气风霆,风霆流形,庶物露生。”神者有知之电也,光电能无所不传,神气能无所不感。神鬼神帝,生天生地,全神分神,惟元惟人。微乎妙哉,其神之有触哉!无物无电,无物无神。夫神者知气也,魂知也,精爽也,灵明也,明德也,数者异名而同实。有觉知则有吸摄,磁石犹然,何况于人;不忍者吸摄之力也。故仁智同藏而智为先,仁智同用而仁为贵矣。

康子曰:吾既为人,吾将忍心而逃人,不共其忧患焉?而生于一家,受人之鞠育而后有其生,则有家人之荷担。若逃之而出其家,其自为则巧矣,其负恩则何忍矣。譬贷人金,必思偿之。若负债而匿逃,众执而刑，不刑其身，则刑其名。其负一家之债及一国天下之公债者，亦何不然。生于一国，受一国之文明而后有其知，则有国民之责任。如逃之而弃其国，其国亡种灭而文明随之隳坏，其负责亦太甚矣。生于大地，则大地万国之人类皆吾同胞之异体也，既与有知，则与有亲。凡印度、希腊、波斯、罗马及近世英、法、德、美先哲之精英，吾已嚃之饮之，菲之枕之，魂梦通之；于万国之元老硕儒、名士美人，亦多执手接茵，联袂分羹而致其亲爱矣；凡大地万国之宫室服食、舟车什器、政教艺乐之神奇伟丽者，日受而用之，以刺触其心目，感荡其魂气。其进化耶则相与共进，退化则相与共退，其乐耶相与共其乐，其苦耶相与共其苦，诚如电之无不相通矣，如气之无不相周矣。乃至大地之生番野人、草木介鱼、昆虫鸟兽，凡胎生湿生、卵生化生之万形千汇，亦皆与我耳目相接，魂知相通，爱磁相摄，而吾何能恝然！彼其色相好，吾乐之；生趣盎，吾怡之；其色相憔悴，生趣惨凄，吾亦有憔悴惨凄动于中焉。莽莽大地，吾又将焉逃于其外！将为婆罗门之舍身雪窟中以炼精魂，然人人弃家舍身，则全地文明不数十年而复为狉榛草木鸟兽之世界，吾更何忍出此也！火星、土星、木星、天王、海王诸星之生物耶，莽不与接，杳冥为期，吾欲仁之，远无所施。恒星之大，星团、星云、星气之多，诸天之表，日本相见，神常与游，其国之士女礼乐、文章之乐与兵戎战伐之争，浩浩无涯，为天为人虽吾所未能觏，而苟有物类有识者，即与吾地吾人无异情焉。吾为天游，想像诸极乐之世界，想像诸极苦之世界，乐者吾乐之，苦者吾救之，吾为诸天之物，吾宁能舍世界天界绝类逃伦而独乐哉！其觉知少者其爱心亦少,其觉知大者其仁心亦大,其爱之无涯与觉之无涯,爱与觉之大小多少为比例焉。吾别有书名《诸天》。

康子不生于他天而生于此天,不生于他地而生于此地,则与此地之人物,触处为缘,相遇为亲矣。不生为毛羽鳞介之物而为人,则与圆首方足、形貌相同、性情相通者尤亲矣。不为边僻洞穴生番獠蛮之人而为数千年文明国土之人,不为牧竖爨婢耕奴不识文字之人而为十三世文学传家之士人,日读数千年古人之书,则与古人亲;周览大地数十国之故,则与全地之人亲;能深思,能远虑,则与将来无量世之人亲。凡其觉识之所及,不能闭目而御之,掩耳而塞之。

康子于是起而上览古昔,下考当今,近观中国,远揽全地,尊极帝王,贱及隶庶,寿至篯彭,夭若殇子,逸若僧道,繁若毛羽,盖普天之下,全地之上,人人之中,物物之庶,无非忧患苦恼者矣。虽有浅深大小,而忧患苦恼之交迫而并至,浓深而厚重,繁赜而恶剧,未有能少免之者矣。

诸先群哲,怒然焦然思有以拯救之,普渡之,各竭其心思,出其方术施济之,而横览胥溺之滔滔,终无能起沈痼也。略能小瘳,无有全愈者,或扶东而倒西,扶头而病足,岂医理之未精欤,抑医术之未至耶?蒙有憾焉。或者时有未至耶?

夫生物之有知者,脑筋含灵,其与物非物之触遇也即有宜有不宜,有适有不适。其于脑筋适且宜者则神魂为之乐,其与脑筋不适不宜者则神魂为之苦。况于人乎,脑筋尤灵,神魂尤清,明其物非物之感入于身者尤繁夥、精微、急捷,而适不适尤著明焉。适宜者受之,不适宜者拒之，故夫人道只有宜不宜，不宜者苦也，宜之又宜者乐也。故夫人道者依人以为道。依人之道，苦乐而已，为人谋者，去苦以求乐而已，无他道矣。

夫喜群而恶独，相扶而相植者，人情之所乐也。故有父子、夫妇、兄弟之相亲相爱、相收相恤者，不以利害患难而变易者，人之所乐也。其无父子、夫妇、兄弟之人，则无人亲之爱之、收之恤之；时有友朋，则以利害患难而易心，不可凭藉；号之曰孤寡鳏独，名之曰穷民，怜之曰无告，此人之至苦者也。圣人者，因人情之所乐，顺人事之自然，乃为家法以纲纪之，曰："父慈子孝，兄友弟敬，夫义妇顺。"此亦人道之至顺，人情之至愿矣，其术不过为人增益其乐而已。

结党而争胜，从强而自保者，人情之所不能免也。故有部落、国种之分，有君臣、政治之法，所以保全人家室财产之乐也。其部落已亡，国土无托，无君臣，无政治，荡然如野鹿，则为人所捕虏隶奴，不能保全其家室财产，则陷苦无量而求乐无所。圣人者因人情所不能免，顺人事时势之自然，而为之立国土、部落、君臣、政治之法，其术不过为人免其苦而已。人者智多而思深，虑远而计久，既受乐于生前，更求永乐于死后，既受乐于体魄，更求永乐于神魂。圣人者因人情之所乐而乐之，则为创出世之法，炼神养魂之道，长生不死之术，以求生天证圣之果，轮回不受，世界无边，其乐浩大深长，有迥过于人生之数十年者。于是人遂愿行苦行焉，弃亲爱之室家，绝人间之荣华，入山面壁，裸跣乞食，或一日一食，或三旬九食，编草尝粪，卧雪视日，喂虎饲鹰。彼非履至苦也，盖权其苦乐之长短大小,故甘行其小苦短苦以求其长乐大乐也;彼以生老病死为苦,故将求其不苦而至乐者焉,是尤求乐求免苦之至者也。孝子忠臣、义夫节妇、猛将修士,履危难,蹈险艰,茹苦如饴,舍命不渝,守死善道,名节凛然。文天祥、史可法以忠君国死,杨继盛以谏亡,于成龙为令而自炊,陈瑸为巡抚厨仅瓜菜,吾家从伯母陈自刭而不嫁,吾伯姊逸红、仲妹琼琚守贞而抚子,琼琚至于忧死,其苦至矣。然廉耻养之于风俗,节义本之于道学,庄子谓曾参、伍胥也不修则名亦不成也。则虽苦行耶而荣誉在焉,敬礼在焉。所乐有在,是故不以其所苦易其所乐也。

故普天之下,有生之徒,皆以求乐免苦而已,无他道矣。其有迂其途,假其道,曲折以赴,行苦而不厌者,亦以求乐而已。虽人之性有不同乎,而可断断言之曰:人道无求苦去乐者也。立法创教,令人有乐而无苦,善之善者也,能令人乐多苦少,善而未尽善者也,令人苦多乐少,不善者也。昔者有墨子者,大教主也。其为教也尚同、兼爱,善矣;而其为术,非乐、节用,生不歌,死无服,裘葛以为衣。庄子曰:"其道大觳";"反天下之心,天下不堪";"离于天下,其去王也远矣。"印度九十七道出家苦行,一日一食,过午不食,或一旬一食,或不食,或食粪草,衣坏色之衣,跣足而行,或不衣不履,视赤日,卧大雪,尝粪,其苦行大地无比之者矣。彼以炼魂故弃身,然施于全群人道则不可行。

犹太、罗马及穆护教之抑女,亦犹然也。基督乐在天国,故亦土木其身,其清教徒苦行不食,栖山闭处,亦犹佛教焉,今在西班牙之可度犹见之也。基督不娶,绝其后嗣,神父皆不能娶。道觳不行,于是路德新教出焉,顷刻而易天下,则以其道近于人而易行故也。

夫印度自摩弩立法,严阶级,别男女。人生而为寒门下户之首陀也,则为农,为贾,为百工,为猎夫,为妇婢,百世不得列于吏士焉。若生而为女,以布掩面,终身无睹,既嫁从夫,夫亡烧死,或闭高楼,永不履地,其为礼法也如此,故男为奴而女为囚焉,苟非藉出世之法,从何脱其烦恼耶?婆罗门诸哲九十七道思为人脱烦恼,其不得已而鸣出家、禁杀生者耶?盖原世法之立,创于强者,无有不自便而陵弱者也。国法也,因军法而移焉,以其遵将令而威士卒之法行之于国,则有尊君卑臣而奴民者矣。家法也,因新制而生焉,以其尊族长而统卑幼之法行之于家,则有尊男卑女而隶子弟者焉。虽有圣人,立法不能不因其时势风俗之旧而定之。大势既成,压制既久,遂为道义焉。于是始为相扶植保护之善法者,终为至抑压至不平之苦趣,于是乎则与求乐免苦之本意相反矣。印度如是,中国亦不能免焉。欧美略近升平,而妇女为人私属,其去公理远矣,其于求乐之道亦未至焉。神明圣王孔子早虑之忧之,故立三统三世之法,据乱之后,易以升平、太平,小康之后,进以大同。曰"穷则变",曰"观其会通以行其典礼",盖深虑守道者不知变而永从苦道也。

吾既生乱世,目击苦道,而思有以救之,昧昧我思,其惟行大同太平之道哉!遍观世法,舍大同之道而欲救生人之苦,求其大乐,殆无由也。大同之道,至平也,至公也,至仁也,治之至也,虽有善道,无以加此矣。人道之苦无量数不可思议,因时因地苦恼变矣,不可穷纪之,粗举其易见之大者焉:

（一）人生之苦七：

    一、投胎；

    二、夭折；

    三、废疾；

    四、蛮野；

    五、边地；

    六、奴婢；

    七、妇女（别为篇）。

（二）天灾之苦八（室屋舟船，亦有关人事，亦有关天灾者，故附焉）：

    一、水旱饥荒；

    二、蝗虫；

    三、火焚；

    四、水灾；

    五、火山（地震山崩附）；

    六、屋坏；

    七、船沉（汽车碰撞附）；

    八、疫疠。

（三）人道之苦五：

    一、鳏寡；

    二、孤独；

三、疾病无医；

四、贫穷；

五、卑贱。

（四）人治之苦五：

一、刑狱；

二、苛税；

三、兵役；

四、有国（别为篇）；

五、有家（别为篇）。

（五）人情之苦八：

一、愚蠢；

二、仇怨；

三、爱恋；

四、牵累；

五、劳苦；

六、愿欲；

七、压制；

八、阶级。

（六）人所尊尚之苦五：

一、富人；

二、贵者；

三、老寿；

四、帝王；

五、神圣仙佛。

第一章　人生之苦

投胎之苦　太古之野人，甫离兽身，狉狉榛榛，全地如一而无等差，茹血衣皮，穴处巢居。自圣智日出，文明日舒，宫室服食，礼乐文章；上立帝王，下设虏奴；贫为乞丐，富为陶朱；尊男卑女，贵人贱狙，华族寒门，别若鸟鱼，蛮獠都士，绝出智愚，灿然列级，天渊之殊。呜呼命哉，投胎之异也！一为王子之胎，长即为帝王矣，富有国土，贵极天帝，生杀任意，刑赏从心，呼吸动风雷，举动压山岳，一怒之战，百万骨枯，一喜之赏，普天欢动。不幸而为奴虏之胎，一出世即永为奴虏矣，修身执役而不得息，听人鞭挞而不敢报，虽有圣哲而不得仕，虽死节烈而不得赠位，虽为义仆而不厕人列，子子孙孙世袭为隶。

夫贵贱之宜，只论才德，大贤受大位，小贤受小位，故九德为帝，三德有家，天工人亮，乃公理也。夫淫凶如高洋杨广，乳臭如婴殇质冲，以诞生王家，居然帝矣。自非然者，虽以孔子之圣，终为陪臣。若为奴者，古今万国非无卫青、丰臣秀吉之才，而终身奴使矣。一堕奴身，永无升拔，无涯之苦，已自胎生。彼亦天之子也，何一不幸，沉沦至此！

其投胎为巨富之子也，生而锦衣玉食，金银山积，僮指盈千，田园无极，妾妇杂沓，纵盈声色，管弦呕哑，不分旦夕，一掷百万，呼卢博激，挥金如土,富与国敌。如投胎为窭人乞丐之子也,生而裋褐不完,半菽不得,终日行乞,饿委沟壑,烈风吹肤,被席带索,夜宿门廊,人所喝逐,垢污塞体,蚁虱交啄,或遇大雪,僵倒村落。其有凶馑,人肉同削,熏鼠嚼叶,疾疹并作,疮疡遍体,手足断落,血液脓秽,腥气臭恶,号泣叩首,一钱喜跃,终日行乞而不得一食,饿死沟壑而不得一席。其窭人子终身作工,计日得金,勤劳备至,未得一饱,有终世劳动,而无有少赢以娶一妻、筑一椽、买寸田者矣。夫人之生也,量工受食,一夫不作,时谓负职。故大才受大禄,小才受小禄,各出其力以供公业。今若查三标、大良、阿斗之流,昏淫颠狂,终身未尝作一日之工也。阿斗掷金叶于城上,一时而尽百万,日破百千金之古瓷而听其声;查三标夜开京城之门先一时而费万金。而吾乡方荪壁进士,独行介节,不受赠馈,种菜而食,乃至饿死;吾外太祖陈子刚秀才,操行孤介,日食一榄,朝饮其汤而暮咀其肉焉。其他一为窭人子,则终身力作,穷老饿病,举世是矣,是遵何故欤!

　　若夫华族高门,膏腴世爵,春秋则代为执政,六朝则世戴金貂,著作、秘书,不屑省郎。若世爵则公侯继轨,乳臭承袭,欧土千年之封建贵族及大地各国犹是也。其他投于寒门,不得高爵,若汉制之异姓不王,明以来之文臣不为公侯,必待艰难考试乃得青衿,百人櫜笔,仅一登科,虽有博学奇才,老困场屋,多终身而不售,视登第如登天。若夫印度婆罗门、刹帝利之子,世为王为师。而若投为巫士哈,若拖卑,若咩打,若冬之胎,则世为猎人,为粪夫,为仵作;虽有才哲,限于阶级,无由振兴。若一见女身,永为囚系;无贵无智,役隶于男;防禁幽辱,不齿人数。在欧美不得为公民之列，在全地不得试仕宦之途。至于贱为婢妓，卖鬻由人，生命如鸟，其惨毒尤不可思议。至若堕落兽身，披毛戴角；割肉为馔，剥皮为裘；即仁如耶稣，以为天赐；日杀充庖，视为固然，曾不少怜，无可奈何。呜呼，此佛氏慈悲所由鸣因果以为解释也！即同为人类，等是男身，而生落边蛮，僻居山穴，片布蔽体，藜藿果腹，不识文字，蠢如马鹿，不知服食之美为何物，不知学问之事为何方；其与都邑之士，隐囊尘尾，裙屐风流，左图右书，古今博达，不几若人禽之别欤！以欧土之化，而西班牙尚有气他拿之穴处人犹然也。凡此体肤才智，等是人也，孔子所谓人非人能为，天所生也。孔子又曰："夫物非阳不生，非阴不生，非天不生，三合然后生。"故谓之母之子也可，天之子也可。同是天子，实为同胞，而乃偶误投胎，终身堕弃，生贱蝼蚁，命轻鸿毛，不能奋飞，永分沦落，虽有仁圣不能拯拔，虽有天地不能哀怜，虽有父母不能爱助。天地固多困苦，而投胎之误，实为苦恼之万原，是岂天造地设而无可振救欤！而普观大地，禽兽之多，固无可言。即论女身，实居生民之半，而寒门穷子，边蛮奴隶，又占男子十分之七八，若为帝王巨富、华族高门之胎者，举世无几也。呜呼！悲悯之仁人，若之何为兹少数而坐令无涯多数之人物同罹无量之厄灾，而不思所以救之欤，抑无术欤？得非数千年圣哲仁人之大耻欤！

夭折之苦　人之生也，寿夭无常，虽曰有命，盖亦有人事不修者焉。呱呱坠地，只有啼泣，若预知人生之患苦哉！然人之有苦，生于有知；婴孩无知，虽使陨于母胎，夭于襁褓，嗳气欲绝，岂识患苦！若自髫龀以上,比及壮年,知识日开,聪明日长,六亲日固,乡里情深,父母伯叔含哺而抱持,兄弟姊妹扶挟而游戏。或妻妾新婚,好欢初合,或子女幼妙,提携方殷。读书方有志于古今,学问更激切于时事,文章方望其长进,学业尤迟其克成,或辛苦著述而欲亲睹其汗青,或经营功业而指垂成于旦夕。即或耕田力穑,望其有秋,服贾经商,期其获利。若夫良工创器,惨淡于精思,将士力征,唾手于破敌,或壮士报仇,忠臣赴难,扼腕瞋目,志在必成。一旦药石无灵,天年中夭,志事皆败,学术无成,功业夭枉,身名埋殁,远志屈于短年,雄心埋于抔土。苟非上士学道,视死生为旦暮者,能不悲哉!若中人以下,泣别六亲,顾念乡里,念老父慈母罔极之恩,不能报养,顾寡妻幼子伶俜之苦,谁为哀怜。良朋走视而咨嗟,兄弟相持而涕泣。文书则付之炬火,琴剑则空自摩挲。其或家无次丁,父母望其嗣续,室徒四壁,妻儿待以为生,忽际重病弥留,共知不起,老亲垂涕而来握其手,妻子号泣而环跪于床。父母吁嗟,痛若敖之鬼不祀,妻子哀啼,恐沟壑之饿不远。或乃指某儿当鬻为奴婢,某子当送与僧尼,骨肉仳离,死后立散,当此时也,铁石心肝,为之肠断。况为人类,本自多情,结合已深,补救无术,艰难撒手,遗恨终天,肠九转而犹回,魂一叫而遂绝。其与闺妇别士,怨旷而没身,倩女怀春,黯伤而离魂,皆目瞑为难,鬼灵不死,永结愁思之梦,长居离恨之天,怆其伤焉,嗟何及矣!即使富连阡陌,贵为帝王,而田园之牙筹难舍,山河之燕乐方酣,犹欲延术士以问长生,求神仙而希不死。若至玉棺下坠,金丹无灵;凄凉掩袖,拥美人而悲歌,悲咽铜台,念分香而啜泣。盖夭折之苦,人生最伤,此《洪范》所以夭折冠六极之颠也。究其原因，或生事不完，或感时病疫，或无力摄卫，或传种短恶，或伤生太过。以斯之故，坐至夭殇，拯救此因，亦非无术。今各国政日改良，夭民岁少矣，岂可令普天众生苗而不秀，秀而不实，遭罹此极欤！

废疾之苦　举日月、星辰、云露之伟丽，山川、林野、海岳之壮观，宫室、园囿、池沼之清娱，花草、虫鱼、鸟兽之绚烂，机器、用物之奇巧，锦绣、珠玉之辉煌，凡数千年文明之物，全大地奇伟之工，抚其器而不见其形，摩其物而不知其象，斯亦最可怜者哉！甚乃父母、妻子、兄弟之亲，日熟其声音而终身不知其容貌，岂非最可哀之事耶！若怀抱莫白，至亲不能交一言，盘辟蹒跚，企跂不能行一步，广坐交言而不觉，疾雷破山而不闻，凡此瞀暗聋跛，受生何亏！耳目口足，人人所共有之官也而彼独缺之，视听言行，人人所同享之福而彼独不得与焉。夫聪如师旷，德若王骀，医若庞公，皆负绝异之才而犹不免形体不全也。呜呼，此天之憾也！更有身被大疠，手足拳挛，肢体跰躃，面目赤肿，亲戚断绝，荒岛流连，窥井仰天，痛恻肺腑，或由传种之恶，或感疫疬之毒，虽以冉耕之贤犹不免歌《苤苢》也，此为废疾之最苦痛者矣。若夫痀偻赘疣，曲偻发背，上有五管，颐隐于齐，肩高于顶，句赘指天，或手足断残，支离其身，侏儒短小，不齐于人。天之生是耶，均为天民，彼何独废缺而不全！阴阳之气有沴耶！乃无以补其憾事欤？人既有废疾，传种亦然。吾有仆张福缺其唇者，其女唇亦缺，其子亦缺，而其孙复缺也。肺痨之疾亦然。吾门人陈千秋通父者，绝代才也，为吾门冠，年二十六以肺痨卒。吾哭之恸，伤传道之无人焉。盖其母有肺痨也，如其传种何哉！凡有废疾者，爱莫助之，岂非天人之大憾软！

蛮野之苦 苟为连州之傜人耶，为琼州之黎人耶，为台湾之生番耶，为广西、贵州之苗人、侗人、仲人、狪人耶，为云南、腾越之野人、毛人耶，为印度之岛人耶，为美洲之烟剪人耶，为欧洲之气他拿人、唛氏人、阴兰人耶，为非洲之黑人耶，腰围片布，头插羽翟，耳鼻凿孔，足胝若铁，赤身无衣，熏鼠以食，杂卧于地，牛豕同藉，日晒粪蒸，面黑如腊，穴处巢栖，结绳为识，刳全木以为舟，取鱼虾以生食，窥鸟发弹，射兽分炙，杀人竿首，以多示力，夺女淫于野，藉草为席。是虽为人，去犬羊不远，性命朝夕不保。同当大地开辟之后，杂处文明国土之间，飞楼四十层以侵天，铁道电线百数十万里以缩地，礼乐文章，缛若霞绣。而尚有此原人之俗，如在数千年狉狉榛榛之前，岂不哀哉！即进而上之，西藏、廓尔喀、布丹、哲孟雄之蛮人，南洋诸岛巫来由之种族，暹罗、安南之诸蛮：屋高可俯窥，编萑竹以为瓦栋，杂处于牛羊鸡豕、潦粪臭秽之中，酷日蒸之，抟饭而食，围布而饰，虽其王者及其后妃，赤足无屦，席地坐食；略知文字，无所知识，皈依佛回，度引无力，享受无量之苦难而终无慈航普拯其溺也。若冰海之冰人穴于冰中，衣皮饮鲸，掘鼠食之。其视欧美之民，广厦细绸，膳饮精洁，园囿乐游，香花飞屑，均为人也，何相去之远哉！不均不平，岂至治之世耶！

边地之苦 但以中国言之：今自蒙古、新疆、东三省之民俗，或蒙游牧之旧，膻肉酪浆以充饥渴，毡裘穹帐以为居服。及鲜卑之土人使鹿使犬;费雅喀诸部反皮踏雪,卧地熏炭。父子、兄弟、夫妇、叔嫂席炕炙火,杂居于大蚊牛粪之下,大风飞尘,则骡马之粪与人粪充塞耳鼻。斯则大河南北且有然矣。山西且有陶复陶穴之俗,虽富家为屋数十进,亦穴地中。其贫者架草为棚,编草为裳,日得数钱,食饽饽数枚,殷然果腹,卧草终日,陶然复为夫妇之欢矣。其富者开酒面之房,修牛马之槽,坦然极天人之乐,世间无复余事矣。此大江以北各边皆然。若南方则自滇黔之间,湘粤之鄙,闽徽江介之僻县,编竹为屋,饲豕如人,种稻数丘,薯芋代食。以其乡县号称中国,荷担赴市,行数十里,十日一见黄鸡,三日一见白豕。奉巫觋以为神,尊监生以为君,学问止于《论语》,书籍且以充薪。官远不及,强姓主盟,有不从者,挞伐大申。于是一乡自为一国,一姓自为一群,以众暴寡,以强凌弱,牵邻之牛,割邻之禾,视为固然。穷乡小姓亦遂愤起,教子姓咸以拳技相尚,集公赀咸以刀枪为事。少有斗争,合群而出,有偷退者,众治其罪,溺之于水,以警大众,如斯巴达之治兵以雄于深山穷乡者,盖闽粤皆然也。否则率众行劫,置蛊暗害也。兄弟共妻,赘客无碍,盖有苗之余风,而至今尚不殄焉。其有志士欲为学问,讲书无所,求师无从。道里邈隔,舟车罕通,百里视为远途,《汉书》以为僻书。其至京师多以数月,其至省会亦数十日,苟非兴廉举孝,盖无有到京师者焉。故其愚鄙终古不开,以明世之七篇五府为方今之政体,以小说之《封神》、《水浒》、《三国》为不二之典谟。其视彼都人士,裘马丽都,林斋幽艳,珊珊玉佩,冉冉衣香,乐玩备中外,饮食穷水陆,虽不极谈大地而能通古今,虽不穷极人天而能知名理,又何远也!

即欧、美诸国近号升平,而吾见其工人取煤熏炭则面黑如墨,沾体涂足则手污若泥,自以其所耕之地大于中国。求肉不得,醉酒卧地,执妇女而牵笑。若爱尔兰之小儿,赤足卧地,杂于羊豕,伦敦乞妇,牵车索食,掷以皮骨,俯拾于地,甘之如饴。若德、俄、奥之北鄙,瑞典、那威之雪界,葡、班之穷民,此则与中国蒙古、东三省之穷民同其苦患。若西班牙之气他拿人今犹穴处于迦怜拿大故者也,盖可哀怜矣。夫满堂饮酒,一人向隅而泣则为之不乐,今向隅而泣者不止居其大半,然则满堂饮酒者,其为乐耶,否耶?

奴婢之苦 强弱贫富之操纵人类,亦甚矣哉!均是圆颅方趾之人,同为民也,而以贫见鬻,或以弱被掳者,则男为奴,女为婢矣。或投胎不幸为奴子者,则终其身为奴,不得齿于人数焉。主人好恶,性气难识,终身执役,饥不得食,夜不得息。喜而赏之,残杯冷炙。执爨负薪,荷重惕息。跪而脱履,立而倚壁。洗衣刷地,捧盘执席,为洒为扫,或耕或织。小不如意,呵谴笞挞。侧媚跪谄,甚则踢杀。老者优养,奴则异是。少主童冲,肃恭奉侍,虽在耄耋,不免鞭詈。叩首谢罪,退莫呻嚏。子子孙孙,世袭为隶。虽有圣智,不许宦仕,抑不得学,不能识字。其有忠贤,为主尽死,号为义仆,称之而已。不得同食,不厕人列,名分当然,无可升拔。凡有死节,朝有赠爵,若为奴隶,不恤义烈。圣有谟训,褒贤贬恶,不幸为奴,摈如禽啄。若其女婢,贱辱由人。主妇之慈,破被残羹,主妇之酷,钳炙烙身。饥不许食,与死为邻。未明早起,扫地开门,汲水作息,井臼并身。米盐琐碎,鸡虫得失。深夜不息,头睡触壁,主妇大呵,雷霆霹雳。夕而铺床,扫帐安席,奉烟搥骨,勤身竭力。少女娇傲,曲腰承足。小儿病啼,褓负作役。指背抚搔,竟夜供职。少主淫虐,诱奸恐吓,强仆交加,强奸迫勒,不敢不从,强忍是极。主人知之,鞭责千百,锁之空房,卖之山客。或鬻作妓,听其所极,投水悬梁,求死不得。呜呼惨酷,所不忍述!世虽承平,身当乱酷。上天之生,奴婢亦人,以何理义,降此苦辛!不幸为奴,永永沉沦。

第二章　天灾之苦

水旱饥荒之苦　岁之有水旱、丰穰,天之行也,未有能免之者矣。虽水防未修,沟洫不开,树木不多,宣泄无自,不能调燮阴阳,然天行之剧,亦有平地涌水、大旱累年者焉。故当潦水之大,洪流万顷,浩浩怀山襄陵;旱荒之甚,赤地千里,漠漠草树尽枯。哀彼农民,劳种而无少获。举家勤动,终岁不休,而八口嗷嗷,粒食不得。吾家粤之南海,当㵲柯江之下流。岁五六月收获之时,则江水大涨,骤至丈许,决堤漫陂,顷刻浸灌。禾稻穰穰,黄云遍野,忽而白浪滔天,牛马轻舟,犁没于田上矣。当潦水骤来之际,乡人竟夕守堤,锣声震耳,版筑登登,灯火映带。其家人多者,稻畦之上,不择生熟,且以守堤,且以刈稻。其家人少者,奉公守堤,不暇兼顾。及其堤决也,哭声盈耳,凫水走避,家人提携什器,相与掩面泪下,呼天而詈之。幸堤之不决,则又惜生者误刈,不能为食,徒得禾秆,相与叹惜,以吾㵲柯江冲流之剧,而叹江河灌决之惨,益不可言也。若其旱也,赤云蔽天,热阳煜煜,飞尘满地,树枯不绿。望走群祀,歌舞牲玉，神巫则肥，农夫则酷。日视其苗黄萎枯缩，米瘠且落，望绝无属。犹须纳租，鬻子莫赎。若光绪二年山西全省之大旱，饥人相食，易子而骸其骨。襄陵者，吾先师朱九江（讳次琦）先生之治也，地近平水。先生为开其水利，号称富穰，户口二十余万。吾在京师，见襄陵人而问之，乃余二万人。襄陵犹如此，他邑可知，盖十去其九矣。若郑州之河决，民没无数，朝廷乃鬻爵而赈之，此皆最近目睹之事。水旱之大者，若征之古史，考之全地，若此者岁岁而有，地地皆然，不可胜数也。近者欧美铁路既通，运输较捷，水利渐启，树木既多，雨泽渐匀，泛滥渐少。就有水旱，而以铁道移粟以饲之，民命尚易保全，此进化之功也。虽然，农民穷苦，胼胝手足以经营之，而终岁之勤，一粒无获，宜其怨苍苍之大憾，而嗟上帝之不仁也！谈运命者仅付天行，信因果者只嗟劫数，其能祈而制雨求晴者，妙术能开生面，仰口终难符天。甚矣农夫之苦，尧、舜、禹、汤屡遭其毒而无术振之矣。

蝗虫之苦 漫漫蔽天而来，树木没叶，万顷千稼，连州并邑者，其所谓蝗灾耶，盖自古有之，岂唐太宗吞之所能格耶！自余螟蟊之害，禾稼皆伤。一夫不收，则八口不食。而扑之不尽，震之不去，炮轰不灭，火燃不息。所过郡县，稻麦皆绝，贫农仰天，呼泣呕血。虽欲赈之，施粥有竭。欲搜蝗根，须穷天地之侦测，故待人人之自谋，苟有灾焉而何食！即井田之口分世业，犹遇蝗灾水旱而术竭也，欲博施而济众，尧舜犹病其不遍也。

火焚之苦 赫赫烈烈，嘻嘻出出，朱霞绛天，赤风烦热者，其火焚之炎炎耶！宫阙不慎，庖厨不灭，炭屑烟灰，风扬暗爇，一星之火燎原，遂使城郭飞灰，人民为炭焉。于时怒风鼓荡之耶，板屋木构，铁扉铜瓦，益其焰耳。摆磨四垣，煨焦瓦砾，神焦鬼烂，天跳地踔。男女奔逃，破窗触户，或赤体而难遁，或恋财而回顾，或折桷飞而致伤，或全屋覆而尽碎，或吸烟而迷卧，或悬楼而颠坠。莫不血肉交飞，体骸腐烂，臭气熏蒸，尸骨分散。其有戏场盛会，聚人亿千，箫鼓嗔咽，灯火照煎，万头鳞鳞，其乐且延。及夫扬棹渡江，驰轮跨海，舟客无数，高歌乐恺，或万里远复而视其孥，或志士壮游而观乎外。一火不慎，烟焰郁攸，樯倾桅折，焚舵沉舟。万众同挤，举足莫逃，可怜一炬，众骨同枯。其有焦头烂额，逃水而凫者，而吞烟中窍，盖亦无能幸生焉。于是妻子觅尸而不辨，家人望魂而号祭，哀号动地，灰烟满野，有不尽其哀而不能听其声焉。若夫石鼓有声，烟气火起，草木如炭，赤块飞止。天火忽流，大雨更炽，焚烧庐舍，千万未已，死者如鲫，数可不纪。若晋之永昌二年，京师大火三月，焚烧三县，庐舍七千，死者万五千人。唐宪宗时，洪州大火，焚民舍万七千家。宋嘉泰时，行都大火，衙署垒舍民居皆尽，亘十余里，凡五万八千九十七家，都城九毁其七，民灼死及奔逃践踏死者不计其数，百官僦舟以居。此尤火灾之大者。伦敦昔犹板屋，二百年前，大火同尽。夫人之惨死虽多而莫有甚于火焚者。若夫项羽之烧阿房，赤眉之烧长安，董卓之烧河阳，火延三月不止，民为之尽。而德之破法，焚烧师丹，全城皆烬。是虽兵祸，亦火之毒烈最甚者也。呜呼！人非水火不生活，而修火之利，亦受火之害，乃如是哉！

水灾之苦 夏潦时至,山水奔迸,交集于河。下流壅阻,放泄之不及,坌溢泛滥。决裂堤防,浸灌庐舍,滔漫田园。人民奔避,携幼扶老,升于冈陵,缘木登颠,岌岌坠倾。牛马鸡豕,什器床几,辗转于滔天白浪中,杂沓浮沉,随流而靡。其近决口、居下流者,白波浟浟,若素车白马之拥怒潮,轰轰而来。城市犹为之淹,高塔仅露其颠,木杪扬波,小舟穿之,况于村舍乡落之在田间者乎!原野千百里,渺渺无丘陵。人民无所避,则浮尸没顶,积骸漂泊,与覆舟浮柴漂水而并下,动以千万。全家连村,同时漂没。其有御枝漂流,浮沙依岸,幸而获救者,盖千百而不一二也。其或山水坌出,地水骤涌,顷刻寻尺,旦夕数丈。冲崖崩岸,沉城淹郭,庐宅园馆,所过倾漂。怒波卷巨石,椽瓦随流转,怀山襄陵,无所不倒。其声势浩瀚汹涌,舟楫皆覆,城垣并圮,所在人民无有能免者。其死伤惨绝,尤为可惊。吾先祖述之(讳赞修)府君训导于连州,纯儒也,适遭山水之涌,遂没于是,今祀昭忠祠焉。呜呼,惨怛哉!予小子道之而犹有余痛也。夫火水之害,《春秋》谨记之。汉成帝建始三年,三辅霖雨三十余日,郡国十九雨,山谷水出,坏官寺民舍八万三千余所。当桓玄篡时,江涛入石头,方舟万计,漂败流断,骸胔相望,西明门地穿涌水毁门扇。唐高宗永淳时,河南北大水,坏民居十余万家。开元时,发关中卒救营州,营谷水上,夜半山水暴至,溺万余人。文宗太和时,江汉涨溢,坏房、均、荆、襄诸州民居及田产殆尽。大中时,徐、泗水溢,深五丈,漂数万家。朱全忠时河决,浸溢至千余里。宋太宗太平兴国八年,谷、洛、伊、瀍四水暴涨,坏官署军营民舍万余区,溺死亦万余,牛头河涨至二十余丈,涪州江水、达州溪水暴发,壅州城,坏庐舍万余,死者无数。神宗熙宁时,洮河溢,漂溺陕及平陆二县;又河决南徙,坏郡县四十五,民舍数万,田三十万顷。徽宗政和时,沧州河决,城不没三版,民死百余万。盖自宋至明,河患最剧矣。若海涛之溢,冲坏田庐,死人动辄数万。其余水灾殆不胜纪。中国如此,全地可推。美国之南科罗打市,一夕为海水没,吾尝观其影戏矣,惨哉!然则伊古以来,地球人民之死于水患者不可数算矣。夫洪水之患,下民为鱼,神禹治之阅二十一年,而《创世纪》称挪亚方舟避水。盖洪水为患,大地最剧而生民之最惨者哉!美哉禹功,洒沉澹灾,然终不能奠后世之水祸也,奈何!

火山之苦　纯日之体皆火也;火力蒸动而自转,则火屑爆裂飞跳焉。地者日之火屑耳,离日而成质,自转而周行,受天空之气,积久而成壳,若陈粥牛酪,久之有糜也。地壳积久愈厚,则为花刚石焉。地中之火皆为流质,如金汁焉,为壳所裹,气不得泄。爆裂飞动,日相决争,裹包愈甚,于是成凸凹之形,凹者今号为海,凸者今称为山。经无量劫无量年百千万之火爆,而后高山、大海、丘陵、原隰、川涧成焉,苔介生焉,而后草木鸟兽生焉,人于是得缘附而居焉,食焉。盖地形之成,物类之衍,皆火山之为力哉!无火则不能成山,无火则不能成海陆而生万物,火山之功之最伟者也。昆仑者,火山之最先起点也;印度之须弥山,蒙古之阿尔泰山,北亚之乌拉岭,皆火之依附昆仑而后起者也。于是枝尊附生,花叶连起,缀连而为峰岭,夹流而成川河。若我中国者,北自天山,南走祁连、贺兰、太行、医无闾而碣石,渡海遂为泰山,南自岷、峨走滇、黔、五岭而至天台、雁荡，北折徽、皖而枝叶与泰山、徂徕之余叶枝干相交，故其中遂为大陆焉。北沿黄海至甘查甲，西走波斯而入非洲，其乌拉岭北枝入于欧洲，则最远者也。落机山者，不依附昆仑而最后起焉，别为火山祖，蜿蜒九万里，而为昆仑之背焉；今美与巴西之高山大陆，皆因依其火力以成洲者也。故火山之造成地形，其功最大哉！虽然，时各有宜，因各有适。及人类既多，占地遍居，于是火山之害亦最剧矣。大概大陆之地壳厚，地中之火力不能上达，故火山之爆也少；海岛之地壳薄，地中之火力易破，故火山之爆也多。今太平洋诸岛，皆火山之新爆出者也，然则近海火山盖多矣。当火山迸裂之时，火烟四冒，山石轰飞。环山数百之人居、城郭、庐舍，顷刻焚毁，腾播空中。田园人民立致灰没，无可走避。吾观意国奈波里之古城，犹可见惨状焉。其地近喂苏喂，火山裂后，百里之田庐人家沉没忽焉。今于二千余年后掘地下而古城发露，自城门、桥梁、街衢、庙宇、室庐皆如故也，室中衣冠会集筵宴如故，缝匠手针线缝衣如故，街中策马驰车如故，而大劫同尽，亿万众无可免焉。今此山尚数年十数年一大焚裂也。希腊哥林士之古城亦然。细细里岛近岁大灾，死者三万尤剧矣。其余四洲火山之灾，殆不可胜数。嗟我人民，何罪何辜！而居近火山，遂蒙大惨，人居一尽，金铁交飞。若今檀香山、爪哇、苏拉摆亚之火山，火焰坌涌，至今未息焉。

地震山崩之苦　地震山崩之害尤苦矣，皆地内火力发动，而以地厚不能泄气。盖不能吸致之，亦火山之类也。若汉陇西地震，压四百余家。宣帝时，北海琅琊地震，坏宗庙城郭，杀六千余人。安帝时，汉阳地坼,涌水坏屋杀人。顺帝建康时,琼州地震百八十日,山谷坼裂,坏败城寺,伤害人物。后周琼州地频震,城郭多坏。唐武德时,嶲州地震山摧,江水噎流。开元时,秦州地震,坼而复合,经时不止,坏庐舍殆尽,压死数千余人。至德时,河西地震,坏陷庐舍,张掖、酒泉尤甚,数月乃止。又束鹿、宁晋地裂数丈,沙石随水流出平地,坏庐舍,压死数百人。元和九年,嶲州地震昼夜八十,地陷三十里,压死人无数。乾符时,雄州地震月余,州城庐舍尽坏,地陷水涌,伤死甚众。宋景祐四年,忻、代、并三州地震,坏庐舍,压吏民;忻州死万九千七百四十二人,伤五千六百五十五人,代州死七百五十九人,并州死千八百九十人。庆历六年,登州地震,岠嵎山摧。治平时,潮州地震坼裂泉涌,压覆州郭及两县屋宇,士民军兵死者无数。汉高后时,武都山崩,杀七百六十人。成帝河平时,犍为柏江山崩,捐江山崩,皆壅江水逆流,坏城杀人,地震二十一日,百二十四动。和帝时,秭归山高四百丈崩,填谿,杀百余人。安帝永初元年,河东杨地陷东西百四十步,南北百二十步,深三丈五尺。元初时,日南地坼,长百八十二里。延光四年,蜀郡越嶲山崩,杀四百余人。桓帝时,郡国六地裂,水涌井溢,坏寺屋杀人。灵帝时,河东地裂十二处,合长十里百七十步,广三十余步,深不见底。晋惠帝时,蜀郡山崩杀人。寿春山崩,洪水出,城坏杀人,地陷方三十丈,人家陷死。居庸地裂,广三十六丈,长八十四丈。上庸四处山崩地坠,广三十丈,长一百三十丈,水出杀人。怀帝永嘉元年,洛阳东北步广里地陷。二年,鄄城无故自坏七十余丈。三年,当阳地裂三所,广三丈,长三百余丈。梁武帝普通六年,始平郡石鼓村地裂成井，方六丈，深三十二丈。隋大业时，砥柱山崩壅河，河逆流数十里，死人无数。唐高宗永昌中，华州赤水南峰山移百余步，壅水压村民三十余家。代宗大历十三年，郴州黄岑山摧，压死数百人。宪宗元和时，苑中之山摧，压死数千人。近岁美国三藩息士高地震，几陷全市。推之全地，崩震无量数，惨酷更无量数，若地动之仪更精，他日当有以预避之，而古今无是，是以至于若是其惨也。

宫室倾坏之苦　栋折榱坏，人将压焉，承古者巢穴之后，创宫室者皆伐木为之，今加拿大、日本、缅甸犹然。盖新辟之地，蟠木翁郁，无所往而不以木为屋，大地皆然也。《秦风》曰："在我板屋。"而日本则举国皆然矣，今中国犹称堂构也。既以木为屋，木久则蠹坏，瓦坠茅飞，倾覆乃其必致者。若夫墙垣之用，多以土泥，筑之登登，削之凭凭，号称版筑，久则剥落倾圮矣。即造砖作瓦，日进文明，而砖瓦之重愈甚。岁久剥坏，势欲崩颓，小人惜费，支以木柱，一有烈风雷雨之交加，即有墙仆瓦飞之惧。吾家老屋盖二百余年而岿然。自十三世祖涵沧公丁明末之难，全族亡尽。涵沧公以幕营业，创此老屋，前年崩倒，倾压一人。而吾行经羊城华德里，飞砖压顶，幸隔寸许，不然，吾死于光绪乙酉岁矣。吾叔父玉如公居羊城外馆，大风雨，全屋瓦桷坠下，幸赖床之上板斜盖，得以幸生。此室固吾读书之藤花斋也，吾适还乡幸免，念之惊心。吾游庐山，夜宿破室，风雨夜，屋瓦皆飞，走避室外露立乃免。昔岁北京大水，屋倒八千。凡吾中国之古屋颓墙，日就倾坏以杀人者，以吾所阅历推之，岂可量数。即欧洲、印度多为石室，较坚稳矣；而水火之祸，危楼颠坠,仍不能免。苟非太平世文明精良之极,安能免此患苦哉!

舟船覆沉之苦　大风忽至,波浪怒号,浮舟簸荡,缆断樯倾,榜人呼号,舟子旁皇变色,相拥而泣。忽而巨涛如山,翻然舟覆,货重累压,杳然沉下。万舟如覆叶,浮尸如泛蚁,随流漂荡,听风澎湃。其有抱木牵竹,仰偷鼻息,经阅几昼夕,幸而依沙近岸,遇救得生者,盖亦仅矣。若夫巨滩奔湍,尖石旋涡,舟行若奔,盘牵以上。忽尔牵断涡旋,触石破舟,随盘涡则立旋入于深渊,触危石则破裂成碎板。人物并坏,呼救无从,万石之运航沉于砥柱,百丈之贡舰碎于滟滪。杜工部所谓"使者乘春色,迢迢直上天",此固舟子之所戒心,行人之所破胆者矣。大地川河,皆出两山之涧,然则危滩旋涡,破舟沉溺者,岁不可数。至于泛大海,遇飓风,触礁石,遇流沙,碎飞轮,沉巨舰,千客立尽,绝海无救,父母倚闾听信而不得,妻子招魂望祭而呼号。若光绪丁亥香港华洋船之惨祸,先自火焚,焦头烂额,中于烟毒,船客尽焚,已而沉下,予几不免焉。后一日自港归,见海中犹露船桅出水面数尺也,为之心胆俱裂,是役知交多有死焉。此则尽备水火之惨,其酷毒尤甚矣。大地一岁中,汽舟而遭难者尚千百计也。哀哉,如何而能免此酷祸乎!

汽车碰撞之苦　缩天地于一掌,视万里如咫尺,过都越国,不盈旦夕;长龙蜿蜒,山川飘瞥,造新世界之灵捷第一物者,莫如汽车哉!然其挟火电之力,飙驰电驶,一往无前,交道相忤,少不及防,即有相碰之患,全车立碎,人物皆飞,头臂交加,血肉狼藉。今一岁之以汽车电车碰坏计者,不可量数也。上自圣哲贤豪、帝王卿相、名士畸人,以及匹夫匹妇、幼子童髫,无不以汽车为行役而托命焉。而灾变非常,出于不意,有人事非常之巧,亦即有人事非常之险,相乘相因,畴则能免。虽异日飞船创起,亦难免飘堕之苦,而今兹之患,则汽车多危焉,咄咄有戒心哉!

疫疠之苦 满大地多相杀机也,金与水相铄,水与火相倾,大小相轧,强弱相凌,洁秽相争,固天理之自然,无可如何哉!疫疠者,积无量之微生物也,横飞蔽天而来,精微随吸而入,故人遇之者,苟非壮盛之夫,殆难免焉。故疫疠一起,死亡千万,白旐、灵翣、棺柩相属于道,哭声动邻,则人不自保,亲戚相弃,友朋不敢相视。若印度热地,疫气尤盛,死亡尤多。竹笪载尸于河边,积薪而焚之,尸汁秽气流入于河,而河干之饮者浴者相塞也,夫是以疫之死人愈甚也。夫微生物之生也起于秽气,育于异衿,故房室隘湫,衣服不洁,淖潦交横,器物堆积,犬鸡牛豕,粪便杂沓,死鼠腐蛇、毒虫败叶,暗屯积久而蒸气于上,则微生毒物缘此化成。哄然而起,顷刻繁育,数逾千亿,如蚊虫,如军队,所过披靡,触者皆死。若夫富贵之家,高堂广厦、洞房疏阔,苑囿广大,花木扶疏,薰香而被服,垩粉而涂垣,则感疫者较少焉。而欧美之都会,市廛辐辏,户口百万,然其街衢广阔,种植树木,沟渠清疏,不留微秽,房室疏广,窗牖开通,凡猥秽尘旧腐败之物皆弃之不留,洒扫净洁,故疫气亦鲜少焉。而印度热地,贫人市户,狭室数尺,人气相积,器物交逼,毒出腐叶,蒸气成祲,故印度岁患疫,一都邑之间,而死者万数。而南洋及亚洲诸国,街渠不净,秽物成堆,室少人多,牖闭器积,壅此恶气,酿成疠疫。人只知口之饮食,不知鼻之呼吸以岁毙其同胞无数者,殆甚于兵燹也。夫兵争之死人也割斫其外体，疫疬之杀人也割斫其内体，夫割斫其内者，比割斫其外尤酷矣，而人不知防之。治军者知行坚壁清野之法，而治疫者不令大众预知行扫秽清室之方，其愚何可及也！吾睹吾中国之岁患此也，南洋、印度、亚洲诸国之尤甚也，恻恻哀之，而不能救人之贫，则终无以绝疫之根也。今北京、东粤岁遭其灾，以为天行之常也，大地固有之矣，吾久居其地而亦汲汲危之矣，奈何！

第三章　人道之苦

鳏寡之苦　人为有知之物，则必恶独而欲群；人为有欲之物，则必好偶而相合。道有阴阳，兽有牡牝，鸟有雌雄，即花木亦有焉。人有男女之质，乃天之生是使然。人道者因天道而行之者也，有以发挥舒畅其质则乐，窒塞闭抑其欲则郁。太古之时，雌雄乱作于前，故圣人顺天之道，因人之欲，知其不可已也，故制为夫妇以相判合。始之以顺天性，令其相欢相乐；继之以成家室，令其相保相爱。其有壮大而无妻无夫者，孤阴独阳掩沮憔悴，生人之乐泯矣。且其鳏寡，多出于已有妻有夫之后而中道摧丧者焉。听离鸾别鹄之音，睹月缺花飞之惨，遗尘在簟，破镜暗然，仰视双翔，能无泪下。其鳏者或伯道无儿，或左芬无女，或儿女成行而抚育无人，对此茕孤之呱泣，益思故剑之恩情，则有触目伤怀，神伤无主者矣。其寡者或贫无立锥，复多遗债。而上有白发之媥姑，下有绕膝之幼子，左提右挈，背负手茧，叫怒索饭而啼门，垢腻不袜而牵衣。以织绣糊口，则执业而不能育儿；以乳哺字男，则失业而不能得食。强豪追迫日至,则卖女以偿,水旱疾疫不时,则舍男远出,死生执别,永远仳离。床荐无毡,日食以粥,伤心神结,瘦骨柴支,以泪洗面,有病莫医,气结而殒,以手抚儿,此亦人道之至惨凄者矣。幸或抚儿长成,授室谋业,而私其妻子,不顾母养,视同媪仆,加以嗔诃。或赌荡破家,尽鬻其产,寡母睹此,惟有垂涕,有仰缢而自绝,或就佣而远适者。即使家有中资,田产足食,而乡邻之豪家欺占,至亲之叔伯凌争,呼父兄而无人,泣良人而何诉。或有强奸诱淫,诬奸争盗,至有投缳入狱,剖腹自明者焉。若夫印度之焚柴殉葬,锁阁不下,燕子楼中之霜月,秋夜弥长,骊山陵上之侍人,银灯不灭,抑女旧俗,苛暴无伦,抑更不必言焉。欧美号称平等,而人群宴会,罕及寡妻。子女欢游,宾客杂沓,而寡者别室寂处,盖未亡人之生意亦有索然者焉。吾少多乡居,而寡妇盈目,秋砧在耳,连夜达旦,人道如此,目击惨伤。而乱世尊男,以女为属,饰为礼义,崇为高节,寡妇之苦无可救焉。吾既少孤,寡母育我。吾姊逸红才慧,甫嫁百日,夫即病亡。吾妹琼琚静贞好学,生有三子,夫丧中年,以贫自伤,数载遂殒。呜呼! 寡之酷毒,人道所无,盖天上人间所难者焉。国家无事,家室和平,人喜春台,世称休盛,而寡妻怨毒之气,已上通于天,可得谓之太平盛世哉!

孤独之苦 物之精神、筋力、肢体足以自养者,虽极苦,非苦也。若其精神、筋力、肢体皆不能自养,必待于人以为养,而所待之人忽逝矣,无凭矣,茫茫矣,伥伥矣,无以为生矣,呼诉无闻矣,则其忧伤憔悴有不能为生人之势,其苦不可言矣。则未有若老而无子,幼而无父者矣。夫父子之道虽本天生，而人道之始，不以母子传姓而以父子传宗者，实以男子之强易于养生故也。故子非父无以长成，父非子无以养老，交相需而为用，虽不言施报而实为施报之至也。且分形之子，传体之人，天性之亲，爱不可解，惟其爱不可解于心，然后可长相托也。人之情，经穷祸患难，则变而相弃矣。乱世之俗，虽有至交，遇难而离解，以其易合，故易离也。惟天纽者难解焉，故父子虽怨，经穷祸患难而相收也。故交有高言恤故人之孤，不数载而倦忘矣。至待于诸父诸兄乎，则彼自有父子，何暇恤人之子。即有仁人，提携抚养，视犹己子，则以为高义矣。夫以为高义之物，岂人人所能哉，则无所怙者多矣。假而诸父之贤能恤兄弟之子，诸母出自异姓，其能视为一体乎！故同一饮食，则人有而己独无，人齿粱肉而孤子厌糟糠矣；或且饭后之钟，抱腹而呼荷荷者，或且馋余而丐残羹冷炙矣。同一衣服，群从丽都而孤子垢敝褴褛，或且裋褐不完，肘见履穿矣。同一执业，群从竹林啸咏，精舍弦诵，而孤子洒扫承筐，望学舍而垂涕，不能进矣。同一榻舍，群从高斋文几，厚褥隐囊，孤子则下室旁舍，破床无被矣。若期月之生，丧失父母，转育于人，为奴为婢，姓籍不知，寄生而已。或流乱为丐，漆身如癞，牛马其体，仅具人形。《诗》曰："谓他人父，亦莫我顾，谓他人君，亦莫我闻。"呜呼，天地虽大，岂有惨凄若孤子者哉！寿夭难知，亦谁能免此也。独者乎，耄老之年，精神已衰，聪明已失，筋力已弛，耳聋目暗，杖而后起，举动须人，扶持赖子，手足无力，作工不能，营商失利，记性模糊，百事不办，饮食而已，等于废疾，谁则恤彼。惟有子者夕膳晨瀹，扶杖洁被，问寒涤秽，搔爬盥洗，起居察其安否，饮食具夫甘旨，子忽云亡，衣食奚具。即有弟姪时加体恤，异居殊家，谁克奉事。风垢满身，败絮拥被，大雪无裳，曝背于市，眼昏体枯，有若半死。至于遭病不时，疫疠罹之，无人问侍，无人扶持，喘喘残息，无药无医，忽而殒绝，闭门不知。若是者，夥哉夥哉！若其富贵缙绅之家不待子养，而恩爱既结，寿夭无常，中道夭亡，传后无托。贤如子夏，因以丧明；达若杨彪，犹深舐犊；柳子厚之祭，身后孑然；司空曙之诗，一星孤荧。青箱谁寄，遗书何托；宗祀将斩，祠墓无依。其结托愈深，则其缠绵愈挚；其希望愈厚，则其诀别愈难。盖老年丧子，后望几绝，其哀从中来不可断绝，遂与幼孤丧父者皆为人生终天之憾也，何以弭之！

疾病无医之苦 万物相靡也，阴阳相攻也。犯于刑律法禁则人刑之，犯于雾露寒暑风湿五劳七伤则天刑之，此殆无能免者也。夫蒙疾卧病，不必其弥重也，首重不能举，神昏不能理，体弱不能起，足软不能行，手颤不能举，目昏鼻塞，舌喉焦涩，饮食不进，游观皆止，失机败事，患苦无已。若其疽背大发，喉肿交合，喘气并作，内脏壅毒，食卧不下，呼号苦虐，其百病之类此者，殆不胜数。更或绵月连年，卧床拥毡，大癞麻疯，异疾缠肩，子孙倦于奉侍，六亲断于当前，贵富不胜其苦，贱贫者尤为可怜。盖据乱之世，医学不盛，医法不明，医者无多，医具不精，虽重资以延聘，惟救起之难灵。若夫贫者，糟糠不给，难谋医药。室宇卑污，道路不洁，饮食未精，微生物害之。空床呻吟，无力延医，以此坐毙，不可纪称。然且深山穷谷，僻壤穷乡，药店不及开，医生远难来。百里无医，以巫代之；祷祠祭祀，书符咒水，病者待之，殆哉噫唏。即欧美施医有院，医学渐精，盖无良医之日日诊视，饮食宫室，衣服什器，道路卫生之未宜。而治病于既发之后，就使立起膏肓，其败人精力，损人神魂，费人日力，累人亲者之舍业供养，合大地人类算之，其所失败于冥冥间，巧历岂能算之哉！若夫野蛮人种，易生难繁，以其卫生之不讲，故殇夭之多艰，瘘瘤肿黄，遭疫即僵。故澳洲之黑人，昔数百万者，今仅百万；夏威夷岛昔数十万，今仅三万；散沙维岛人，昔数十万，今亦三万；巫来由人种，日削不增。然则呼号于杂病之刑，杀戮于卫生之不精，诛残于巫医之无灵者，自古及今，呜呼大地，何可胜算哉！彼独非人欤，不得终其天年，而中道夭于疾病，痛苦缠于当身者，岂非生不遇大同之世，而无卫生之精，医生之日诊，以善全之耶！盖大同之世，生人最乐，内无五劳七伤之感，外极饮食、宫室、什器、服用、道路之精。而医学最盛，医术最明，医生最多，日日视人，疾无自来，苟非天年之自终者，盖终身不知有病苦焉。佛之以与生老同惊忧者，其不知大同世之乐哉！普渡已尽，何所容其超度耶！凡野蛮乱世之病，至是皆无，大同之人，岂复知今据乱之苦耶！而今恉恉之众生，同罹疾苦，大声吟号，侧耳如闻，哀哉，何日能拯之！

贫穷之苦　今普天下人之所焦思菜色，奔走营营者，岂非为贫哉！夫人生而有身，育身者有父母，身育者有妻子；有身则饥寒有衣食之需，有家则俯仰有事畜之任，是皆至切而不可少缺者也。若夫岁时佳日，欢庆乐游，酒食馈赠，亲友应酬，是岂非人情而不能自免者乎！至于丧葬之哀纪,吉庆之仪文,祭祀之礼典,尤人道所重,无财不足以为悦,抑且事不能举,比于非人。"伤哉贫也,生无以为养,死无以为葬",虽子路之贤不能不痛矣。夫衣食家室之需,迫人至急,半日不食,即受之饥,裋褐不完,朔风刮肌,疾病恶苦,卧床无医,风雨怒号,屋破瓦飞,大雪行道,指落肤腠,夜寒无毡,瑟缩卷衣。父母责骂,垂首忍之;妻子哀号,叹息垂涕。其凶丧饥馑,甚且卖儿,割削恩爱,任其弃离,岂不眷恋,为贫所欺。其或只身弃家,渡海万里,开山拓殖,或非或美。卖身为奴,听主鞭笞,驱若马牛,瘴毒缠罹,死亡莫问,呼天谁知。若夫寡妻失夫,幼子无父,自营无力,人莫我顾,朝哭夜啼,饥寒无诉。忍卖为妓,屈身为奴,啜泣自伤,谓天何辜。其有农夫失收而狼顾,工人罢业而家食,主吏追租而银铛,室人交谪而远适。又或商业倒闭,士子落魄,债台高筑而莫避,田庐尽卖而无归,则有踽天踏地,寻死自尽者矣。其他贫累伤生者,不可胜数也。盖生人之数日繁而无尽,养物之数有限而无多,以有限之数供无尽之生,其必不给矣。若新法不日出,则人生之多,即为致乱之患,孟子曰:"天下之生久矣,一治一乱。"世以为天运之固然,不知生齿之繁,养物不足致之也。故中国二三百年必一大乱,以生齿已足故也。夫不足则争矣,虽圣人莫之救,若不有以善其救贫之术,而欲致太平无由也。即欧美号称富盛,英国恤贫之费岁糜千万磅,而以工厂商本皆归大富,小本者不足营业,故贫者愈贫。试观东伦敦之贫里,如游地狱,巴黎、纽约、芝加哥贫里亦然。菜色褴褛,处于地窖,只为丐盗。小儿养赡不足,多夭者。聚成大团,风俗愈坏,监狱愈苦,病须医愈多。英国特立部，岁费千万磅以恤之，终无补也。他日即机器极精，谋生较易，而贫民终不能免，议者至比为人之排泄物，尤为惨矣。然且人道不文，则为野蛮，若愈文则患苦随其文而为增至。故文者食美八珍，衣珍五采；宫室则丽其栋梁，重其楼阁；器用则繁其铺设，备其仪文；亲友则通其吊贺，致其赠赙。文物日增，需费更巨，于是乎车马傔从、琴瑟书画、园林古董、庆赙宴游、妻眷童仆，皆人情之所好而中人以上之所欲致者，苟非有之，不齿上列。故财力内实不逮而门外日以强持，以大不逮之财而日行勉强支持之事，东掉西扯，忧苦莫当。以吾所闻，粤之富人中落者，纸筒籴米而坐轿如故；仕官候补者，衣服典尽而宴客盛张。虽未尝不强作笑语，呼指僮奴，而追书纷来，债客盈集，内厨不爨，妻子无衣。媪仆将散而骂其无工钱；大屋暗鬻而别租小室；田园玩器，急于贱售而尚无人沽；丧婚宾病，急待举事而借贷无得。忧心如焚，头痛若刺，盖中家官人之所同病而共忧焉。虽欧美之文盛，其中人患贫尤甚耳。闾阎扑地，都邑相属，苟非野人穷子骤致多金，自此之外，虽极巨家豪费，皆是郁郁患贫之人。故"翘翘车乘"，皆是忧生；"衣服丽都"，尽为贫子。外面甚乐，中情甚苦，如炙如割，且有不愿为人者。彼为礼俗所驱，遂陷于贫而自刑若是，畴能解之哉！是故增其文明礼物而不易其人道，不啻广设陷阱网罗以陷缚之也。彼忧贫抑塞，溥天皆是，不拔其根，不除其源，而欲致太平之乐，岂可得耶！

贱者之苦 为奴隶，为婢媪，为胥役，为舆台，奔走服役，伺颜候色，拳跪鞠躬，侧身屏息，饥渴不得自由，劳动不得休职，冒风雪而跋征，穷昼夜不获少息者,其贱者之苦耶!睨彼贵主,高堂深厦,华筵细席,踞高座而指挥,拥车马而辟易,侍者如云,簇拥排列,顾盼所及,左右悚息,声咳所逮,唱喏百亿,或行为前驱,或坐为执役;彼岂非天生之人乎,胡为吾贱若此? 其贵主之仁者耶,或少恤下情,感恩罔极,叩头泥首,铭心刻骨。其暴者耶,则一语之误,一事之失,鞭扑交加,骂詈无已,加以刑罚,剥尽廉耻,欲奋飞而不能,惟泱涩而悲己。即在平人,有所白事,长官踞座,立不得与,呵叱睨诘,惟其戏詈。即为卑官,进谒长上,辕门伺候,风尘鞅掌,执版下舆,立班鞠拱,唱喏连声,伺色而动。其或脱履膝行,卑栗退屈,伏地骑背,跪足结袜,野蛮等级,威严尤密。是故志士挂冠,壮夫不屈,以是叹息,趋走郁郁。若爪哇人之长跪,缅甸人之屈身,无论矣。凡此者,岂太平世人所识哉!

第四章　人治之苦

刑狱之苦　伤矣哉乱世也,人累之太多,天性之未善,国法之太酷,而犯于刑网也! 世愈野蛮,刑罚愈惨。吾见法班、巫来由人之刑具矣,有剖腹而用锯者,锯有自项而腹,又有自腹而项、自背而胸者焉;有以锥自谷道穿至项,有自项至谷道者焉;有屈腰而合缚其手足而锥其阳者焉;或油布卷而火焚之,有石压而驴磨者焉。若夫车裂马分,炮烙汤煎,断首折腰,凌迟寸磔,挖眼巤人犹以为未足,则有蠍盘焉;九族之株连未足,而波及十族。遭遇暴主酷吏,周钳来网,备极五毒。盖乱世之常刑,而贤士多有不免焉。伤矣哉,乱世也! 古用苗制,施行肉刑,汉文免之,改为囚徒、髡钳、鬼薪、役作,隋文代之以笞杖流徙。然不幸而入于狱也,桎梏身首,钳锁手足,便溺迫蒸,臭秽交迫,据地眠坐,伸缩不得,蚊大如牛,绳虫绕侧,衣裳垢而不得浴,饮食秽而或乏,黑暗无光,不见天日。狱吏来临,淫威恐吓,求金取贿,非刑迫索。若夫娟娟妙女,可人如玉,听其逼淫,轮奸相逐。故周勃以太尉之尊,然犹见狱吏而头怆地。其他受其烙死,蒙其毒药,施以鞭挞,塞以秽袜,即幸而不死,而破家毁体,备极惨毒者,非生人所忍言也。此则自古仁人志士躬受其害者,不可胜数矣。其有幸逢薄罚,或遇大赦,身免为奴,妻女为乐户。粗兵武人,性横情暴,侧身谨事,犹逢见恶,喜或赏残羹,怒则杖频数,一语触忤,鞭死莫诉。既为乐户,则执弦捧卮,厕身倡妓,以文信国、于忠肃之家盖不能免。呜呼凄惨,岂能道哉!其或荷戈遣戍,瘴地冰天,事长如帝,与死为邻,室人永绝,相见无期。凡当乱世之刑罚者,岂人道之可言!今欧美升平,刑去缳首,囚狱颇洁,略乏苦境。然比之大同之世,刑措不用,囚狱不设,何其邈如天渊哉!然苟非太平之世,性善之时,终无以望刑措之治也,而生人刑狱之惨苦终无由去也。

苛税之苦 自有强弱之争,而强者取诸弱者,或以保护之名而巧取之,或行供亿之实而直取之,始于渔猎耕稼而分其物,继于关市舟车而征其货,甚或于人口、室屋、营业、器用、饮食而并税之。其名则或贡、或助,其轻则仟一、百一,其重则什一、伍一、二一,然皆取民以为有国之常经,治世之大义焉。虽有仁圣在位,然既当乱世,既有国争,不能天下为公,则无有能易其义矣。然人民生丁斯世,既有仰事俯畜之需,而租税所需，迫于星火。征符杂下，胥役纷来，鸡豕任其宰割，室屋听其摧毁。或当水旱疾病，公租不偿，男子押迫于牢狱，田园典质于他人。甚或鬻妻以偿，卖子相继，为人奴婢，分弃夫妻。惨状难闻，苦情谁救，牵裙挥泪，呜咽涕零，然且骨肉分离于前，吏徒敲朴于后。故元结以为官劫过于贼，而孔子以为苛政猛于虎也。若暴君肆其台沼征伐之欲，贪吏妙其剥脂敲髓之能，苛税滥征，诡名百出，至暴也。自租庸调之为两税，两税之为一条鞭，地丁合征，千乃税一，而民犹苦之。然厘金杂税又出焉，沮扰留难，其弊多矣。欧美以列国并立而赋税更重，繁苛及于窗户，琐碎及于服玩、僮仆、车马。虽云为国，然以兵争之故，耗尽民力以事兵费，一炮之需数十万，一铁舰之成动辄千万，水涨堤高，竞持而不知所止。生今之民，维持国力者莫不苦之，以视大同世之绝无租税，且领公家之工资，其为苦乐何其反哉！

兵役之苦　等是圆颅方趾，皆天民也，及有君国立而力役生矣。为一君之私而筑台、筑城，违农时，绝生业而役之，此固孔子《春秋》之所深讥也。今土司大田主之役其私属，一家之私事皆役之。今爪哇地主，犹七日一役其民，殆视为义所固然焉。野蛮之国，若安南、缅甸、巫来由等，其征役尤重矣。孔子悯之，减为使民不过三日，以为仁焉，不过去太去甚，食肉而远庖厨云尔，犹非公理哉。自王安石行免役之法，实为千古未有之仁政，而司马光妄改之，遂至于今。幸而圣祖行一条鞭法，乃令中国得免焉，然边省之倚势作威，抑办夫马以供行李者，盖犹未尽解焉。欧洲佃民、奴籍之苦以供役使，固亘数千年，至近世民智大开，乃甫能脱之耳。然则征役之苦，固大地万国数千年生民之不能免者也。若夫应兵点籍，则凡有国之世，视为义务。如中国三代固自民兵，而唐宋之制亦复强选于民，宋人黥刻义勇，固为无道，唐亦何尝不然。诵杜甫《石壕吏》之诗，吏夜捉人，老妇应门，大儿战死，中儿远戍，小儿役殁，孤村无人，穷巷惨凄，田园荆棘，狐狸迫人，谁不为之泪下也！近世万国竞争，俾士麦改创国民为兵之义，各国从之。尝闻之美国之人闻选兵者，家人畏苦，相抱而哭，爷娘妻子走送，哭声直上云霄，岂不以无定河边之骨，犹作深闺梦里之人耶！远戍百战，存殁难知，白骨莫收，招魂望祭。师丹之役，全城皆焚。兵役之苦，有国所共，今德奥人以充兵时多逃去者，非至大同畴能救之哉！

第五章　人情之苦

愚蠢之苦　人之能横六合，经万劫，证神明，成圣哲者，皆智之力也。故吾自穷极万理而后，能辟阖今古，宰割万物，神鬼神帝，生天生地，即独得天下特别无限之全权焉。吸大地诸天之精英而遍饮嚼之，集邃古圣英之神明而收摄焉，下至一草一木、一鸟一兽、一土一石之形状，亦足以资博物而考名理。当其新识骤得，踊跃狂喜，亦有天上地下惟我独尊之势，皆智之为也。若愚者乎，既不能考大地万物之理，又不能收今古诸圣之华，摘埴自喜，昊行自夸，问七星而不知，数万国而不识，学问止于《论语》，而以《南华》《汉书》为僻书，知识限于国土，而以球圆地绕为奇事，冰人溺于冰海，火鸡守于火山。所谓"南人不信千人帐，北人不信万斛船"，今中国人之闭处穷乡者，盖犹未免焉！若夫不通算数、不识文字之人十犹有一，各国人民皆不能免焉。视群书而无睹，举文物而无知，凡大地新世治教之良，物理之新，文学之美，皆瞢无所闻焉，如瞽者不预文章之观，聋者不预音乐之妙。生同为人而所知乃与牛马等，不得一接其同类先哲之奥妙懿伟以沃其魂灵，岂不哀哉！脑根所闻皆灶婢之余论，耳目所入皆村曲之陋风，以为天地之大，尽在此矣。夫人之聪明睿哲，无所不受，今愚陋若此，是割地自弃，暴殄天与，岂不哀哉！爪哇之梭罗王，为荷所隶而不知也，自以天下莫大也，尝问人以暹王与彼"地孰大，钻石孰多"？岂不可悯哉！知识既愚，则制作亦蠢，试观巫来由及烟剪之器物无不丑恶，其与进化之害莫大焉。且人既蠢愚，则一人不足一人之用，其劳作甚苦而逸乐甚少，伤人之生莫甚焉，况脑根熏浊，必少高明广大之神，势必嗜利无耻，少礼寡义。留此人种以传家则俗不美，以传种则种受害，以此愚根流传不绝，是犹在黑暗地狱也，岂可使流转于世宙间乎！夫人兽之异，不为其形质，只争其智愚，大同之世，岂容兽种。且愚则必顽，以此而欲致太平大同，是犹蒸沙而欲成饭也，必不可得矣。

仇怨之苦　人之魂梦不宁，神明不安，郁郁不乐者，其莫如仇怨哉！人自有身界，则有争利争权之事，至于有家界，有国界，而争利争权之事愈甚，则相诈欺相夺杀而仇怨兴矣。故据乱之世，必崇复仇之义，父母之仇不与共戴天，兄弟之仇不同国，交游不反兵，甚且九世之仇犹可复。诚以据乱之法，子不私其父则不成为子，臣不私其君则不成为臣，故不复仇则非臣子,忘仇雠则为不忠孝。故一人有遇变之惨,即举族枕戈,累世发难,切齿腐心,饮恨寻仇,即贵暴若嬴政,狠鸷若赵襄,而子房奋于博浪,豫让隐于桥下,则可令人内热而死,中毒而亡,况于常人,其可防哉!起居出入,无有安心,蛇影杯弓,动于饮食,则有李林甫一夜迁二十五之床,曹操以诈睡杀人者矣。虽为帝王如俄之霸,然岂能一刻安哉!即非贸首之仇,而乱世之俗,多忌多争,多疑多毁,一有不合,怨毒从之,则有造谣谤以交攻,阴弹射而相轧。或有倾险之行,危殆之事,飞文构章,诬陷囹圄,或致流放,以幽忧死。甚且同室起乎戈矛,石交化为豺虎,盖怨毒之于人甚矣哉,虽在大贤,安能免此!今之帝王将相,尤所恐惧,是故操心危,虑患深,战战兢兢,如履薄冰,言身处乱世之难也。

爱恋之苦 人类之相生,相养,相扶,相长,以薙除异类而自蕃衍其本种者,岂非为其同类有爱恋之性哉!然得失同源,祸福同祖,始于爱恋保种者,复即以爱恋生累矣。父子天性也,立爱之道自父子始,故教之以孝,奖之以慈。而慈孝之至则爱恋愈深,事亲则疾病抚摩,割股为药,爱日祈年,祝哽祝噎,强健则窃喜,衰羸则私忧。至于属纩弥留,则呼号无术,以顾复鞠育之深恩,一旦付于虫沙土木,终天永恨,相见无期,虽寿逾彭篯亦复爱恋不已。此固普天人人之公憾,而无一人能免之者也。吾见抚于先君知县公(讳达初,号少农),见养于先祖连州公(讳赞修,号述之),|一龄失怙,侍床执手,至今念遗嘱欲绝之言,犹哀咽而肠欲断也。吾年二十,先祖溺于连州大水之难。吾弟幼博(主事,名有溥,字广仁),戊戌之难戮于柴市,携骸而归,身首异处,至今思之心痛。

岂非亲爱愈切则怀恋弥深,而人之所望与天之所与每相反也,则苦痛茶毒无可救矣。若夫子女之爱,舐犊有情,既自生之,又日抚之,似续赖以嗣,门户赖以持。即非孝谨,或尚童稚,犹视怜之。若夫才子,尤望亢宗,外若呵谴严重,内实抱爱深切,故毁伤尚少而丧明最多,岂非以爱恋至大,故痛苦尤大乎!若夫夫妇之道,异体合欢,以爱为宗旨,以恋为实行,此天地所同也,然立义既严,困人益甚。则有两美相遇,啮臂盟深,而以事见阻,好合难完,或以门户不齐,或以名义有限,海枯泪竭,心痛山崩,则艰危万状,甚且死生以求同穴者,乡邑频见,则全地日月万亿可知。其既得联婚,连枝比翼,情意既洽,欢爱无穷,形影不离,以为天长地久矣。而寿命不常,必有鳏寡,握手永诀,玉棺侧葬,凝尘满簟,遗琴在御,摩挲故剑,披展缋帷,听锦瑟之哀声,闻寡妇之夜哭,谁不下泪伤心者乎!当此时也,天地泣昏,魂灵恍荡,曾不知人间何世,生死何端也。即不尔,而征役当从,或饥来驱我,近卖浮梁之茶,远就河阳之戍。归期无定,死丧堪忧,把臂牵衣,饮泣而别,神摇摇其无主,心郁郁而欲结。无定河边之骨,犹为闺中梦里之人,云鬟香雾之寒,犹在远客吟怀之念,生离死别,悲莫悲焉。而大地横目之民,夫妇交欢,谁能免此者乎!若夫寇难忽临,劫疫相继,夫妻父子,分散仓皇,不死于兵刃则丧于水火,不填于沟壑则馁于饥病。其得为奴虏,苟幸生存,为幸多矣。觅遗尸于鸟鸢口下,得破镜于权贵家中,肠百结而如回,心哀痛而欲绝。若斯之遇,哀惨至剧,而皆由亲爱过结、眷恋太过致之也。故佛氏欲断烦恼,首除爱根,由爱生缠,缠缠相缚。而父子夫妇之亲,人所难去,而强欲以出家破爱根,岂人情之所能从哉! 不即人情者,其道不行,则人类爱恋之苦终莫由拔也。

牵累之苦　人之魂神不清明、智慧不发越者,忧心沉沉昏昏、若坠若凝者,其皆由牵累哉! 人以有家而为乐,而家之牵累从之,乃至苦焉;人以有国而为安,而国之牵累从之,乃至忧焉;人以有财产而为利,而财产之牵累从之,乃至害焉;人以有宦达而为荣,而宦达之牵累从之,乃至辱焉。夫有父母而不孝养,则不成为子。然竭力致养矣,而父母或有疾病连年,则孝子捧药焦然,而神明为之丧失矣;其或父母有罪祸而奔走营救,抢地呼天,神明益失,事业益废矣。若夫父母考终,追慕哀思,号泣哭踊,望柩而痛,临穴而悲。久丧哀毁,固损生人之性,短丧不服,亦非人情所安。盖爱情之结既定,则孺慕之牵无穷。若夫角枕锦衾,琴瑟好合,绸缪爱眷,终身相托,比翼交颈,亲爱为缚,别远离怀,中情若割,其肠九回,神魂皆落。或佳丽列屋,夸多纵欲,爱甲弃乙,恩怨不睦,供奉无垠,家业为覆。疾病日出,死亡相续,终日怨惧,长愁踌躅。多子者人之所望也,自孩提保抱,童幼提携,以养以哺,以食以衣,学业为之就傅,疾病为之延医,长大为之授室,垂老为之驰驱。绕膝者多,则衣食之累愈多,死病之事愈多。故夫贫者以妻子之故赁衣而售屋,富者以妻子之故烦心而绉眉。然且人之性善者少而恶者多,故子之长也,亦贤者少而不肖者多。败行失德,鬻业丧名,玷及祖宗,祸延父兄,其为牵累之大,岂有偿哉! 有财产者,人所藉以为生也,然多财之累亦甚矣。或业倒产倾,田淹船溺,火焚盗劫,人欺官骗,有一于此,损魂丧魄。若夫仕宦贵显,高则多危,有五鼎食者即有五鼎之烹。上蔡逐猎之布衣,岂不胜于长安车裂之丞相哉!近者各国后王迭遭刺杀,固知衣绣之牺不若曳泥之龟也。若夫国,则强弱必有争,重税则同担,兵役则同荷,号称国民之责所必然也。一有战祸,灭亡随之,长为奴为隶,可痛可悲。其或君后柔昏,国土危削,骨鲠力谏,回天变法,坐遭诛戮,颈血溅赤,身首异处,家孥幽辱,其为惨酷,岂忍言哉!其或逋臣奔亡,流离异域,刺客载途,昼夜相警,衣粮交绝,病莫能兴。巨海万里,洪涛漫天,欲渡不得,思归未能。凄凉胡天,回望汉月,思故国而危乱,念旧乡而遥隔。老母生别,妻子久诀,兴宗邦而无期,救故君而无术。既有泥中式微之悲,更有神州陆沉之恐,斯则忧从中来,不可断绝,悲愤填胸,须发尽白。虽有人天超脱之思,神圣游戏之道,既游地狱,度脱为难。人间何世,大累相牵,悲悯既多,则神智衰落。人生不幸,当此浊世,既未至于大同,又不忍于绝世。家国为累,损短灵智,为之奈何,为之奈何!

劳苦之苦 弥漫种种之生人,劳苦亦甚矣哉!农者胼手胝足,涂泥厥身,以锄以耘。太阳炎炎,甚暑酷蒸,炙背若火,冒之以耕。大风淫雨,襄笠而行。日出而作,日入乃归,无少时得息焉。彼采矿者,深入洞穴,潦水露肤,燃火以作。煤矿尤甚,炭气重灼,身手漆黑,触鼻作恶。常人一刻而难受,矿夫终身而力作,洞穴或裂,压死不觉。烧炭制铁,蒸轮火烈,热带舱底,终身执热。机局掌火,火炭爆屑,汗臭迸流,面目若鬼。敲冰取鱼,引足入水,寒气彻骨,裂肤堕指。深山樵人,负薪百斤,百里崖阻,烈日艰辛,乃易鱼米,用以救贫。其他曳舆,扛轿,负担,行舟，喘息大呼，终日不休，缩肩俯背，贴地而吼，或挟疾行，僵仆道周，嗟夫苦哉，彼岂非人之子欤！其他百工，劳力苦作，朝起而动，中夜阁阁，无复日之休息，无限时之轮托。孺子弱女，饥驱同缚，竟日劬动，锱铢乃获。腰背弯曲，咳喘并作，面体黄瘠，废疾以死，传种不改，人道衰落。其富而为商，坐柜终日，血气凝滞，神气恍惚，无活泼之气，无发扬之识。进而为士，为官，治事，为学，皆以终日无定时之游眺，无复日之止息，体昏气索，神明役役。即欧美之有节，限作工之八时，劳苦亦甚，焉得不衰。既未至于大同，亦无术以救之，嗟尔穷黎，苦工可悲。

愿欲之苦　人生而有欲，天之性哉！欲无可尽，则当节之，欲可近尽，则愿得之。近尽者何？人人之所得者，吾其不欲得之乎哉！其不可得之也，则耻不比于人数也；其能得之也，则生人之趣应乐也。生人之乐趣，人情所愿欲者何？口之欲美饮食也，居之欲美宫室也，身之欲美衣服也，目之欲美色也，鼻之欲美香泽也，耳之欲美音声也，行之欲灵捷舟车也，用之欲使美机器也，知识之欲学问图书也，游观者之欲美园林山泽也，体之欲无疾病也，养生送死之欲无缺也，身之欲游戏登临，从容暇豫，啸傲自由也，公事大政之欲预闻预议也，身世之欲无牵累压制而超脱也，名誉之欲彰彻大行也，精义妙道之欲入于心耳也，多书、妙画、古器、异物之欲罗于眼底也，美男妙女之欲得我意者而交之也，登山、临水、泛海、升天之获大观也。精神洋洋，览乎大荒，纵乎八极，徜徉乎世表，此人之大愿至乐，而大同之世人人可得之者也。然当乱世，虽侯王曾不得备此乐焉，何况黔首之民。贫富相耀，都鄙相惊，贵贱相形，愚智相倾,耗矣哉其穷也！是故甲愿八珍而乙不得藜藿焉;丙处数十层之琼楼、数十里之阆苑而丁不得蓬荜焉;戊珠衣、钻石、玉襦而己不得带索焉;庚接目皆文章五彩,辛处黑暗若囚焉;壬杂陈百国音乐,癸不得鼓缶焉;子花草香气熏塞,丑居溷厕焉;寅高坐于汽舟、电车、汽球、飞船,卯涂泥步而胫涉焉;辰左右百器皆机巧若鬼神,巳皆梏簏之物焉;午之博极群书,富面百城,未不识一丁,挟一册而吟焉;申园林台沼甲天下,酉不得一花竹而徘徊焉;戌身体强健、毕生无病,亥有废疾或多病奄焉;甲生死无憾、身名俱泰,乙生于忧而死于囚焉;丙闲暇娱游,丁拘累之愁苦,无一日之从容焉;戊预闻政事、发言自由,己朝不得立,公事不得预焉;庚大名洋溢、人皆加敬,辛则名字暗然与草木同腐焉;壬亲近善知识,日闻中外古今之大道,癸则不得见有道,不得闻法焉;子遍游于博物院,备见大地之珍奇,丑则自家人筐篋外,耳无闻目无见焉;寅则坐拥佳丽,从心所欲,卯则终身鳏寡怨旷,或拥黑人、黄鬾、魋颜、缩项而慰情胜无焉;辰则遍游大地,绝海穷漠,大都、胜地、名山、异境靡所不届,巳则足迹不能出闾巷焉。若此者,其为人形体同,才志同,而境之得失荣枯相悬相反若是,则不得不怨运命,悲不遇,叹老嗟穷,憾轲侘傺,甚者忧能伤人,不复永年,此则普天人士所同悲,而寡有能如愿相偿者也,即有一二,更无有兼收其胜者也。虽以帝王之力求之,而秦皇望海而不得渡,汉武凿空而不能穷,巫来由之王跣足行道,俗化未至,无如之何。故野蛮之王者之受用,不如文明之匹夫之受用,据乱世之大帝之乐,不如太平世之齐民之乐也。大同之世,人人极乐,愿求皆获,以视乱世生民之终日皇皇,怀而莫得,愿欲不遂,忧心恻恻,何相去之远哉!若夫半菽不饱,褴褛无衣,行乞路毙,卧病乏医,其为愿欲尤浅而乱世皆是也。"朱门酒肉臭,路有冻死骨。"呜呼,人生乱世,圣哲无术,岂可言哉,岂可言哉!

压制之苦　凡人之情,身体受缚则拘苦无量,魂知受缚则神明不王。若夫名分之限禁,体制之迫压,托于义理以为桎梏,比之囚于囹圄尚有甚焉。君臣也,夫妇也,乱世人道所号为大经也,此非天之所立,人之所为也。而君之专制其国,鱼肉其臣民,视若虫沙,恣其残暴。夫之专制其家,鱼肉其妻孥,视若奴婢,恣其凌暴。在为君为夫则乐矣,其如为臣民为妻者何!刘邦、朱元璋之流,以民贼屠伯幸而为帝,其残杀生民不可胜数,所谓"天下汹汹为吾两人"也。至于韩信、彭越之菹醢,李善长、蓝玉之诛戮,淫刑及于三族,党祸株连数万。甚至以一"则"字音近于贼,中其忌讳,杀文士百余。其他廷杖下狱,淫及忠贤,妻子辱于乐娼,亲族死于流放。又或以文字生狱,失言语之自由,笞逮随时,无身体之保护,一言之失,死亡以之。即使不然,而长跪白事,行道辟人。或强选秀女于良家,或苛派征役于士庶。妄定宫室、衣服、车马之禁,若贾人不得乘车、衣丝,而缅甸、安南且禁其民瓦屋、曳屦焉。大抵压制之国,政权不许参预,赋税日以繁苛,摧抑民生,凌锄士气。务令其身体拘屈,廉耻凋丧,志气扫荡,神明幽郁,若巫来由之民,蠢愚若豕、卑屈若奴而后已焉。入专制国而见其民枯槁屈束、绝无生气者是也。若妇女之嫁一夫,许之以身,听其囚役,终身以之。甚或鬻卖杀毒,惨不忍言,姑挟尊威以虐其媳,既于妇女之苦言之矣。若夫民族阶级之分,以投胎之不幸,为压制之荼毒,一为奴贱,等于禽鸟,其为背公理,害人道,大逆无德,未之有比者也。即父子天性,鞠育劬劳,然人非人能为,人天所生也;托借父母生体而为人,非父母所得专也,人人直隶于天,无人能间制之。盖一人身有一人身之自立,无私属焉。然或父听后妻之言而毒其子,母有偏爱之性而虐其孙,皆失人道独立之义而损天赋人权之理者也。夫人道相倚而生成者,赖父母之恩,而人道立而自至者,则亦非私恩所能全制也。有所压制,而欲人道至于太平,享大同之乐,亦最为巨碍而不得不除之也。

阶级之苦 人皆天所生也。同为天之子,同此圆首方足之形,同在一种族之中,至平等也。然太古之世,人以自私而立,则甲部落虏乙部而奴役之,于是人类之阶级有平民奴隶之分焉。其部落之酋长以武力而魁服其众,自私其子,世传其位,于是王族之尊自别异于众庶矣。其一部落之中,以材武力智佐酋长有功者,亦世传其爵位以握政柄,其婚宦皆不与凡庶伍,于是贵族之名自别立于平民之上矣。人类已繁,文明日启,进化日上,制作日新,则道术之士创教传种以任师长,饰智惊愚,其体尤翘然于人群之表。或托体神天,驾王族而上之,是为神族。其或执业卑猥,凡民不肯与齿焉,是谓贱族。其或体非贵族,而世为士人以服于贵族藩侯之下,郎官执戟,超然自异于齐民,是谓士族。又或虽为平民而生于田主之下,世服其役,或在轻商贾之世而世执商贾之业,对其贵种几同奴贱之位,是谓佃族、工族。皆据乱世以强凌弱,以众暴寡,以智欺愚,以富轹贫,无公德,无平心,累积事势而致之也。积习既成,则虽圣哲豪杰视为固然,人道所以极苦,人治所以难成,皆阶级之为之也。大地各国,埃及、印度为至古,而埃及王族、士族、农族,等级迥绝。印度喀私德之制:第一婆罗门,言道术者;第二刹帝利,为王族者;第三吠舍,为贵族;第四首陀,为农工商族。而首陀之族下又分数族之等焉:一曰配哈,为工服役于王者;次曰摭麻,作贱工者也;又次曰巫士哈,业猎、食蛇鼠、作路工者;又下曰拖卑,洗衣者;又下曰咩打,作除扫粪者;又下曰冬,荷担死尸者;皆不得为吏。而诸族之中,各世其业,婚姻不得通焉。波斯亦为古国,亦有阶级。欧洲号称文明,而贵族、僧族、士族、平民族、佃民族、奴族,虽经今千年之竞争大戮而诸级未能尽去,至今贵族平民两争峙焉。缅甸马蕴,王族、贵族、平民、奴族之分愈甚。大抵愈野蛮则阶级愈多,愈文明则阶级愈少,此其比例也。中国有一事过绝大地者,其为寡阶级乎!当太古春秋时仅贵族、平民两种,故鲁之三桓,郑之七穆,楚之屈、景,齐之国、高,周之刘、尹,世执政权,虽以孔子之圣,颜子之贤,不得大位焉。孔子首扫阶级之制,讥世卿,立大夫不世爵、士无世官之义。经秦汉灭后,贵族扫尽,人人平等,皆为齐民。虽陈群立九品之制,晋复有华腴寒素之分,显官皆起自高门,寒族不得居大位。然至唐世以科举取士,人人皆可登高科而膺膴仕,有才则白屋之子可至公卿,非才则公卿之孙流为皂隶,自非乐丐奴虏之贱,无人不可以登庸,遂至于全中国绝无阶级,以视印度、欧洲辨族分级之苦,其平等自由之乐有若天堂之视地狱焉,此真孔子之大功哉!夫以阶级之限人,以投胎为定位而不论才能也。不幸生一贱族,不许仕宦,不许学业,不通婚姻,不列宴游。甚且不通语言,长跪服事,或且卑身执役,呵叱生杀惟贵族命,虽圣贤豪英不能免焉。而贵族乳臭之子,据尊势,行无道,以役使诛戮,一切被其蹂抑,无所控诉。阶级压制之苦,岂可言哉! 天下之言治教者,不过求人道之极乐,而全人生之极乐,专在人类之太平。今既有阶级,又有无数之阶级焉,不平谓何! 有一不平即有一不乐者,故阶级之制,与平世之义至相碍者也。万义之戾,无有阶级为害之甚者,阶级之制不尽涤荡而泛除之,是下级人之苦恼无穷而人道终无由至极乐也。

第六章　人所尊尚之苦

富人之苦　人之所望者富,所求者富,富者宜无不乐也耶? 则又大有不然者。吾见富者之忧苦又与贫者无异矣。夫凡富者必有田畴,而田则有水旱之苦,加税之苦。加拿大之鸟士威士开埠有富人焉,全埠皆其地也。及英国加税而埠不盛,彼力无以供税,于是逃而之美国,其室充公为学堂焉,是多田翁之大苦也。富者广置多店以收租,吾见羊城南门火灾,全街尽火,某富家尽失其业,阖门大哭,是富而多店之大累也。富者必多营商业,某富人以商于柳州致大富,柳之木排尽其业也。已而柳州大乱,则大忧其商业之倒也,大疾几死。某商以开锡矿于南洋致巨富,既而锡矿倒,则憔悴忧伤而死矣。又有开轮船业于南洋致大富者,已而轮船二艘皆沉,家业几失,遂发狂疾者。凡此皆以富害其生者也。且家既富矣,其用度奢阔,积久亦若习与俱安,少不如意即懊恼大生矣。

夫生人之境遇无常,外变之牵连无尽。地、水、火、风既皆有劫,而国土争乱,盗贼纵横,在在皆与富之境遇相乖剌者。富无终身之可保,则忧患即随时以纷乘。若夫有家之累,则伦纪强合,性情不投,其乖争忿忧,益富益甚。若兄弟争产,夫妇角气,至于累年讼狱,桎梏在身。此皆富者有之,贫者寡有也。即使家室平和,财帛丰溢,子孙绕膝,此则兼备富寿多男之庆,尤为人生所至难者矣。而子孙多则子孙未必贤,妻妾多则争竞且时有,于是而富主且因而吐血殒命者矣。若庇能郑某、谢某富千数百万,华人之冠也;而郑妻忧子不肖而吐血,谢妻忧夫纳妾而内伤。此岂钻石耀其头、金屋安其体所能解其忧哉!乃若美国落基花路之富冠大地矣,而养壮士,备轮舟,日防不虞。人生各有所憾,所憾之处不能解,即无物能解之。故文物愈多,礼俗愈设,则忧患愈随之而生。物之机器,简者难坏,繁者易坏。富者终日持筹,日以心斗,一处有失,蹙眉结心,谁能超度之哉!故乱世富可侔国之人,不若太平世贫无立锥之士也,人之情在心之乐耳,岂在家之富耶!

贵者之苦　坐堂皇,建高牙,拥衙役,出则武夫前呵,从者塞途,趋走之人,夹道而疾驰,喜赏怒刑,岂非贵者之尊荣耶?然宁知其事权要之侧媚,奉人主之屈伏,有不可言者耶!将须参政,由窦尚书,折节无不至矣。即奉公守法之人,当官而行,然贵者之上又有贵焉,脚靴手版,趋趋进谒,朝舆暮骑,迎送仆遑,有十次而不得一见,终日而无少暇者。其有失权要之欢心,立见贬戮,遭言官之弹劾,惶恐无常,忧心惴惴,须发为白者。即使位极人臣,权兼将相,其于事主尤有甚焉。人主喜怒不测,群僚疑间交攻,或妃后之争权,或宦寺之谗间。于是亚夫抢地于狱卒,崔浩群溺于台下,淮阴侯榜掠于钟室,斛律光杖死于凉风。其他布袜之塞,蝎盘之设,车裂之痛,孰非王公卿相哉！若夫族诛之惨,排墙之杀,投河之酷,遭逢丧乱,尚不必言。即当世际承平,地居贵要,而倾轧排毁,忧谗畏讥,忧心殷殷,魂魄若失。亚夫之怏怏退朝,殷浩之咄咄书空,灵均之行吟泽畔,史迁之著书蚕室,东坡之魂惊汤火,其繁忧烦懑,大恐缦缦,岂可言哉！若夫河桥而思鹤唳,上蔡而念黄犬,庸有补乎！人固不能尽贵,而车前八驷,食陈五鼎,何所益于忧患如山之寸心郁郁耶！太平之世,人皆有乐而无忧,岂此冠带天囚之所能入耶！

老寿之苦 五福之首,第一曰寿。盖无年命以持之,虽有富贵行乐,孰从受之,故永年老寿者,人情之所祈祷而愿望者也。然非当大同之世,徒以老寿为乐,则据乱世之老人,其苦方弥甚矣。盖人少之时,如日方出,皜皜曦曦,其气雄进而乐嬉。人老之时,如日将落,暗暗莫莫,其气凄冷而萧索,此固天之无如何者也。第一则死丧也,妻妾、子女、兄弟、孙曾、故交、至友、亲戚、旧朋,结识太多,恩义太深,而人非金石,无有久保而并存者,必有中道而分亡者矣。老人所识所交亦必垂老,皆将就木之年,日有落叶之叹。昨日某知识者死,今日某故旧者亡,明日遭某亲戚丧,后日报某至交逝。若家人愈多,死丧必愈甚,期月之中必有一二人焉,非其子孙兄弟,即其妻妾女媳。棺柩日陈于堂,灵座日设于室,旐翣日就于墓,讣告日报于门。结识广则感憾多,恩爱深则割舍苦,骨肉分亡,肝肺若割。岁月迭去,老怀何堪,忍泪掩袂,痛恻心肠。或牵连而生疾,或辛苦而破家。话故事则物换星移,念旧人则风流云散,思骨肉则多化黄土,忆妻孥则多化虫沙。虽旷达之士,借丝竹以陶写,临山水以排遣,然中怀之痛,岂能忘情,浩浩乾坤,侧身孤子,忧来伤人,不复永年矣。故哭父而毁死少,哀子而丧明多。始则结伦纪以助人之身,后即缘亲戚而伤人之生。凡物理也,所益之物即所损之物,其取益愈大者其见损亦必更剧,循环无端。故厌世之士,乃至欲远离之也。其二则疾病也,老人精力已惫,筋骨已疲,脑髓日枯,土性盐质又弥满之,故耳目不聪明,手足不灵便,行步不捷疾,身体不强健。于是风露雨霜寒暑得以乘之,而又多哀怒、困苦、忧感因以中之。内外交迫,疾病易作,绵缀床褥,缠绵汤药。久则或弥年载,少亦多历数月,富者绝无生人之乐,贫者遂有破产之忧。与死为邻,以病度日,亦何能免此也。其三则困穷也,何也? 以壮者易于食力就功,人乐用之,老者难于奋身营业,人畏用之也,则壮者得金多而老者不若。且老者妻孥孙曾之人多,则分而累之愈多,则虽富亦贫,盖举家女稚皆待食之人,分利之人,而非生利之人也。故四五十后,子女渐长,中人之家亦渐穷。至于六七十后,孙曾子媳数十口集焉,则有食粥不能均者,有病不能医者,筑多室而不足居者,人买一履而盈箱不足,人裁一衣而倾箧犹缺。故下之干糇起怨,上之拄杖兴叹,齿危发秃,奔波于万里,累锱积寸,立散于婚丧,穷老不息,赍恨以终者皆是也。若夫老疾已甚,困穷无依,一家视为陈人,弃诸委巷,牛豕溷厕杂沓其侧,虱垢败絮拥满其身,乞水不得,呼天无闻,虽迈百龄,亦何益也。欧美人人自立,然老而贫者子更不养,穷独无告,老而富者,亲戚毒之以分其产,寡得保首领以没者。是故贫贱而寿,则有沟壑断弃之忧;富贵而寿,则有死丧疾病之苦。人道本与忧同来,苟非大同极乐之世,则寿者愈长,得忧愈多耳,久忧不死,何其苦也!

帝王之苦 有国土人民而君之,操生杀予夺之权,处富贵之极,食前方丈,后宫万数,离宫三十六,臣民亿万,极人世之尊崇荣赫者,其帝王耶!然今者或为过去矣。然一日万几,崇高益危,早朝晏罢,业业兢兢。一夫失所,皆君之责,为牲祈旱,吞蝗减灾。其有边烽传警,潢池弄兵,敌国外患之来,群盗满山之变,偶有失误,则淋铃夜雨,蜀道艰难,煤山海棠,望帝不返。其或青衣行酒,凄凉五国之城;归命锡侯,痛绝牵车之药。或倒执太阿而贼臣弄权,则有靴里着刀,或索蜜而呼荷荷者矣。或内宠乱政,淫妒擅权,则有贾南风、武曌或韩金莲之毒弑者矣。或宦寺作孽,门生天子,则有仇士良之废骂唐文宗者矣。或兄弟争国,煎豆摘瓜,而建文之仁,金川门改为僧。或父子起祸,巫蛊祝诅,而唐太宗之英武,且自撞床下者矣。若是之事,不可比数。至若丧乱之际,公主流离而为婢,王孙困苦而为奴,后妃而掠为人妾者,不可胜道。故愤极之言曰:"愿生生世世不生帝王家。"岂不然哉!若列国竞争,互相擒虏,革命日出,党号无君。波斯王之头可为饮器,宋理宗之头可为溺器,宗室王主皆为奴虏。近者印度故王抉双目而在狱,其余购一巾,买一饼,皆须请令英吏。而缅之王妃、公主,竹棚无席,斗食无衣,饥寒若丐,誓不嫁人者,是皆帝王之家者也。若夫查理士断头之台,路易杀身之所,尼古喇被弑之宫,罅礼飞蝶南逃避之路,革命军朝起而帝王震慑恐惧,王族旁皇奔走。而荆轲博浪之徒寻间而发，岁月顿易，盖有一刻不安之状焉，俄王亚力山大、意王伊曼奴核、美麦坚奴可鉴也。昔人有言曰："左手据天下之图而右手以匕首揕其胸，愚夫不为。"今以乱世之帝王，其苦若此；岂若大同世之一民，其乐陶陶，不知忧患哉！夫以帝王犹苦恼如此，故据乱之世，举世间人皆烦恼人也，皆可悲可悯人也，不改弦易辙，扫除更张，无以度之乎！佛慈悲能仁，强以空为普度法，五浊恶世，愚冥众生，岂能受之哉！就使人人受之，而强摄之境岂能久乎！

神圣仙佛之苦　神圣仙佛，以自度而度人者也，入浊世救人而不厌不倦者也，入地狱救人而不苦不恼者也。然言则易矣，若实行之，则经无量患苦，经无量死生，经无量险难，苦其心志，饿其体肤，空乏其身，行拂乱其所为。以故断头杀身，破家沉族，以救世之患，虽浩气刚大，万劫不变，然当其难也，心憾目怵，情伤神苦，肢解魄动，盖亦有万难者焉。夫有人之形而无人之情，身若枯木，心若死灰，是避世之士也，灭绝之果也，非大道。夫既为人矣，则人而与之俱，不易其形，不易其情，因以为波流，因以为弟靡，时其得失，达其苦心而与之救之，则为圣者之至道矣。而丁是乱世，竭其智能，或托天以劝仁，或设法以立义，或多方以开智，或浓熏以礼乐文章，或直捷以明心见性，要皆小补，无裨大方。横目之民，忧患滔滔，大劫源源，无以救也，于是冒险以尝之，犯难以济之。故乱世之神圣仙佛，凡百教主，皆苦矣哉而尚未济也。岂若大同之世，太平之道，人人无苦患，不劳神圣仙佛之普度，亦人人皆仙佛神圣，不必复有神圣仙佛。故吾之言大同也，非徒救血肉之凡民，亦以救神圣仙佛舍身救度之苦焉。盖孔子无所用其周流削迹绝粮,耶稣无所用其钉十字架,索格拉底无待下狱,佛无待苦行出家,摩诃末无待其万死征伐,令诸圣皆优游大乐,岂不羡哉!康有为若生大同世也,惟有极乐,岂须舍身万死,日蹈危难哉!嗟哉,生于乱世也,凡人之有神圣仙佛之名者,其亦不幸也哉!

凡此云云,皆人道之苦,而羽毛鳞介之苦状不及论也。然一览生哀,总诸苦之根源,皆因九界而已。九界者何?

一曰国界,分疆土、部落也;

二曰级界,分贵贱、清浊也;

三曰种界,分黄、白、棕、黑也;

四曰形界,分男、女也;

五曰家界,私父子、夫妇、兄弟之亲也;

六曰业界,私农、工、商之产也;

七曰乱界,有不平、不通、不同、不公之法也;

八曰类界,有人与鸟、兽、虫、鱼之别也;

九曰苦界,以苦生苦,传种无穷无尽,不可思议。

甚矣人之不幸也!生兹九界,投其网罗,疾苦孔多。既现形于宇内,欲奋飞而无何,沉沉亿万年,渺渺无量生,如自茧之蚕,扑火之蛾,彼去此来,回轮织梭。俯视哀酸,感不去怀。何以救苦?知病即药,破除其界,解其缠缚。超然飞度,摩天戾渊,浩然自在,悠然至乐,太平大同,长生永觉。吾救苦之道,即在破除九界而已。

第一曰去国界，合大地也；

第二曰去级界，平民族也；

第三曰去种界，同人类也；

第四曰去形界，保独立也；

第五曰去家界，为天民也；

第六曰去产界，公生业也；

第七曰去乱界，治太平也；

第八曰去类界，爱众生也；

第九曰去苦界，至极乐也。

乙部　去国界合大地

第一章　有国之害

《易》曰："天造草昧,宜建侯而不宁。"盖草昧之世,诸国并立,则强弱相并,大小相争,日役兵戈,涂炭生民,最不宁哉! 故屯难之生即继于乾坤既定之后,吁嗟危哉! 其险之在前,此则万圣经营所无可如何者也。夫自有人民而成家族,积家族吞并而成部落,积部落吞并而成邦国,积邦国吞并而成一统大国。凡此吞小为大,皆由无量战争而来,涂炭无量人民而至,然后成今日大地之国势,此皆数千年来万国已然之事。人民由分散而合聚之序,大地由隔塞而开辟之理,天道人事之自然者也。虽有至圣经纶,亦不过因其所生之时地国土以布化,隔于山海,限于舟车,阻于人力,滞于治化,无由超至大同之域。然且帝网重重,层累无尽。古者以所见闻之中国四夷为大地尽于此矣,今者地圆尽出,而向所称之中国四夷乃仅亚洲之一隅,大地八十分之一耳。夜郎不知汉而自以为大,中国人辄以为笑柄,若大地既通,合为一国,岂不为大之止观哉!而诸星既通之后,其哂视蕞尔二万七千里之小球,不等于微尘乎,而非夜郎之自大乎? 然则合国亦终无尽也。国土之大小无尽,则合并国土亦无尽,穷极合并至于星团星云星气更无尽也。合并国土无尽,则国土战争、生灵涂炭亦无尽也。今火星人类国土之相争,其流血数千万里,死人数千百万而吾不知也。即吾大地大同,吾之仁能及大地矣,其能救诸星乎? 然则战争终无有息也。吾瞑思尽去诸星诸天之争而未能也,则亦惟就吾所生之大地而思少弭其争战之祸而已。然国既立,国义遂生,人人自私其国而攻夺人之国,不至尽夺人之国而不止也。或以大国吞小,或以强国削弱,或连诸大国而已。然因相持之故累千百年,其战争之祸以毒生民者,合大地数千年计之,遂不可数,不可议。

吾尝观生子矣,其母之将生也,艰难痛苦,或呼号数昼夜而未已也。及其生也,或子死母腹中而母子同死,或子足先出而子死,或以药强下之而子出亦死,或剪脐误而死,或抚之数日而殇死,或数月、数年、十余年而殇死。其数月、数岁、十数岁之中,子疾病之昼夜呼号,负抱拍摩,不得睡眠,或累数月而未已也。饥而分食,寒而分衣,几经提携顾育之艰苦而后幸得一人之长大也。

及有国,则争地争城而调民为兵也,一战而死者千万。稍遇矢石锋镝、枪炮毒烟,即刳肠断头,血溅原野,肢挂林木,或投河相压,或全城被焚,或伏尸遍地而犬狐噍嗛,或半体伤卧而饿疫继死。观近者德焚法师丹之影画,草树粘天,山河雄郁,而火烟触野,船楼并炸,城屋半坍,尸骸蔽地,或犹持枪窥发而后股中弹死矣。其妇女奔走流离,或屋塌烟郁而全家尽矣。虽悍夫强人,睹之犹当垂涕,况夫仁人,其安能忍!夫法民亦人也,孟子曰"率土地而食人肉",谓之民贼而已。师丹又其小矣,若白起之坑赵卒四十五万,项羽之坑秦新安降卒二十四万,史文一语,读者忘形,若将其坑降之迹演以杂剧,累一月描写之,当无人不恻动其心,哀矜涕泗,目不忍视,耳不忍闻矣。夫以父母生育抚养之艰难如彼,国争之惨酷祸毒如此,呜呼,以自私相争之故而殃民至此,岂非曰有国之故哉!

杜少陵诗曰:"车辚辚,马萧萧,行人弓箭各在腰。爷娘妻子走相送……哭声直上干云霄。"盖兵役之苦,生死所关,人道所同,无间中外古今焉。

今以中国之故考之。部落相争之始,其民未经教化,人如野鹿,性如猛兽,其争杀之惨,可以今日非洲之黑蛮,台湾之生番,亚齐之巫来由人例之。居室遍挂人头,以多为贵,多则妇人愿嫁之。再进则如唐、宋、滇、黔之土司,日月攻争,不可纪极。三代之封建诸侯,即唐、宋之土司也。土司之始,如今亚齐诸酋,溪涧稍隔,无船渡之,即别立国,无量小土司并吞而后为大鬼主、都大鬼主。禹会涂山,执玉帛者万国,《书》称"协和万邦",以北五省之褊小而能容万国,其国土之纤小可以推矣。盖初人之始,才智有限,山川阻隔,即难相通,积渐而大,实势之无如何者也。至商汤时得三千国,至武王时得千八百国,至春秋时所余二百余国,至战国时仅余七国,而卒混一于秦。盖上下二千年间,由万国渐次合并为一国,皆地势天运人事之不能不然也。埃及、希腊、叙里亚、巴比伦之先,其部落之蕃庶各立,次第并吞,亦复同之。盖亦至秦汉时,罗马乃混一全欧,其分合之大势,并一之年限,皆与中国同,此可为进化之定理矣。印度、波斯之先亦莫不皆然。盖当太古酋长、土司之世及中古封建之风,国土万千,其争战杀死之惨,真不可以度量算数,不可以思议测也。

太古人类之间十数万年,其野蛮争杀之惨,今可遥揣而不可考。今就文化已开,国土已成,人民得藉国土以为保护者考之,既有此疆尔界之限,即有争地争城之战,而俘戮灭亡随之。夏商以前不尽可考,但综春秋二百四十二年间,晋以联邦伐他国者四十四,各联邦伐晋者十二;楚以联邦伐各国四十,各联邦伐楚者十一;齐以联邦伐人国二十一,联邦来伐者三;宋以联邦伐人国者九,联邦伐之者亦九;鲁伐他国九,他国来伐六;卫、郑伐他国者八,他国伐卫十五,伐郑十九;吴、陈伐他国八,他国伐吴、陈皆六;蔡伐他国六,他国伐蔡六;燕伐他国二,越伐他国三;几三百战。其余曹、许、莒、邾、滕、薛及一切小国,从人伐而被人灭者无岁不有,及削邑围邑者亦不计。以上皆据《春秋》言之。《春秋》无事不书,则在《春秋》外者尚不可数计也。故当春秋时文化已成,而士夫卒伍岁死于兵,膏涂原野,其惨已甚矣。

至于战国,战祸尤惨。今但以秦兵言之:惠文王七年,公子卬破魏,虏其将龙贾,斩首八万。后七年,韩、赵、魏、燕、齐帅匈奴共攻秦,秦使庶长疾与战,斩首八万二千。十一年败韩岸门,斩首万。十三年击楚于丹阳,斩首八万。秦武王四年拔韩宜阳,斩首六万。昭襄王六年,司马错灭蜀,庶长奂伐楚,斩首二万。十四年,白起攻韩、魏于伊阙,斩首二十四万。三十三年,客卿胡伤破魏芒卯,斩首十五万。四十三年,白起攻韩,拔九城,斩首五万。四十七年,白起破赵,坑赵卒四十余万。四十九年,王龁攻晋,斩首六千,流死于河二万。五十一年,将军摎攻韩,斩首四万;攻赵,取二十余县,首虏九万。秦始十三年,桓龁击赵平阳,斩首十万。其他伐魏五,伐韩、赵十八,伐楚九,伐齐伐燕三,伐蜀三,虏义渠灭之。其他灭国取城,首虏不及万者不计;其末,王翦之用兵六十万、李信之用兵三十万以破六国者亦不计。但著满纸斩首十数万或坑数十万之文,试想父母生子之难,而杀戮过于虫蚁,不忍卒读。若一一以德、法之战有影画以拓观之,岂可言哉!是遵何故?有国界之故,思并吞他国之故耳。此但就秦一国言之耳。计战国时,楚灭越、蔡、杞、莒、鲁,救郑伐郑二,攻鲁三,伐燕、齐,秦各一。魏伐赵四十八,魏伐韩四十一,魏伐秦、楚、宋、郑、中山各二,伐翟、燕、齐各一而灭中山。齐、魏相伐九,齐伐鲁、燕各三,赵一,莒一。赵伐齐、卫二,燕一。燕伐齐、赵一。韩伐魏八,伐秦、齐、郑各三,而灭郑,再伐宋,一救鲁。其联邦之师尤盛,韩、赵、燕、楚、齐五国之师伐秦二,齐、魏、韩三国击秦二,而秦又与韩、赵、魏、燕五国之师击齐,又秦、韩、魏、齐四国之师击楚。其他韩、赵、魏三国伐楚,韩、魏、楚三国救赵,秦、魏合兵击楚,秦、楚合击齐,齐、赵合伐魏,皆以倾国之师为之。其时战祸遍地,故仁人深恶而痛绝之。孟子谓为“率土地而食人肉”,谥曰“民贼”,故原本孔子大一统之言为"定于一"之说。诚深鉴于有国之祸,惨杀无穷也。

始皇既平六国,议者将行封建,李斯持不可。始皇乃曰:"天下共苦战斗不休,以有侯王。天下初定,又复立国,是树兵也;而求其宁息,岂不难哉!"乃定罢封建而立郡县。此实因孔子大一统之义,得保民息兵之宜者也。自是以后,中国一统,虽累朝之末犹有争乱,中叶安宁率得数百年,人民得父子夫妇白首相保者,比之战国首虏之祸,其相去岂不远哉!及楚、汉复争,项羽以兵四十万、刘邦以兵二十万灭秦,项羽坑秦新安降卒二十万,又屠咸阳,计秦徙天下豪富十二万家于咸阳,及秦故民必有数十万户,是屠数百万人也。其他刘邦所过,亦辄屠城。刘邦亦以诸侯兵五十六万伐项羽,为羽败,十余万人入泗水,十余万人入睢水,水为不流,其惨毒更过于战国。今视刘、项二人之争,如两犬猗猗,真屠伯民贼哉!项羽谓刘邦曰:"天下汹汹,父子夫妇不相保者,皆为吾两人。"然则有国有君之祸可知矣。新安之坑、咸阳之屠,试一一想象其堕坑就戮之时,痛可言哉!故争国者,非有屠伯民贼之性如张献忠、李自成者,必不忍为也。

西汉之末,光武破王寻、王邑兵百万,伏尸百余里。赤眉破长安,肆意杀掠,纵烧宫室,长安无人,三辅人相食,城郭皆空,白骨蔽野。及董卓之乱,再迁长安,徙居民数百万口,积尸盈路,烧洛阳宫室人家,二百里内荡尽。既而李傕、郭汜、樊稠、张济相攻,百官士卒,死者无数,长安城空四十余日,二三年间关中无人迹。袁绍破公孙瓒,杀死十万。袁、曹官渡之战,坑杀七万。孙策击黄祖,斩韩晞,祖士卒被杀及溺死数万。

孙、曹赤壁之战，曹操军八十万，败走死者大半。刘备为陆逊败，七十万兵几尽。自余黄巾数百万互相屠戮，及诸雄互争，屠城破师者不可胜纪。三国时，魏伐吴五，尝两亲征，大破吴于江陵，至王濬而灭之；四伐蜀而灭之。蜀一伐魏，诸葛则败街亭，围陈仓，斩王双，拔武都、阴平，围祈山，战卤城，斩张郃。姜维一伐魏雍州，围狄道、洮西、洮阳。吴一败蜀，九伐魏，围江夏，大败曹休于石亭，三攻败魏于合肥，击庐江，伐新城败之，孙慎袭晋江夏、汝南。总三国五十年中，三十大战，皆倾国数十万众者，一分裂之祸遂至于如此。

十六国时，汉石勒入邺，破兖，寇魏郡及顿丘，攻钜鹿、常山、徐、兖、豫、冀、河内、襄阳，据襄国及邺，陷廪丘、乐平、并州、浚仪、幽州，虽两为苟晞王浚所破，而旋杀苟晞，陷洛阳，执怀帝，屠杀无数。又陷幽、冀、并三州，又寇谯，拔东平，杀徐龛，寇彭城、下邳，陷青州、东莞、东海、许昌。刘曜则四寇长安，虽两为索綝所败，而卒陷北地、冯翊，陷长安，执愍帝，屠杀无数。又平氐、羌、巴蜀，斩陈安，平凉州。李雄两破成都，陷涪而自立。拓跋猗卢破刘曜，败宇文氏而取辽。石生攻赵河南，取司、豫、兖、徐，寇晋汝南。石聪寇晋寿春、襄阳，陶保破之。赵击败张骏，取河南地。石勒攻赵蒲坂，大破之于洛阳，虏刘曜而灭赵。石虎尽取秦、陇地。皆怀、愍时三十年事，而兵争之惨剧如此，生民当其时，何大不幸也！

嗣后慕容皝克辽东，又败石虎。燕、赵合兵灭段氏。燕、赵相大战，赵两攻凉而大败燕，拔秦上邽。褚裒伐赵，司马勋拔赵宛城。谢尚克许昌,攻张遇。殷浩败于姚襄。燕拔赵蓟城、中山,破邺及襄国,遂灭后赵。慕容恪击段龛,围广固,定齐地。姚襄据许昌,桓温讨之,入洛,遂伐秦,降三辅,已而败还。苻坚斩姚襄,击张平,自立为秦。燕败荀羡,而陷河南、许昌、汝南、陈郡、洛阳,寇兖州,攻洛,而桓温败之,拔寿春,乃为燕大败于枋头。秦寇荆州,桓豁攻宛、代,与匈奴、刘卫辰两战。秦王猛取燕洛阳,入晋阳,围邺,灭燕,又伐代,取晋南阳、襄阳,攻盱眙、彭城、魏兴,围三河,陷淮阴,寇竟陵。是时苻坚以兵九十万南下,为谢玄、桓伊所破,全军覆没。还拔秦襄阳、筑阳、魏兴、上庸、新城,取河南,进邺,取益州。是时秦吕光破西域,还则秦败,乃平凉而自立国。乞伏国仁叛秦,亦据秦、陇,击鲜卑三部而叛秦,自立为西秦,既而败于姚苌而降之。再败南凉,杀其主,又为北凉所攻,与夏累战而为夏灭。姚苌攻新平,围五将山取长安而自立。慕容垂围邺拔蓟而自立为后燕。慕容冲起平阳,入长安而称西燕。苻丕为西燕败死,苻登三为后秦所败,为姚兴所杀,苻崇立又败,而后为秦所灭。盖自王猛之才,平定北方,人民得少苏息。及苻坚败后,四分五裂,则战祸又亟矣。故国愈少则战祸愈少,国愈多则战祸愈多。故两者相较,与其受压于一统专制之君,胜受战祸于多国角争之惨也。后秦取晋湖城、陕城、洛阳,灭西秦,大破凉,攻魏,伐南凉及夏皆败,既而为刘裕所灭。慕容垂定河北,破西燕而灭之,破秦姚兴,击魏,为魏所败。已而克平城,魏大举伐之,陷并州,围中山。慕容宝奔蓟,又奔龙城,拢高丽二城,而冯氏代之,四攻于魏而为魏灭。慕容德尝袭魏而败之,据滑台而称帝,克青、兖,取广固都之,未几为刘裕大兵所破灭。慕容冲据河东，九年为后燕所灭。若三凉互争，段业、秃发傉檀各攻凉而取其四郡，而凉为后秦所灭。北凉又攻南凉，攻秦，为秦败，袭燕不克。李氏称西凉，北凉灭之，而自灭于魏。谯纵自立于蜀，为朱龄石所灭。夏赫连勃勃克安定，破后秦，拔晋杏城、上邽、长安，与秦、魏互攻，既而灭秦，卒为吐谷浑所亡。刘裕大举兵灭南燕，伐秦，克洛阳，入潼关，得长安，灭后秦姚泓，魏人救之，破之河上。魏盖复起于苻坚败后，破柔然、卫辰诸部，大败燕于参合陂，以步骑四十万击燕，取并州，拔常山，定邺，破高车，徇许昌，至彭城，又袭燕而灭之。自晋不能统一宇内，怀、愍至此百年之间，而争乱如麻，死人如草，中国数千年之兵祸，未有若斯之惨剧者也。盖其分国太多，过于五代及三国，而国祚太短，乱世又长，亦过于五代及三国时也。故分国多则兵惨愈甚，分国少则兵祸稍纾，观于十六国与三国之别而知之矣。

及南北朝时，魏南攻东阳，取金墉、司、豫。宋到彦之伐魏，取河南。魏复渡河，取虎牢，攻滑台。檀道济再伐魏而败之。杨难当陷汉中，萧思话破而复之。柳元景破魏，入潼关。宋、魏六十年中三十五战，若佛狸之至瓜步，臧质之守盱眙，皆非常之大战惨剧也。魏与北凉、夏四大战而灭之，与北燕三战而灭之，与吐谷浑四战，敕勒二战，高车一战，而尽平西域；与柔然十二战，其一大战，则死者三十万人矣。又宋、魏与杨难当三战，齐、魏二十四年间十四大战，梁、魏三十一年间二十五战，而韦献之大破魏，则全军数十万人皆没淮水矣。东、西魏相持十七年而十大战，若玉壁、邙山之役，各以数十万之师大败没矣。若尔朱荣之乱，洛阳人尽没，侯景之攻梁台城，百万人尽饿，援兵百万皆败，皆极惨之兵祸也。齐、周相持三十八年，大战凡十而齐灭。若斛律金、韦孝宽皆大战，于仅之破江陵，俘虏百万，江陵为空矣。陈与后梁，三十四年凡四战，陈、齐凡五战，陈、周凡五战，而吴明彻军十余万见擒于隋，一战而亡。大约南北朝之相持，有类三国，祚久而国少，故其兵祸虽烈，边民日被锋镝，而内地尚少安，不若十六国及五代十国之酷也。呜呼！晋一失统，而分裂战争之祸至于三百年，亦可畏矣。

唐失统力，安史之乱人民涂炭。于是河北三镇日寻于兵，衍及天下，垂于百年，名虽藩镇，实等列国。其视今日各直省，民得安枕，抱孙长子，饱食游嬉者，其苦乐岂可比哉！

唐末僖、昭之间三十年，藩镇争立，遂为列国。岁月互攻，暴骨如莽，凡数千百战，中国几墟。即五代五十年间，梁与唐大战者五，攻岐击赵袭晋者纷如。唐日事攻梁，克幽，拔德，破河北，大举大破而灭之。又灭蜀，三败契丹；既而蜀孟知祥自立，累战。石敬瑭以契丹师入，三大举而灭唐，遂割燕、云。晋既自立，杨光远以契丹入寇，败之。符彦卿又大破契丹，而契丹再举而灭晋，中原涂炭矣。刘知远自立于晋阳，走契丹。郭威克河中，破契丹，凡五大攻汉。既而周立，与北汉三大战，而周大破汉于高平。世宗又取蜀，伐唐十州而服之，两大破契丹。而十国之互争与宋之平各国未及详焉。生民水火，天下死者户口过大半，数千年兵祸之久且惨，盖鲜有如五季者也。

若夫外邦媾兵之祸，则自商周之獯鬻、猃狁已有战祸，而汉之匈奴，兵争为烈。高祖有平城、马邑、代之战,文帝有萧关、云中、上郡之战,景帝有雁门、上郡之战。至于汉武,战祸尤剧。自王恢以三十万兵邀匈奴于马邑;霍去病大战二,破焉支、月氏、祁连,降浑邪王;与卫青各将五万攻匈奴,而匈奴以八万降李陵,又八万围赵破奴;卫青以四将击匈奴,取河南,得右贤王,又以十六将出定襄,斩万余。昭帝时,田广明以十六万骑获乌孙。王莽时,甄丰以十二将破匈奴。其余破楼兰、车师、大宛、乌丸各二,斩郅支,平定氏、羌、先零、朝鲜、瓯、闽、粤、越,其大略也。虽为中国斥地,有百世之功,而兵杀则惨矣。后汉破匈奴者十四,至窦宪降其二十万众,遂灭匈奴。破高勾骊、乌桓、鲜卑、焉耆三,平定迷唐羌、种羌、罕羌、烧当羌、当煎羌、沈氏、武陵、象林蛮,其战祸亦不少矣。南北朝内争,寡有及远,柔然之战,已详于前。隋破突厥都蓝,而三入寇,曾围炀帝于雁门一月。唐时凡七八寇,李靖统诸军破之,斥地至大漠,张宝德空漠南,又两击车鼻可汗擒之,至裴行俭乃平。西突厥亦两入,王方翼乃平之。回鹘破突厥,尽得其地,凡三入寇,而张仲武亦三破之。隋炀帝三征天下兵百万伐高丽,大败;还后再举,百二十万兵死亡略尽。太宗四以数十万兵征之,任雅相率三十五军,亦多死亡,至李世勣拔十七城,乃平之。若侯君集灭高昌,李勣破延陀,郭孝恪破焉耆,程知节、苏定方再伐沙钵罗;契丹两入寇,张守珪大破之;禄山两败,又击之。高仙芝击大食而败;王元策袭天竺,执其王;梁建方大破处月、朱耶。延陀一入寇,李靖再破而降之。苏定方、刘仁愿两伐降百济;郑仁泰破铁勒于天山;刘仁轨破新罗;盖嘉运再破突骑施可汗骨啜;薛怀义再讨默啜;

杨思勖平安南。吐蕃二十五次入寇,中间唐休璟六战,薛讷、王忠嗣、王君㚟、崔希逸皆大破之;其后陷七军三城,入长安,李晟三破之;又陷石堡、银、麟、夏、安西,降北庭沙陀,韦皋三伐之,大破于雅州维州,降牛僧孺,悉怛谋归则屠之。其后克复河湟,取维州,吐蕃与唐俱盛衰。南诏陷云南、安南、嘉、黎、雅州,攻成都,鲜于仲通十余万人死亡几尽。

宋、辽之始十六大战,而曹彬岐沟之败,数十万人皆没;太宗幽州之败亦数十万人。宋、夏二十一大战,死亡无数。辽、金十六战而灭辽。若金两陷宋都,俘二帝,蹦都邑,尽搜括子女以北,焚北京,遍陷河北至淮北。兀朮两大举南伐宋,陷淮、泗及南京、临安、明、越,西陷陕、泾原、巩、洮,入潼关,张俊大败于富平,吴玠两败金于和尚原。宋诸将复河南,而金复陷。岳飞再取河南,金又陷之。吴璘、刘锜两大败金,兀朮又南陷,杨沂中败之。又破刘麟,金又以百万兵南下,李宝、刘锜、虞允文大破。金复攻海州,张子盖、魏胜又大败。张俊大败于符离,韩侂胄伐金而州郡皆陷。金复数道入,赵方、孟宗政、扈再兴、李全数败之。蒙古陷蜀口诸郡,赵葵、赵范兵溃于汴。蒙古陷荆、蜀,孟珙败之。蒙古四大举伐宋,襄、樊大战累年,江、淮全陷,遂入临安,争于闽广而宋亡;屠戮之惨,不可思议。辽之伐高丽,两大破败;一伐回鹘,两伐夏。金之起而灭辽,十四年间,大败于混同,再取黄龙及东京,继破上京、大京,遂入中京,追辽主于云中,破夏人之救师,遂灭辽,兵祸既惨急矣。及元之灭金也,铁木真始破取西京,大掠诸州,已而围燕京,拔河北、河东,取辽西,克潼关,分兵灭夏及高丽暨西域,凡十三年。既西围汴、蔡而灭金，屠戮无数，兵祸之烈又过于金、辽时矣。明之逐蒙古，虽乘扩廓、李思齐之内争，一举而以三十万兵灭之。然大战尚十四，与鞑靼大战者六；邱福既败没，于是而成祖亦亲征焉。又亲征阿鲁台二，乌梁海一；朱勇又击乌梁海，尝大破卫拉特。而英宗败于土木而见获，也先犯京及宁夏。王骥一击思机发，奄达内犯五，土鲁番、青海、朵颜犯塞二，察克图、锡林阿、苏巴尔、噶绰哈、土默特、伊勒敏、达春皆内犯。而张辅灭安南黎利自立，毛伯温再讨之而诸军尽没。若清朝之起，灭科尔沁等四十余国而入关，自西平堡、大凌河、旅顺、广宁大战入上方堡、宣府，下朝鲜，入畿南、山东，大战松山、苏州，屠扬州、嘉定、粤城，乃定中国焉。

泰西兵祸尤剧。自埃及、巴比伦、西里亚、啡尼基、希腊各国相争互攻，时战时和，与我春秋同，今不详及。惟波斯大流耳以海陆军数十万攻希腊，为希所败；而斯巴达屡攻之，至陷其都，竭其食。而马其顿王取希腊、埃及、波斯及亚细亚各国，战祸惨烈。若罗马之立国，初为额利伊贝罗及卡鲁达鄂、博哀尼两大战，大破马基顿及西里亚，既而灭马基顿及卡鲁达鄂，焚博哀尼数百年强霸繁盛之大都，奴其人民，与项羽之坑焚咸阳无异焉；于是平定各国，奴其人民。时黑海之邦都国残意大利人八万，尽服希腊各国。而罗马大将苏拉破之，尽复各地，且灭邦都及阿年尼亚，于是服犹太，破安息，灭埃及。

波斯自俄罗斯之起，灭伊伦、米颠、阿卑尼亚、高加索、利典、巴比鲁尼、安息、大夏八大国，又渡欧洲，服脱拉喀，与希腊大战，而灭于马基顿。当东汉时复兴，与罗马并大。罗马尝大破之，陷其都，几灭之，而全军溃亡;凡数百年,和战无已。及罗马地克里生帝时,分罗马为四国,即成大乱。夫罗马立国七百年,国内安宁,皆一统之故。及其解纽,蒙古之富思人南牧,日耳曼种人避而南侵,于是四分五裂,国争惨酷,有如五胡乱华,亦同时焉。其后罗马、波斯、突厥、嚈哒交争,互相疲弊。而摩诃末起,灭西里亚、埃及、东灭波斯、印度,西灭西班牙、西哥德,破君士但丁,于是与罗马并峙,累战千年。

日耳曼既南立帝国,与教王互争;诸侯争权,日寻征伐。后英、法并竞,于是有百年战争之大祸。英尝一虏法王,再大歼法,得疆大半,亦为法胜而复之。时蒙古骤兴,灭回鹘、辽、夏及金。以兵灭波斯,焚其都城,死者百万。北攻俄各属,入匈牙利而焚之,破波兰而窥德意志,平俄罗斯而建钦察,又破印度北部及小亚细亚、埃及、俱蓝、马八等国,其裔孙帖木儿,先定察哈台国;时俄破钦察,帖木儿乃攻陷俄木斯寇都,又以兵四十万灭钦察,破德意志、波兰、俄罗斯、脱发之联军,恣其焚掠。灭北印度,破突厥而虏其帝。突厥避蒙古,入小亚细亚,灭西尔皮亚大国及不里阿利亚国、阿巴尼保司国,大破各国联军,并马基顿、希腊,侵匈牙利,大破德、法十余万之联军,后与帖木儿大战被虏。破君士但丁,灭东罗马,割波兰,服剋伦,陷意大利之恶脱朗拖,尽屠其民,其惨甚矣。

俄之再兴,服喀利尼及诺弗哥罗,灭钦察,并利脱发而胜瑞典,破封建而变兵制,侵略各国。意以分为五国之故,德、法、西班牙及教王共争之,凡两入意,五动联军,为二十年大战焉。其后西班牙与法争雄,西王加罗虏法王而割其地,又大破法、英、意及教皇之联军,陷罗马都,抄掠杀虏，无所不至。又伐突尼斯；时突厥骤强，服西里亚、埃及、巴勒士登，虽大败于波斯，而破匈牙利，杀其王路易，又围维也纳，西班牙王加罗率全欧联军破之。突厥后攻奥，法又联突厥与加罗战，而加罗联英敌之，相拒累年。又与日耳曼各国大战，又与葡大略南洋、印度，辟南、北美洲，大战法人，大歼突厥。于是德、荷、英、法合拒西班牙，荷兰亦百战拒西而独立。于是为三十年新旧教争，西、法、英、德迭为百战，死人数千万；但日耳曼死人千八百万，人口大耗，都邑零落，土地荒芜。荷、瑞因此自立；各邦渐图自立，葡萄牙亦叛西班牙自立，大破西军。先是法攻荷；英人助荷，两破法，又大破西、奥、突厥，英又与德联军大败法。瑞典之兴也，大破丹麦、俄罗斯及波兰。其后俄大彼得破瑞典，又破波斯、突厥、波兰。近百余年，奥女王结俄、法、英与普非特力大战，号七年之役，而普遂强。

及拿破仑起，三年间破意大利，并伦巴国；侵奥而再破之，虏教王，平埃及，攻西里亚。虽海军为英将蒱利孙所破，又与英、奥、俄、突、奈波里五联军战。及为帝，破奥、俄之联军，取奈波里，覆巴泰非，灭西班牙、葡萄牙，与英大战；大破奥而割其地，且并荷兰。后以五十五万人攻俄，死者三十万。各国皆反击法军而复立其后，歼法军于滑铁卢而流拿破仑，兵祸乃止，然欧人死五百万。故夫亚历山大、嬴政、摩诃末、成吉斯、拿破仑者，皆古今命世之雄，而杀人如麻，实莫大之民贼也。

近年俄大举攻突，英、法大战俄而救之。意各国内攻，遂图统一，联法破奥，战祸十一年而后成。其后奥、普联击丹麦，大破之。普、奥各以三十万人大战,普大破奥;而奥又以八万人大破意。德兵八十五万破法兵三十二万于师丹,焚其全城,围巴黎百日。俄复攻突,大战三年。统欧洲自罗马以还,大战八百余,小战勿论,其膏涂原野,惨状何可言耶!

印度自上古日王、月王相争千载,战云已惨。其后日王并吞为一;后复分立而阿育王统一之,败割于马基顿王。至汉时,巴迦腻王统一之,皆经无量大战而后定。各国复分立互攻,而回教得全破灭之,所过屠戮,杀人无算,焚毁寺庙城邑不可纪极。帖木儿复入陷北印度,复拒于印人,而五世孙婆伯儿复灭全印。及近世英、德交争之,印人背蒙古而各立,凡二百余国,自相剪伐,遂为英灭。印人二十六万兵,一夜起而尽屠英人。血战两年,死人二千万,卒为英有,其战祸至烈矣。

凡此皆就文明之国言之,兵祸之惨剧已如此矣。若夫非洲巫来由诸蛮,南、北美诸土番无文字可考者,其战祸之剧,更不待言;观亚齐之人见异族人即杀之,可以推矣。有国竞争,势必至此。故夫有国者,人道团体之始,必不得已,而于生人之害,未有宏巨硕大若斯之甚者也。愈文明则战祸愈烈。盖古之争杀以刃,一人仅杀一人;今之争杀以火以毒,故师丹数十万人可一夕而全焚。呜呼噫嘻,痛哉,惨哉,国界之立也!

第二章　欲去国害必自弭兵破国界始

夫以有国对立,兵争之惨如此,人民之涂炭如彼,此其最彰明较著矣。若夫竭民力以养兵,糜费无量,驱人民以为兵,失业无量。虽有仁人义士,不得不各私其国,故其心志所注,识见议论皆为国所限,以争地杀人为合大义,以灭国屠人为有大功,勒鼎刻碑,铸像作史,大号于天下后世以自夸炫,不知其为屠伯民贼也。养成争心,养成私心,于是褊狭残忍之论视为宜然;实如群犬之相搏,猛兽之相噬,强盗之劫掠耳。积成为义,则其烈祸中于人性,根种相传,展转无已,故其争杀之亦无已,世界人类终不能远猛兽强盗之心。是则有国乎,而欲人性止于至善,人道至于太平,其道相反,犹欲南辕而北其辙也。古之仁人哀之,亦多为弭兵之论,盖自宋子罕、晋赵武、楚屈建已创行之,而希腊各国亦常举行。近者弭兵之会日盛,其余各国,凡订和约者皆本自弭兵之义。然而国界未除,强弱大小相错,而欲谋弭兵,是令虎狼食斋茹素也,必不可得矣。故欲安民者非弭兵不可,欲弭兵者非去国不可。是故国者,在乱世为不得已而自保之术,在平世为最争杀大害之道也。而古今人恒言皆曰天下国家,若人道不可少者,此大谬也。今将欲救生民之惨祸,致太平之乐利,求大同之公益,其必先自破国界去国义始矣,此仁人君子所当日夜焦心敝舌以图之者,除破国界外,更无救民之义矣。

虽然,国者人民团体之最高级也;自天帝外,其上无有法律制之也;各图私益,非公法所可抑,非虚义所能动也;其强大国之侵吞小邦,弱肉强食,势之自然,非公理所能及也。然则虽有仁人,欲弭兵而人民安乐,欲骤去国而天下为公,必不可得之数也。

然则欲弭兵而去国,天下为一,大地大同,岂非仁人结想之虚愿哉?然观今之势,虽国义不能骤去,兵争不能遽弭,而以公理言之,人心观之,大势所趋,将来所至,有必讫于大同而后已者,但需以年岁,行以曲折耳。孔子之太平世,佛之莲花世界,列子之甀瓶山,达尔文之乌托邦,实境而非空想焉。

国界自分而合乃大同之先驱　夫国界进化,自分而合,乃势之自然。故自黄帝、尧、舜时为万国,至汤三千国,武王一千八百国,春秋则二百余国,战国为七国,秦则一统矣,凡二千年。马代灭千余国而为波斯;印度之先,佛时亦千余国,阿育王乃一统之,色腻王与回教再一统之,及英继统之。希腊十二国,历二千年而统一于马基顿,又统于罗马。罗马尽统欧、非之众国。若夫欧洲,封建千年。德侯三十万,法十一万,奥、英各一万余,近已并一于王权。德二十五联邦又合为一,意以十一国合为一。俄奄亚北,法取安南、突尼斯,英吞缅甸,日并高丽、琉球,近者非洲皆瓜分矣。其小国存者暹罗、阿富汗,皆以瓯脱为缓冲耳。若埃及之属英,摩洛哥之隶于法,已不能久矣。盖分并之势乃淘汰之自然,其强大之并吞,弱小之灭亡,亦适以为大同之先驱耳。而德、美以联邦立国,尤为合国之妙术,令诸弱小忘其亡灭。他日美收美洲,德收诸欧,其在此乎,此尤渐致大同之轨道也。

民权自下而上为大同之先驱　民权进化自下而上,理之自然也。故美国既立,法之大革命继起而各国随之;于是立宪遍行,共和大盛,均产说出,工党日兴。大国有君权,自各私而难合;若但为民权,则联合亦易。盖民但自求利益,则仁人倡大同之乐利,自能合乎人心;大势既倡,人望趋之如流水之就下。故民权之起,宪法之兴,合群均产之说,皆为大同之先声也。若立宪,君主既已无权,亦与民主等耳;他日君衔亦必徐徐尽废而归于大同耳。

合国有三体 今欲至大同,先自弭兵会倡之,次以联盟国纬之,继以公议会导之,次第以赴,盖有必至大同之一日焉。夫联合邦国之体有三:有各国平等联盟之体;有各联邦自行内治而大政统一于大政府之体;有削除邦国之号域,各建自立州郡而统一于公政府之体。凡此三体,皆因时势之自然以为推迁,而不能一时强合者也。

各国平等联盟之体 各国平等联盟者,如春秋之晋、楚,权力相等,订盟弭兵,而诸小国从之;若希腊各国之盟,近世欧洲维也纳盟后诸约及俄、法之同盟,德、奥、意之同盟是也。其政体主权各在其国,并无中央政府,但遣使订约,以约章为范围,即今者在荷兰万国弭兵之会是也。凡此联盟之约,主权既各在其国,既各有其私利,并无一强有力者制之,忽寻忽寒,今日弭兵而明日开衅,最不可恃者也。然既各国并立,无一大力者以制之,则谋弭各国之兵争,亦必自平等联盟立公议会之制始矣,此联合之据乱世之制也。

联邦受统治于公政府之体 各联邦自理内治而大政统一于大政府之体,若三代之夏、商、周,春秋之齐桓、晋文,今之德国是也。普王与各联邦王公平等,与齐、晋同,然桓、文之霸权,体未坚固;若三代之与德,则统一之体甚坚固矣。但三代及德国皆有帝王,虽治体不同,而皆以强力为之。如德国联邦治体,虽并许各国举议员;而普鲁士得占十七人,其余大国,若湃认则举六人,萨逊滑敦堡则举四人,嘻顺巴登则举三人,阿论卜公国则举二人,其余十七国及自主市府各举一人。而普鲁士相为德意志大宰相，遂有大权；其余海陆军、邮政、铁路皆归德意志帝国统之，则大政府极有权力，但不及内治耳。联合之后，公议会积有权力，则设公政府，立各国之上；虽不干预各国内治，而有公兵公律以弹压各国，则亦类于德国联邦之制矣，但皆出于公举，无帝王耳，此联合之升平世之制也。

去国而世界合一之体　削除邦国号域，各建自主州郡而统一于公政府者，若美国、瑞士之制是也。公政府既立，国界日除，君名日去。渐而大地合一，诸国改为州郡；而州郡统于全地公政府，由公民公举议员及行政官以统之；各地设小政府，略如美、瑞。于是时，无邦国，无帝王，人人相亲，人人平等，天下为公，是谓大同，此联合之太平世之制也。

联邦合一有六难　然联邦之事，欲于众邦中设一中央政府以统之，其事尤难。观美国诸州联合之始，而虬其亚州不允矣。国俗不同，利害殊科，皆不愿合；况强大之国无事迫之，尤难联合。此国情难一者一也。

美自一千七百七十五年十三州皆与盟，创成联合政府，是时内政听其独立自治；其开战、讲和、通商诸大事，凡关于联邦公共安利者，皆联合政府主之。然联合政府不能直辖国民也；苟非迫于背英之情势不得不合一者，则联邦难成。观今中美诸小共和国亦无君主而不能联为大邦可知也。若今各国并立，谁肯别开联合之大政府以辖治之。此公政府之万难开，其难二也。

且假联合政府已成也，而能使强大诸国受其范围，基址坚固，人心不散，其事尤难。盖诸国各具完全无限之权力，断不肯受人之范围。而国势私情各有利害；大国利于开拓土地，商国利于独占利权，皆万万不肯受制于中央政府者。如美国初立宪法联合大政府之时，诸州尚多梗议，难于施行。其难三也。

夫国之大小不同，大国既自恃其广土众民不肯俯同于小国，小国亦各自主自立不能少屈于大国，则选派议员之多寡，受用权利之同否，皆难一律。如美国创议联合政府之先，大州小州争论难定。其难四也。今弭兵会争权利同等亦然。

及议员既定，而法例所草尚非一二议员允许所能行，又还听其各国立法院所公议；人多论杂，益难听从而画一之。如美国议院法例之初立，各州多不愿从。弥儿敦、佛郎克作报，以十余年之力极论联合之义，人心大感动，尚待再历两年，然后次第联成，然非有拒英之故亦必不能成也。诸州且然，何况万国。其难五也。

又联合政府能结合坚固，行之数十年，而各国苟有利害不同，即复决裂。如美之以放奴一事，南、北美大动兵戈，死人如麻。苟非北美之得胜，则分国久矣。合州且然，何况合国，其利害之各殊尤为浩大。其难六也。

夫方今各国，平等对立，而欲骤期至美国、瑞士之界，固万无可得之势，不待言也。夫瑞士仅二十二乡，其联合至易至平，非天下所可学。即如美者，削去邦国而尽为自主之州郡。为联合已成之太平世也，不可以一蹴几也；盖必先为德国联邦之势，而后可望如美之渐削邦国也。夫自冬寒徂夏暑者，必经春之温和乃能至焉，自平原以至山巅，必经山麓之攀跻乃能登焉。德之联邦，亦非能骤至。故今者大势，必自联合弭兵、立公议会而后可积渐至焉。大势所趋已见，合同之运已至，其始似甚难，其终必渐至于大同焉。

联邦自小联合始小吞灭始　联合之始，万国遽行联合乎，抑各为小联合而后大联合乎？则必自小联合始矣。小联合之体，其始两三国力量同等、利害同关之邦联之，其后全地大国成无数联盟国之体以相持焉。今者国事，权在公民，利害至明，非若古者战国时之权在君相也，又不能以一二人之言议，因一二人之利害而变易之也。故均力均势，相持相等，无有一国能为混一之势。即强大如俄，专制猛进，而民义既明，数十年内，不为民主共和，亦必成君主立宪之体矣。吾作此在光绪十年，不二十年而俄立宪矣。

夫政体既改民权，则并吞之势自不能猛矣。且昔者俄之攻突厥也，始则英、法二国合纵拒之，后则英、法、德、奥、意五国合兵拒之，俄即不能得志，岂复虑有秦吞六国、一统天下之事乎！同体、同力之联盟国既成，则亦有同洲、同教、同种之联盟继之，若美国之治美洲，当美人自治之，不许他洲人干预之是也。假欧、亚人众国强，或干预之，则美洲各国本皆共和，必合为一大联邦，设一公政府，是成一半球合国之势矣。美洲既合，其势莫强，则欧洲、亚洲或亦为联洲法以抵御之，则大合纵成矣。澳洲于时自立成国，非强英所能遥统，则亦如美例别自独立，或亦附从他国而为联邦矣。夫以半球众国之联合，其规模体制，与大地大同几无异矣，但尚有两半球对待之体耳。夫既能半球相合，亦何难于全球相合乎！故今百年之中，诸弱小国必尽夷灭，诸君主专制体必尽扫除，共和立宪必将尽行，民党平权必将大炽。文明之国民愈智，劣下之民种渐微。自尔之后，大势所趋，人心所向，其必赴于全地大同、天下太平者，如水之赴壑，莫可遏抑者矣。

百年中弱小之必灭者，瑞典、丹麦、荷兰、瑞士将合于德，欧东诸小或合于俄，亚洲之阿富汗、高丽、暹罗、埃及、摩洛哥是也。吾作此在光绪十年，不二十年而高丽亡。其班、葡初合于法，继合于英，班之改民主或不远矣。波斯、突厥二国之守旧，其存其亡，或难推测；以回国守教之坚，数百年交通不能少变，则后此百年之难全变可决也。后此百年，各国之强势霸义磅礴而迫入之，其能保全乎？不可知也。或者以其同教合乎印度而成中亚一大国乎！印度、波斯、突厥同为回教国，而印度人才最多，新学日盛；虽为英所制，而英有内变，或与德战而败，印度即能起立，则与波斯、突厥合国最宜也。然则亚洲之国，惟中国与日本或存乎！日本若君权坠而改共和，则国势亦危，或中国与日本、印度合乎！南美各国别为宗教，治法未具，遽倡共和，必为欧人藉口所侵入；然美人必力拒之，此必为大激争乎！南美为人所侵，必合为一国而都于巴西，或合为一大联邦而统于北美也。若中美五国近已有合并之说，其不远矣。

俄弭兵会即开大同之基　俄罗斯帝之为万国平和会也，为大地万国联交之始也。今虽不过各国遣使议事，其主权仍在各国，如美国十三州之初议，未有公立之政府以主持之也。然近数十年来，弭兵之说日倡。虽霸国之义，风潮盛涌，然天运人心之所趋，实不过为弱小将并于众大之地,以便合一为大同之先驱耳。将来仅余数大之鼎峙。然交通日繁,故邮政、电线、商标、书版,各国久已联通,特许专卖及博士学位之类,皆各国合一;欧、美先倡,日本从之。近于金钱货币,各国亦日谋通用之法。即闭关之中国亦事事从同,小弱之国波斯、突厥、暹罗亦日黩变而入万国交通之会,礼律几于渐一。弱小既尽矣,数大鼎峙,则兵力愈坚厚以相持;力愈相持,莫敢先发,盖恐一旦败失,则国势大危。故近数十年欧洲诸大国未尝相见以兵,为此也;其出于平和之公议以图各自相保,势之必然也。夫平和之议既熟,交通既多,交涉尤繁,则薄物细故易于失和,或有枭桀无礼者亦足以启衅。然近者民权既盛,咸畏兵戎,非如君主专制,好大喜功,能假事以逞其雄心也;故凡两国失和,多请邻邦公判。至于是时,立国日少,邻邦各有交谊,未必尽公;然而大地合一,万国公院之学说日盛于时矣。在各大国,利害相等,难占独一之利权,在各政府,君主无权,难发混一之异想,人无他望,惟思大同。公议会会议既多,人心大变,日思统一,于是时必议设一大地公议政府矣。有大地公议政府乎,则大地大同之时期至矣,大地太平之运会开矣,诸国之争渐弭矣,人生之安乐渐可无憾矣。虽进化有序,又会合之始基未固也,不能无变;然始基既立,条理渐密,大利日见,基址日坚,则二三百年中必见大同之实效矣。近者飞船日出,国界日破,大同之运,不过百年。

第三章　初设公议政府为大同之始

一、各国力量同等,体制自同等,则联邦政府之体,不设总统,但设议员,故不可谓之公政府,但谓之公议政府。且各国主权甚大,公政府不过为遣使常驻常议之体,体稍近瑞士,不能如美也,地隔甚远,又不如瑞士也。

一、公议政府执政议事者,其始必从各国选派,或每国一人,或每国数人,或视国之大小为派人之多少如德制。然恐大国益强,此制或未能行也,此为第二三等国言也。

一、各国主权甚大,公政府不能设总统,并不能立总理;但立议长,于派遣各员中公举为之,以举者多数充选,如联军之有统帅也。然议长并无权,不过处众人之中,凡两议人相等者,多一人之数以决所从耳。自尔之后,公政府体裁坚定,孔子曰:"见群龙无首,吉。""乾元用九,天下治也。"

公议政府专议万国交通之大同 公议政府当各国主权甚大之时,则专议各国交通之大纲;其余政事皆听本国之自主,略如德国之各邦万国交通同一之议。

第一,议定各国公律。凡国与国之交,各国人民与各国人民之交,因今国际公法而确定之,务求精详,一以公平为宗旨。各议员随时提议,由各国认可,施行全地焉。

第二,各国有交涉之事,按公法而判决之,议员公议,从其多数。既公议定后,各国不得不从。

第三,凡关税之出入,当渐求其平,不得限制他国及以一国垄断。

第四,各国度量衡之名称、长短、大小、轻重当力求划一,以免参差而烦计算以损人脑。

第五，各国语言文字，当力求新法，务令划一，以便交通，以免全世界无量学者兼学无用之各国语言文字，费岁月而损脑筋。若定为一，增人有用之年岁，公益之学问，其益无穷。夫语言文字出于人为耳，无体不可，但取易简，便于交通者足矣，非如数学、律学、哲学之有一定而人所必须也，故以删汰其繁而劣者，同定于一为要义。但各国并立，国界未除，则各国教育，当存其本国语言文字，以教其爱国心为立国之根本也。故一时虑未能废去，但当定一万国通行之语言文字，令全地各国人人皆学此一种以为交通，则人人但学本国语言文字及全地通行语言文字二种而已，可省无限之岁月，可养无限之脑力，以从事于其他有用之学矣，所谓"不作无益害有益"也。且移无用之岁年为有用之岁年，移空费之脑力为实益之脑力，合世界人计之，其余剩年月脑力，巧历不能算其数；以为非常之学思，创非常之器艺，其文明进化之急，岂可量哉！及国界已除、种界已除后，乃并本国、本种之语言而并舍之，其文字则留为博古者之用，如今之希腊、拉丁文及古文篆隶、印之霸厘及山土诰烈可也。中国文乃有韵味者，不易去也。

第六，各国有不公不平不文明之举动，公议院得移书责之，令其更改。

第七，各国有大破坏文明及公共之安乐，背万国之公法者，公议院得以公调合各国之兵弹禁之。若仍不从，则同攻伐其国土，改易其政府。

第八，公议政府有预算之赀，当由各国公力供给，各国当依岁定之数拨给之。

第九，公议政府当有公地，其人民来住公地者，许脱其国籍，准其为世界公政府之人民。

第十，各小国有愿归公议政府保护者，其土地人民皆归公议政府派人立小政府。

第十一，各国瓯脱之地，皆归公政府派人管理。

第十二，大地之海，除各国三十里海界外，皆归公政府管理，其海作为公政府之地。凡未辟之岛皆为公地，居者即为公民。其渔于海者，其舟之自此诣彼经过公海者，皆纳税焉。

第十三，各国所举公议员每岁一易，惟不得名大臣，以其入公政府时即脱本国之管辖。盖虽某国之人为某国所遣而实图全地之益也，与国会议员之举于其乡而不受其乡之责任同也。此义于今君主国暂未能行，惟民国既多，行之渐众则必行。

第十四，各国公议员可留于公地为公民，或复其本国，皆听其自由。

第十五，海既为公地，公议政府得为海军六舰，分出各国，以备弹压各国争战，若有敢迎拒者，即为与全地万国作公敌也，公政府得破其国取其地以为公地，取其民以为公民。其海舰、海军之数，随时议增。

第十六，公议政府以弭各国兵争为宗旨，各国现有兵数、军械及械厂、战舰，皆应报告公政府。除其国必应自保外，有议增者，公议政府得干预之，太多者得禁止之，并岁议减兵之法。其两国交界，彼此重兵严防者,公政府既有公地公民,当练公兵代为镇守两界之间,以免两国之互严防争,则兵数可以日减矣。

第十七,各国属地自治之区有愿投归公政府者,即作为公地,归公议政府派小政府统辖。

第十八,公地之民,不论何种何国,一律平等。

第十九,各国不得别偕结约及秘密条约。

第二十,各国人民听其意入各国籍,不得以民族之殊限制禁格。

第四章　立公政府以统各国为大同之中

若能立公议政府,行各法,不及数十年,各国联邦必成矣;各国联邦法必固,各国损人利己之心必减,各国凌夺人以自利之事必少。以公地既立,公民日多,投归公政府之自治地必无数。各大国势力必日分日弱,各国民权团体必更炽,各国政府主权必渐削,如美国联邦矣;各国公议政府必渐成中央集权,如华盛顿矣。即各国虽有世袭君主,亦必如德之联邦各国,各国之自治政体,则如美国诸州、瑞士诸乡,虽有强大之国不能争乱,不能吞并焉。至于是时,则全地公政府之大势成矣,全地大同政府之基础固矣,大公政府之大权行矣。

公政府大纲　第一,岁减各国之兵,每减必令各国同等,减之又减,以至于无。计每年国减一万,不及数十年,可使各国无兵矣。夫各国并争,兵税之费最重;若能去兵,其大利有六:移万国之兵费,以为公众兴学医病,养老恤贫,开山林,修道路,造海舰,创文明之利器,资生民之乐事,其利益岂可计哉! 一也。既减兵费,可轻减各税,又可省全地人民之负担,其仁无量。二也。全世界数千万之兵,移而讲士农工商之业,其增长世界之利益不可穷识。三也。全世界人不须为兵,可无阵亡死伤、"一将功成万骨枯"之惨,全地球皆为极乐世界,无战场可吊矣。四也。全世界人无战争之惨,无兵燹之祸,不知干戈枪炮为何物,不知屠焚凶疫流离为何苦;其保全全国之人命不可以数量,保全世界之事业器物不可以数量。五也。全世界枪炮军械皆废而无用,移其杀人之工而作文明之器,移其杀人之料以为有益世界之料,其大仁大益又无量。六也。古今仁义慈悲之政未有比于是者,必如是乃可为济世安民也。

第二,各国之兵既渐废尽,公兵亦可渐汰,及于无国,然后罢兵。

第三,各君主经立宪既久,大权尽削,不过一安富尊荣之人而已。其皇帝、王、后等爵号虽为世袭,改其名称曰尊者或曰大长可也。或待其有过而削之,或无嗣而废之,无不可也。且至此时,平等之义大明,人人视帝王君主等名号为太古武夫屠伯强梁之别称,皆自厌之恶之,亦不愿有此称号矣。

第四,禁"国"之文字,改之为"州"或为"界"可矣。盖大地自太古以来,有生人而即有聚落,有聚落而渐成部众,积部众而成国土,合小国而成一统之霸国。盖有部落邦国之名立,即战争杀人之祸惨。而积久相蒸,人人以为固然,言必曰家国天下,以为世界内外之公理不能无者;陈大义则必曰爱国,故自私其国而攻人之国以为武者,在据乱世之时,全地未一,为保种族之故,诚不得不然。然一有"国"之文,自为域界,其贼害莫大，令人永有争心而不和，永有私心而不公焉。故"国"之文义不删除净尽之，则人人争根、杀根、私根无从去而性无由至于善也。昔者大地未能统一，分邦各立，各私其国，贤者不免，固时势之无可如何。至于公政府之时，天下统一，天下为公，何可复存此数万年至惨、至毒、至私之物如"国"字哉！便当永永删除，无令后人识此恶毒"国"字"国"义于性中，则人道争杀畛域之根永拔矣。

第五，分大地为十州：欧罗巴自为一州；中国及日本、高丽、安南、暹罗、缅甸为一州，曰东亚州，南洋属焉；西伯利部为一州，曰北亚州；自里海东中亚及印度为一州，曰中亚州；里海西俾路之、爱乌汗、波斯、阿刺伯、西土耳其为一州，曰西亚州；南、北、中美各为一州；澳洲自为一州；阿非利加为一州；共十州。每州置一监政府焉，令其州内各旧国公举人充之；若国已灭尽，不立监政府亦可矣。

第六，每旧大国，因其地方形便自治之体析为数十小郡，因其地方自治之体而成一小政府焉；皆去其国名，号曰某界。每州大概数十界。

第七，以大地圆球剖分南北，凡为百度；赤道南北各五十度，东西亦百度；每度之中分为十分，实方百分；每分之中分为十里，实方百里。每度、每分、每里皆树其界，绘其图，影其像。凡生人皆称为某度人，著其籍可也。即以里数下引为量，每里之中分为十量，每量之中分为十引，每引之中分为十丈，每丈之中分为十尺，每尺之中分为十寸。古衡容皆以寸金之轻重大小起算焉。凡全地共为一万方度，一兆方分，一垓方里，一壤方量，一涧方引，一载方丈，一恒方尺，一沙方寸。每度约将倍今度之二。一切称谓界限之主,皆以度为差。若大地人满时,既无分国之争,亦无阴阳之别,各自治政府即以度为主。

第八,全世界纪元皆以大同纪年,不得以教主及君主私自纪年,以归统一。其前时皆以大同前某年逆数之。

第九,全地度量衡皆同,不得有异制异名。

第十,全地数目皆因十进之数,自一至十、百、千、万、亿、兆、京、垓、秭、壤、沟、涧、正、载、极。其天地之度数,月、日、时之纪数,权、衡、度、量、货币之用数,凡一切万物之数,皆以十数行之,以取简便易通。若旧法之以十二宫三百六十度为测天,十二月十二时六十刻六十分秒以纪时,又二十四铢十六两之为斤,三十斤之为钧,百二十斤之为石;英国十二寸之为尺,十二佩尼之为先令,二十先令之为镑,二十四时之为日,十二为打;若印度、波斯、突厥以四进数,自四而八、十六、三十二,尤为迟难,于脑有损。皆宜去之,以归十数之简易画一也。

第十一,全地语言文字皆当同,不得有异言异文。考各地语言之法,当制一地球万音室。制百丈之室,为圆形,以像地球,悬之于空,每十丈募地球原产人于其中。每度数人,有音异者则募置之,无所异者则一人可矣。既合全地之人,不论文野,使通音乐言语之哲学士合而考之,择其舌本最轻清圆转简易者制以为音,又择大地高下清浊之音最易通者制为字母。凡物有实质者,各因原质之分合,因以作文字;其无质者,因乎旧名。择大地各国名之最简者如中国,采之附以音母,以成语言文字,则人用力少而所得多矣。计语言之简,中国一物一名,一名一字,一字一音。印度、欧洲一物数名,一名数字,一字数音。故文字语言之简,中国过于印度、欧、美数倍,故同书一札,中国速于欧、美、印度数倍;若以执事谈言算之,中国人寿亦增于印度、欧、美数倍矣。惟中国于新出各物尚有未备者,当采欧、美新名补之。惟法、意母音极清,与中国北京相近而过之。夫欲制语音,必取极清高者,乃宜于唱歌协乐,乃足以美清听而养神魂。大概制音者,从四五十度之间广取多音为字母,则至清高矣;附以中国名物而以字母取音,以简易之新文写之,则至简速矣。夫兽近地故音浊,禽近空故音清;今近赤道之人音浊近兽,近冰海之人音清转如鸟,故制音者当取法于四五十度也。闻俄人学他国语最易而似,岂非以其地度高耶!制语言文字既定以为书,颁之学堂,则数十年后,全地皆为新语言文字矣。其各国旧文字,存之博物院中,备好古者之考求可也。

第十二,凡定历,皆以地为法。吾万国人皆生于地上,所见皆同,始所受用皆因于地。故大地古今万国,皆有岁月日时之纪,以授事而记时。故以昼夜为一日,历三十日之晦朔以为一月,历十二月三百六十五日以为一岁,此万国所同也。盖地为日热质之分点,自离日而行,即有热力拒日,自为动转。在地中温热带之人视之,向日而受其光则为昼,背日而无光则为夜。虽南、北冰海之人,半年全向日,半年全背日,无一昼一夜之别;而人类居温热带为多,故从多数,以地为有昼夜,凡一昼一夜之间则经自转一次。古之人不知地转,以为日之绕地也,遂以有定之数号为地自转之定数,然此必不能两合者也。凡地绕日三百六十五转有奇,或缓长则七八时,急短则三四时。盖地为生物,内为日所控,外为他星所牵,故万无一定之时;而纪时者不能不出于有定,此不得不然者也。于是零余无所归,不得不立闰以整齐之矣;虽闰月闰日不同,而以人事补天以得整齐之定数,乃不得已之法。故每年强定为四分度之一,积四年则合为一日之数,故积四年可闰为一转;常年为三百六十五转,当四年之闰为三百六十六转也。三百六十五度四分度之一为一岁,大地万国之历所同者。盖地自转三百六十五次,又略当转四之一,而地绕日一周。古人不知,以为诸星绕天,故名曰岁,又北方以禾岁一熟,故假名曰年,实皆非也。宜因地绕日一周之实,名之曰周。十岁则曰十周,百岁则曰百周,推之千万亿兆无量数年,皆以周纪之为宜。或曰期亦无不可,则十年曰十期、百年曰百期可也,然不若周之切矣。

其全地立朔,当在春分为改正焉。孔子立三正:周建子,商建丑,夏建寅皆可,而以建寅为正。若今欧美则近于周正建子,日本从之;俄则用商正建丑为近。其余马达加斯加、暹罗、回教建九月,缅甸建四月,印度建五月,波斯建八月,秦、汉建十月,唐代宗时曾建四月,全地各国处处不同。夫论周期之算,地球绕日也本自圆周,则无日不可起元。吾古者历元多起冬至,今欧美亦同。盖处北半球人因日影至短之故,天寒易测,故就此起算;然今澳洲、南美既通,则以北半球冬至为夏至矣,然则以二至起元亦无不可。惟二至者,地当高冲卑冲之极点。地为动质,又为日晷诸星所吸,高下本自不等;冲无定位,非巧历所能测算。夫以无定之冲而欲以有定之算推之,其必不准不待言也;以不能决定准数之时而妄定之，虽相去不远而实已大误矣。故用二至无定之冲，不若用二分有定之平为得其准矣。

春秋二分，同处地平，本无少异；以为朔元，亦无所不可。惟以全地论之，处北半球，当春分之时，百花烂漫，草木萌生，水源溢盛，而河冰解冻，气象惟新，生机益溢；自经冬冷收藏之后，于种植既得时宜，于作事便于谋始。若秋分则草木黄落，水源复涸，气象凄惨，生意萧条；又上承夏热，生物方盛，于种植及作事，皆截然不能分为两岁。故大地文明之国，三正皆用凉时，乃时地自然之势也。两相比较，故立朔改元，断无用秋分之理。惟在热带之国，终岁水木花草如一，则或可九月纪元，若温冷带则万不可行者也。故以地转论，用二至不若用二分，以经冻论，用秋分不若用春分。当花开冻解之良辰，以行立朔改元之庆典，水草香溢，种植得时，以作事谋始，不亦可乎！虽南半球少有不宜，然南半球美、澳洲之地皆在热带为多，热带地本无春秋之异。其在热带外者，地亦无多，春分仅当八月令，华实尚茂，不至大凄清也。且今各文明国以三正纪元，然多在冷带之地，木叶尽脱，大地盈冰，木枯不花，气候亘寒，宴会不便，繁华无象，于立朔改元之庆亦不若春分之美也，故宜全行之。

既以春分为元朔，则自春分至夏至地下游之时，名之曰春游；自夏至至秋分地上行之时，名之曰夏游；自秋分至冬至之时地更上游，名之曰秋游，自冬至至春分之时地卜行之时，名曰冬游；通曰四游。

月为地之行星，与地转不相关。古人草昧，历学难明，以悬象著明莫大于月，民所易识，故以月之晦望定时，以便民也，大地所同矣。然以用月之故,定朔日甚难;强为九道以测之,又为正朔、定朔、经朔、均轮、次轮以求之,而晦朔终不可得正也。盖月亦动质,其绕地也约以二十九日又八时与六时不等。以月行之无定,而以有定之日数强为牵合,必不可得准也;于是分以二十九日与三十日,为闰月以求之,五岁再闰。在太古道路不通,仪器甚少,人民望月以纪时,本自为便。若大同之世,道路大通,仪器尤多,人易知时,不待测月。且纪元专以地为主,月但转地,与地转无关;我为地中之人,何必以父而从子,故可不以月纪时矣。而今之阳历既已废月,仍用十二为数,既无所取义。且非十进之数,于推算不便,致有三十一日、二十八、九日之不等,参差太远而难记,则尚不如阴历之以三十日、二十九日各半算之较整齐也。回教九执历,以太阳太阴各别为纪,专从太阳以正地之所绕,兼明太阴以便民之所视,义亦允宜。吾国今改阳历,而民间久习阴历,骤改之于农功商业不宜,则应从回历法阴阳合用为宜也。然今大地既通合,既非金、木、水、火、土、天王、海王星之人而为地人,行立瞻视皆以地为主,则月可尽删,可无十之畸零,亦无立闰测朔之繁难矣。

一,地转之号,中国分十二时;分而析之,义更精细,则为廿四,今欧美时表所通行也。然纪数以十为便,十二、廿四皆为纡曲。《左传》曰:"人有十时。"中国古者十时,每时分百刻,每刻分百秒,则至方整。故定时为十,其义较妥。惟以鸡鸣、日晡等为名,亦未以支干纪时,或昼夜仅十分之,稍疏,不便作事,不若昼夜各为十时。地之向日背日皆自然之势,人居地上,所关于昼夜者甚大。虽近赤道者昼夜平分,自此冬夏之

间，或昼长夜短，或夜长昼短，而南北冰洋且以半年为昼夜，若以十时为
昼夜刻，似不尽得其宜。然人类在温热带为十之九，在冰带甚少，从昼
夜之正名焉，亦何害焉。今欧美人二十四时亦分两次，实先行之。然既
有百刻百秒以分时，则与欧美二十四时相去无几，行之至易矣。

若其改日，则孔子先立三时，有以平旦者，有以夜半者，有以鸡鸣
者。泰西则以日中夜中，恰合中国，正可用之。若一时之内，今中国分
百刻，于一刻之中分六十秒；于一秒之中分六十分；于一分之中分六十
微。欧人于一时之中分四骨，每骨三字亦同于时数，每字十五眉尼，每
时凡六十眉尼，每一眉尼分六十息紧，其数不由十进，皆未为善。宜于
每时之中分十刻如息紧之比，每刻之中分十秒，每秒之中分十微，其针
轮之迟速，即以此定之。凡此皆人为之事，宜以整齐为主，不得为六十
或十二之畸零焉。

以七纪事，乃大地上诸圣之公理。孔子作《易》，曰"七日来复"，盖
卦气以六日七分为一周也，故《易纬》曰"一变而为七"。印度至古之婆
罗门，即一切有七日之义。吾别有七日考。而犹太有七日造成天地人之
说，于是有七日休息之义，其合于孔子"至日闭关，商旅不行，后不省方"
之说，埃及、巴比伦亦有之。此其不易解之奇理，而实人道之至情。盖
五日一息则太繁，十日一息则太远，七日适得其中，不疾不徐，于人
为宜。

计地一周凡三百六十五转有奇，凡五十二复，余一时以为岁首日。
此外七转而一复，周而复始，四年归余之日，作为转闰（即闰日），与岁首

两日不入五十二复之数，自岁首第二日为始，则第八日为第二复可也。但此为人立之义，非地理也。四游之日有长有短，春秋游有八十七八转者，夏冬游有九十三转者，名曰某游第几转，于地游转之理最为得宜。游与复不能合，若参人事之宜，则论复不论游可也，或兼游复亦不厌其详也。

历既以大同纪元，今请定其历名，曰大同第几周某游第几转，或不书游曰某转，或书某周某复某转，三者皆可也。一转之中书某时刻某秒某微，如斯则上合地道，下通人事矣。

凡都邑大道，皆为时表塔楼。正表为内外圆球形，内刻日形，外转者为地形，划为三百六十五转四分转之高下，分上、下、中、平四游，转高卑而运移之，附以七日来复之数，其当闰转之年，则刻三百六十六度。是为地周表，审年者准焉。东为地转表，别昼夜为白黑二色，各划十时，内分十刻，刻中分十秒，秒中分十微，作地球形，向背日而转之。是为地转表，察转者准焉。西为月绕地表，为月球绕地，准其朔、望、朓、晦、上弦、下弦而运之，并置闰月，与地之三百六十五度相对取准，考月者察焉。北为金、水、火、土、木、天王、海王诸星与地相交之表。若是，则人人可知地与日、月、五星之行以授时焉。此外小表，可以藏于怀，置于室。五星之陵、犯、食、入，人人皆晓，月之晦、望、弦、朔不患不知，此则阴历可废而不碍民用，阳历可改而月躔可删，复日可通而人道可息，时运可游；合周转之宜，历行之最切备者也。

第十三，大同之世，全地纪元当从何起历乎？大地之生，不知其始，或谓数万年,或谓数百万年,皆推测之说,未有确据也。人民之生,安得其始,狉狉榛榛,算无从起,大桡算书自发甲子,亦不得已者哉! 古者部落族众,未有文史,观今哲孟雄、布丹、巫来由人种,皆自无史以纪上世,而托于藏僧,乃能纪之。纪年亦然。则必大有文化乃能纪元,纪元既立,或以君主,或以教主,或以立国,大率始于小君主,中于大帝主,而终于大教主也。古者春秋至秦、汉间,诸侯各自纪元;此盖上承夏、商之旧制,至汉中叶尚然,今见于汉碑《赵王上寿》曰"赵廿五年"是也。然禹时万国,汤世三千,周初千八百国,春秋时尚二百余国,各以其君纪年,则读百国之宝书者,其烦而累脑甚矣。故孔子正定之曰:惟王者然后改元立号,以至于今为然。此王者乎,天下归往之谓王,通天地人谓之王,盖大帝主而兼大教主者也。汉武帝采其义而定一尊,自尔之后,惟帝者而后改元立号,以至于今焉。然一帝纪一元,甚者一帝纪数元,其烦重累人亦甚矣。埃及、印度、波斯、罗马皆以帝王纪元,其小国王亦纪年。今其碑刻皆可考其进化等第,当亦略与中国同也。三国时,君士但丁始从耶教,于是耶教大盛于六朝、唐时,于是以耶教纪年,追推上世,并定前数以纪之。而自唐、宋间欧洲诸国并起,而教皇独尊,其以教主纪元以归统一,实便于人事也。是时回教亦极盛,相与以教纪年;而印度僧人亦有自尊其教,因以佛纪年者。此如司马迁《史记》称"孔子卒后百二十九年",以孔子纪年同也。凡人服从君主之权势,不如服从教主之道德,且以教主纪年,于义最大,于力最省,允为宜也。若中国既非耶教,自宜以孔子纪年。其无教主而独立之国若日本之新立,则以其初立国或以其初祖纪年，虽无道德可称，亦于人之记忆为省，胜于以一君纪元者也。从后百年，君主当不现于大地上，君主纪元之义，不俟大同世而先绝矣；非文明大国亦必不能久存至于大同之世，然则建国纪初祖之义亦必不能存矣；然则所存者惟教主纪元一义而已。然诸教竞争，各尊其教，谁肯俯就；人人各有自主之权，自由之理，不能以多数胜少数论也。若今日耶元之国，至大至盛矣；然十九世、二十世等字，终非孔、佛、婆、回之教之人所甘愿。且新理日出，旧教日灭，诸教主既难统一全地，或当各有见废之一日；大劫难挽亦与国主略同，但少有久暂之殊耳。然则君师国祖之纪元并废，或以诸教主并列配天而独尊上帝，则以奉天纪年可也；然吾谓奉天太尊，欲为大同世之纪元，即以大同纪年为最可。地既同矣，国既同矣，种既同矣，政治风俗、礼教法律、度量权衡、语言文字无一不同，然则不以大同纪元而以何哉！吾敢断言之曰：来者万年，必以大同纪年，虽万国之文字有殊，而义必不能外之也。否则以奉天纪元，所谓"后天而奉天时"，义之宜也。

以大同纪年，将何时托始乎？是难言也。盖合国、合种、合教以至无种、无国、无教，相去绵远以千数百年计，何时乃能行大同之实乎？将谓自公国立之年乎？则强国尚多，未大服从者，如德之联邦立法，而邮政、关税巴威尚自收之，是虽立大同纪元而终未尽从也。将至国种教俱合一之年乎？则大势所趋，人心咸定于一，如潮之奔，如湍之激，岂能久待乎！今日大地既通，大同之说必日盛，可断言之。今欧洲久以教主纪年，中国人亦多有以孔子与君主并称者矣；既因现时通俗之便宜，又顺将来大势所必趋,莫若以教主与大同并纪元焉。则直于当今,纪用大同,以便人心趋向,以便复元易算,而与通俗无碍,岂不一举而三善备哉!诸国竞争,小国日灭,并于大同;近者万国同盟之事日多矣,可于今预祝之预期之矣。夫近年以大同纪年,当以何年托始乎?凡事必有所因,端必有所指,大同因之所托,必于其大地大合之事起之;近年大地万国大合之纪事,其莫如荷兰喀京之万国同盟矣。是事也,起于己亥,终于庚子。庚者,更也;子者,始也;庚子之冬至为西历一千九百零一年,耶纪以为二十世开幕之一年者,当即以庚子春分为大同元年托始之正月朔日。其自兹以往,顺十百千万年而顺数之,其自此以前,逆一十百千万以前而逆推之,于欧洲之史皆不待大算而改之;其各国之史记,则如考中西历比对等耳。其庚子春分至冬至三游之事,纪年稍难,则注明之,如汉武时十月历改为正月历、唐代宗时四月历改为正月历、日本由正月历改为十一月历亦同耳。中间超辰加注,自可不误,何得过虑哉?自此日趋大同,合大地之人,考览自便,其省脑力、便记诵、鼓人心、导太平之功,岂少也哉!

大同之进化不一,而自集议联邦之始至于大同太平之时,更变甚多,不能一律。今以三世表而分之,政体虽多,略不出此。

大同合国三世表

一、大同始基之据乱世 二、联合旧国。	大同渐行之升平世 造新公国。	大同成就之太平世 无国而为世界。

续　表

三、各国政府握全权,开万国公会,各国各派议使公议。	始立公政府,有议员,有行政官,以统各国。	全地皆为公政府,有行政官行政,有议员议政,而无有国界。
四、有公议会,无公政府。	割其国地或海上岛为公政府。	世界全地尽为公国。
五、陆地各归本国,海上无政府。	海上为公政府之地,小岛屿亦然。	全地海陆皆归公地。
六、各国随时附入公会集议。	各国可随时附入公国,不得以两国合成一国,惟许以一国分作数国。	各国皆归并公政府,裁去"国"字。
七、民服于旧国。	人民渐脱旧国之权,归于统一公政府。	无旧国,人民皆为世界公民,以公议为权。
八、公议会有议长,无统领。	公政府有议长,无统领,更无帝王,亦不得以各国帝王充议长,或不设议长。	公政府只有议员,无行政官,无议长,无统领,更无帝王,大事从多数决之。
九、各国有帝王、统领,各有自立权。	各国多为统领,亦略有帝王而统于公政府。	无各国、各地,只有统领而统于公政府。
十、各国全权自治,公会但有集议。	各国限权自治,大事归于公政府。	罢"国",悉由民公举自治,而全统于公政府。
十一、无公政府,但有公议会,不能征用各国人民官吏。	公政府得征用各国人民官吏,听其自便。	无国,人民合为一公政府而公任其事。
十二、有公议院,无公政府之地。	有公政府,其设都会、驻官司、造船、立库、购用各国地,皆由各国许诺,其规则随时议定。	公政府可在任何地设都会,驻官司,造船,立库。
十三、公议会不及各国内治,故各国内治全权无限。	公政府虽不及各国内治,而兵、税、邮电、法律大政,皆有权限。	无国,而各地小政府与公政府各有权限,随时议定。

续　表

十四、公议会有调和维持各国之责。	公政府有保护各国之责,镇抚其内乱,调和其外争。	无国,公政府统治各界度。
十五、公议会条例为公法,驾各国法律之上。	公政府法律在各国法律之上,各国法律不得背反之。	全世界皆同属公法律。
十六、各国听公议会之法律审判。	议院法律证明各国之法律。	统归公政府法律。
十七、各国联盟条约。	各国半条约半宪法。	无国,但有宪法。
十八、各国可结条约,各国可别订同盟。	各国不许别结条约,各国不许别结同盟。	无国、无条约可称,无国、无同盟可言。
十九、公议会无权力限禁各国。	公政府有权限禁各国。	虽为公政府,而各界度自治,不待限禁。
二十、联邦政权及于各国,不及于民。	公国政权达于各国,渐达于民。	无各国,不分土,不分民,但合为一以治之。
廿一、各国自有权,不归于公议会。	各国政权皆视为公政府所出。	无国,同出于公政府。
廿二、不入公议会而驳攻者,不得为公议员。	叛公政府而驳攻者,为最大罪。	人人皆公政府公民,无攻驳者。
廿三、国有不入公议会者,摈之不与公法之权利。	国有称兵犯公政府者,视为叛国。	凡人背公政府,有谋据地作乱,称帝王君长之尊号及欲复世爵者,皆为叛逆最大罪。
廿四、各国自有法律出于公政府之外,公政府无大权。	各国法律不能出公政府之外,公政府有无限之权。	无各国,法律同出于公政府,公政府复散权于各界各度。
一、各国立法权各在本国,不归公议会,公议会但议国际法。	各国立法权虽归各国,而全地公法权归公政府上下议院。	各地亦有立法自治权,而全地法律归公政府之上下议院公议立法。

续 表

二、公议会议各国所提出交涉公法之大案，各国皆可随时提出政法事理案于公议院议之。	有公政府并公议院，议各国法律不定不一之案及有缺谬之案。	议定法律而通行之世界，政事有变，可岁岁提议。
三、公议会之例，各国议员议定，各国君主总统签名宣布之。	公政府之法律，各议员政长同署名，以多数宣布之，或待各国君主总统之允然后宣布。	公政府之法律，各政长同署名，以多数宣布之。
四、公议会员有三分二改法则可改，各国政府有三分二改公法则可改。	各国立法部有三分二改公法则可改，公议员有三分二改公法则可改。	无各国，只有公议院及各地公院，议立法从人数多者。
五、公议会数年一集，或有大事各国有请集议者则开议。	议院每岁一开，各国有过半数请集议者则开议。	议院终岁常开，有公举，无集散，其各地有集有散。
六、有议会而无上下议院，候本国政府签名。	有上下议院，须两院画诺乃行，不画诺不行，或候各国政府签名乃行。	同上，惟无国、无所，候议定即行。
七、议员派于政府，必由政府官吏。	上议院由政府，下议院由公举，官吏人民各半。	议员皆由人民公举，悉为人民。
八、议员由各国政府派出或听其兼使。	议员必用本国人居于本国者，不得以他国人充。	议员由各地公举其久居本地之人。
九、议员由各国政府派一人充使，或大国三人，中国一人，如德国之制，随时议定。	上议员，政府或议院举每国二人；下议员，以各人民多寡为率，略由人民公举。	无国，上议员以每界每度举之，下议员以人民多寡出之。

十、议员为本国之代表。	上议员为本国之代表，下议员为世界之代表。	议员但为世界人民之代表。
十一、公议会派员无年限。	各国议员或每年一选举，或三年一选举，随时议定。	议员各地三年一举，或每年一举，随时议定。
十二、公议会可立议长。	公议会不立议长，以多数取决。	议院不立议长，以多数决从违。
十三、选议长及书记皆由公定。	同上。	无议长，一切由公选。
决数以多数定之。	同上。	同上。
十四、议员有本国之禄。	议员受公政府之俸。	同上。
十五、议员合格与否由本国政府查，有罪由本国政府判决。	议员合格否，由公议院自查，有罪由公议院判决。	同上。
十六、议员于本国受告诉，有责任。	于本国不受告诉，不受责任。	不受法院告诉场外之责任。
议员一切罪犯，除本国召还外，所在之地不得治罪。	议员有犯，本国不得召还治罪，一切由议院公议。	议员有过误，法官不得治，由议院公议。
十七、议使有罪，由本国罚之。	议员有罪，公议院得治其罪，不须待其本国，然必议员三分二乃得施行。	同上。
十八、各国议使若有事故或谬误病疫，由其本国政府再派员补充。	各国议员有事故或病疫，由本国选举人补充。议院选上议员，人民举下议员，或议院闭时由政府充暂署。	各国议员有事故病疫，由其本地公民再行公举。

十九、公议会有各国公议员,无行政官。	公政府行政官皆由各国议员公选,每人至少有三国人合举,若大地尚有多国则须五国并举,其有强大之国,或如德国联邦例,许有议员多人者,或许用一人。	公政府行政官即由上下议员公举。
议员皆各国所派,惟各国大臣可列席听议,表本国之意见。	各国大臣议员皆得列席,可表本国之意见。	全世界名誉人皆得列席表其意见。
二十、公议会无官吏。	公政府有官吏,皆听政长之任免黜陟,然于其本国职任权利无损。	公政府官吏皆听政长黜陟,无国,亦无本国权利。
一、公议会有要事,可令各国邮电从速,而无指挥之权。	公政府有要务,各国邮电之权皆听指挥,或听派官监理,其强大国不允者暂缓之。	邮电全归公政府。
二、邮政电报皆交通,有大国及僻地不同者在外。	各国邮政电报一律交通。	无国界,邮政电报归一。
三、邮政电线各国自设而自取其费。	公政府有设邮政,电费则公政府自取。	邮政、电费皆归公政府。
四、各国铁道、水路、国防、大道不能尽交通。	各国铁道、国防、道路尽能交通。	无国界,一切交通划一。
内河水路舟楫不尽交通。	内河舟楫水路可交通。	无国界,一切交通划一。

五、无公铁路。	有公铁路以便交通,所过邦国皆可买地,但不害本国主权。	无各国私路,皆为公铁路。
各国铁路规则法式不一。	各国铁路法式规则渐归于一。	铁路规则法式归于一。
无监定铁道运价权。	公政府有监定铁道运价权,俾石炭、矿料、树木、米、肥料与农工应须之物,令运价公平,全地大利,强国不从者在外。	同上。有饥馑时可制定最贱运价。
六、保护本国之贸易与运输。	公政府保护各国之贸易。	无国界,不须保护。
七、各国可任意铸货币,行纸币。	各国货币、纸币渐归于一。	无国,货币由公铸,纸币由公造。
八、度量权衡各不同,而公议会可议之。	度量权衡同者甚多,公政府择善而从,各国渐从之。	度量权衡大同。
九、新书器专卖特许渐通行。	新书器专卖特许通行。	同上。
十、版权保护渐通行。	版权保护通行。	同上。
十一、各国卫生禁疫渐议通行而不一律。	各国卫生禁疫归一律。	无国界,禁疫归一律。
十二、各国人过路须稽查。	各国人过路不须稽查。	无国界,无稽查。
十三、银行不尽通行。	银行可尽通行。	银行归于公。
十四、未有公政府,各不纳税于公。	有公政府,以海上为地,以征其税,征其船,费不足则公政府分担之,其有强大国暂不纳者听之。	租税全归公政府。

十五、各国可任收船税。	海船税归公政府。	一切船税归公政府。
十六、内国各税各自收。	公政府议定各国之收税而通之,或议轻减及不应征税之事。	各地自行征税而分之公政府。
十七、关税通商之事,编一通行之界而行之,其有大国不允者缓之。	关税通商一律。	无国,无税,无商税。
十八、进口出口有税。	进出口有税。	进出口无税。
十九、募公债以镇各国之乱。	募公债以兴公商业养民。	募公债以公养民,公负之而公运之,有债与无债同,以人人皆公,产业皆公也。
二十、各国会计不干公会事。	会计许公会轮查。	会计由公政府核算。
二一、岁计由各国自主。	各国岁计皆告公政府。	全地岁计皆归公政府。
二二、各国人口,公议会不预闻。	各国人口皆报其确数于公政府。	无国,各地人口核报。
一、公议会以弭兵为主,各国渐入弭兵会。	公政府听断各国之讼而禁其兵争。各国皆听公政府而不敢兵争。	无国,废兵。无国,废兵。
二、公议会弭兵,若有不听者,可合各国攻之。	各国不听公政府弭兵,可调兵攻之,或合各国之兵攻之。	无国,无听不听,无兵,无攻。
三、公议会有弭兵会弹压之,联军过,可假用各国之铁路,价贱而速。	公政府同上。	无国,无兵,无假道。

四、听各国治陆兵。	限禁加陆兵。	尽罢各国陆兵,改为警察。
治海军。	限禁加海军。	尽罢各国海军,改为海上警察。
治战舰。	限禁增战舰。	尽罢各国战舰,改为警察船。
治军械。	限禁军械。	尽罢各国军械,改为农工之器。
治毒药。	限禁毒药。	尽禁毒药焚烧方法,不许流传。
五、各国人民皆为其国服兵役。	公政府罢各国人民之服役,但许募兵。	尽罢全地人民服兵役,但人人二十岁后,须服各院看护之役。
各国人民皆服军费。	公政府罢人民服军费而服公养费。	公政府取民税所得之半为公养费。
各国军兵归其本国所统。	各国军兵虽归本国所统,而公政府得监督之,务以日减为主。	无国,罢军兵。
各国军人兵官皆由各国自用。	各国兵官皆听公政府聘用。	无国,无兵,无兵官,惟有警察。
六、各国得有海军海舰,听公议会议之。	海军海舰渐归公政府。	公政府罢海军,但置交通邮商船。
各国商舶得成海军队。	各国商船归公政府定其法式。	无国,商船皆公政府编治其法式。
七、各国君主有统其国军兵之权。	公政府渐去君主统兵之权。	无国,无君主,亦无兵,无兵权。
八、城塞、险要、堡塞皆听各国自治。	公政府得渐去各国之城塞、险要、堡塞,其强大之国一时不允者暂缓。	太平无国,尽去一切城塞、险要、堡塞。

九、无公兵。 　　无公战舰。 　　无公军械。	置公兵。 置公战舰。 置公军械。	罢公兵。 罢公战舰。 罢公军械。
十、各国军士相战有杀伤。	各国罢战,即有战,可缚人伤人而不许杀人。	无国,尽弭兵。
十一、人民贮藏兵器,皆有限禁。	人民不藏兵器。	尽销兵器。
十二、有国讼归公议会断 之, 不 立 司法官。	有公政府司法官,以听国讼而不理民讼。凡一私人之讼,一公人之讼皆归本国,惟两国人民之交讼或一国人民之讼而关于土地者听之。	公政府有司法官,无国,无国讼,只听各界各地人民控诉。
一、海上判事听两国公议,判可,移于公议会。	公政府法官听海上之判事,凡海权全归公政府。	大地皆归公政府,无海陆之异。
二、凡国讼,提案到公议院审之。	公政府可派员至各国审讼。	无国,大案由其上控。
三、人民不敢控告其君主、统领于议会。	人民得控诉其君主、统领于公议院。	人民得控其长于公议院。
四、公议会得判各国之事而不能审判各国君主。	公议院得判各国之事,君主有罪亦得审判之,然非三分有二不得作定。其科罪,或减名誉,削权,即夺职位,随时势议定,君主亦得诉告再决。	上议院得审判全地之事,所有权要重贵之人之事皆得科罪。
五、裁判事规则不尽同,契约法、刑法、商法、证书法、治罪法、诉讼法,公议会不预闻。	裁判事规则略同,公政府议定契约法、刑法、商法、证书法、治罪法、诉讼法,大略各国从同而斟酌之。	无国界,裁判、法律皆同。无国界,法律随时议定而施行大同。

六、非犯罪不得夺人自由,讼事审理不速,无陪审人,无辩护人。	虽犯罪亦许自由。讼事要审而审理必速,被讼人有用证人、辩护人之权。	人不犯罪。 无讼,亦无审官、辩护人,只有公论人。
七、有罪罚金可重,大罪施酷刑。	不罚重金,大罪不施酷刑。	无刑罚,但有耻辱,人民无罪无刑。
八、罪人之身可杀,不可两次受辱。	无杀刑,一次亦无苦。	刑措,人皆安乐无苦痛。
九、刑有死罪。	不立死刑,但设永监。	刑罚皆措,但有耻辱。
一、各国人民一律保护杂居营业,而服官参政有限制,或不能杂居营业。	各国公民权无差异,各国人民彼此可互居营业,服官、参政、保护一体无异。	同为大同人,无疆界,权利即无别异。
二、人民权利为本国及各外国制限。	民有公政府之权利,不许为本国及外国所制限。	无国,权利自由,但受公议法律之制限。
三、迁徙住居本国,他国不得自由。	迁徙住居各国可以自由。	无国界,人民听其迁徙住居。
四、各国人民于各国无有特权、特许,各国人犯逃他国者可不交。	各国人民可受各国特权、特许,各国人犯互交。	大地人民所在之地权利同一,无国犯而有公犯。
五、救济本国贫民,亦时及外国。	公政府救助贫民,无分本国外国。	贫民归公政府恤养。
六、治本国之病者,间及外国。	在外国病者,一律治疗。	病者皆归公医院治之。
七、埋葬本国死亡,间及外国。	本国外国死者一律埋葬。	死者归考终院料理丧葬。
人民各有私产,官收之必给价。	非有大故不得收人民私产。	人民无私产。

续　表

八、人民之身体、家宅、文书、财产，无故不受人搜索、押收，虽官府亦必形迹可凭乃能搜押。	化行俗美，然时有搜索、押收之事。	人民风俗全美，无有待搜索、押收之事。
九、人民不尽有保身体自立之权。	人民皆有保身体自立之权，非万不得已不得侵夺。	人民各得有保身自立之权，自然无罪，不待侵夺。
限禁人民权利。	不限人民权利。	权利皆一切自由。
十、各国人民权利不平等。 人民听国取税。 人民不尽有公权。 有事求民供应。	各国人民渐平等而种未平等。 人民担负国税。 人民有罪削公权。 不求民供应。	无国界，无种界，人民平等。 人民养于公，无担负。 人民无罪，皆有公权。 举国人皆平等，无供应。
十一、公民因人种、奴隶、妇女而异视。	公民不得因人种、形体而异视。	公民不因妇女、形体而异视。
十二、甲国之奴而逃于他国，即不为奴。	各国尽禁奴。	无国，人类平等，无奴。
十三、各国有奴而渐放之。	各国禁奴而不禁人服役。	各国人民平等，无人服役。
十四、国教各听自由，公会不定之。	公商教义，尊天而兼采诸圣之长以配天，以为新教。	大地诸先哲及诸新义皆公尊之，不独尊一教而兼取其义。
十五、尊天而更尊各神。	各神皆不尊而称尊天。	天亦不尊，但尊先哲及各人之神。
十六、专为一国者为小人。	为大同者为大人。	人人皆大同至公，是为天民。
十七、各国有帝王、君主位号、权力。有世爵、贵族、平民、奴隶之别。	渐削帝王、君主位号，改为总统、议长。 无奴隶，而世爵、贵族渐除而未尽。	无帝王、总统位号，人民平等，只有议长。 无世爵、贵族，尽为平等。

丙部　去级界平民族

人类之苦不平等者，莫若无端立级哉！其大类有三：一曰贱族，二曰奴隶，三曰妇女。夫不平之法，不独反于天之公理，实有害于人之发达，观印度而知之矣。印人在昔有四种：

一曰婆罗门，为净行者，或出家，或在家修净行而涅槃者；

二曰刹帝利，为王种，奕世君临，统辖其余之三姓者；

三曰吠舍，旧曰毗舍，为商贾，贸易有无者；

四曰戍陀罗，旧云首陀，为农民及奴身勤稼穑者。首陀内分贱族七十余，今略举数种如下：

一曰配哈，为工，服役于刹帝利者，不食肉葱，不饮酒；

二曰摭麻，作下工，一切肉皆食；

三曰巫士哈，打猎，食蛇鼠，作路工；

四曰拖卑，洗衣者；

五曰咩打，作扫地除粪之工者；

六曰冬，抬死人而烧之者。

以上皆贱役，而以咩打及冬为最下。贱族之中，皆不得为官为士，而各贱族各专其职，不得改役他业，不得通婚姻，子子孙孙世为之。

凡此各种族皆分级隔绝，不得通婚、交接；皆限其位业，不得逾越上达。故苟生于下族，虽有至圣人豪，不得为仕宦师长，不知不识以了其生。故印度人虽有二万万，除妇女严禁外，实一万万；而此一万万人者，除去诸劣下种外，仅婆罗门、刹帝利不过一二千万人耳。全国命之所寄在此一二千万人中，其余二万万人，虽有智勇，无能为役，此其国所以一败涂地而不可振救也。盖不平等之法，自弃其种族甚矣！自埃及、巴比伦、希腊皆有族级奴隶之别，东方亦然。欧洲中世有大僧、贵族、平民、奴隶之异，压制既甚，故以欧人之慧，千年黑暗，不能进化。法大革命，实为去此阶级，故各国效之而收大效。近百年则平民之权日兴，奴隶之制尽释，虽有贵族、大僧，而事权日落，与君权而并替。盖平等之理日明，故富强之效日著，此其大验矣。日本昔有封建，于是有王朝公卿，有藩侯，有士族，有平民，颇与春秋时相类；自维新后一扫而空，故能骤强。今埃及、突厥、波斯、俄罗斯有君主、大僧、世爵、平民、奴隶五等，故突厥弱，俄虽外强而中僵。美之人民至平等，既不立君主而为统领。自华盛顿立宪法，视世爵为叛逆，虽有大僧而不得入衙署，干公事。林肯之放黑奴也，动兵流血，力战而争之，故美国之人举国皆平民，至为平等，虽待黑人未平，亦升平世之先声矣，故至为治强富乐。中国当春秋以前有封建世爵,诸侯既世其国,大夫又世其家,故虽以蕞尔之诸侯,而鲁之三桓、郑之七穆、楚之屈、景、齐之国、高、宋之华、荡,皆以世卿为之;士人、民家,则虽以孔子之至圣,仅摄相事,颜、闵之上贤,不得一命。当时虽无印度之弊,颇类欧洲之中世,日本维新以前矣。自孔子创平等之义,明一统以去封建,讥世卿以去世官,授田制产以去奴隶,作《春秋》、立宪法以限君权,不自尊其徒属而去大僧,于是中国之俗,阶级尽扫,人人皆为平民,人人皆可由白屋而为王侯、卿相、师儒,人人皆可奋志青云,发扬蹈厉,无阶级之害。此真孔子非常之大功也,盖先欧洲二千年行之。中国之强盛过于印度,皆由于此。惟君权虽有义理以责任之而专制不除,奴隶虽经光武用孔教之义频免为良人,而明以后投大户者不绝,及乐户、丐户、疍户之名,尚有不尽得为平民者;而妇女之禁抑未解。三者尚未改,故平等之义未尽,而愚弱亦从之。虽然,人民男子之自由至矣,但一间未达耳,真可以一变至道者也。夫人类之生,皆本于天,同为兄弟,实为平等,岂可妄分流品,而有所轻重,有所摈斥哉!且以事势言之,凡多为阶级而人类不平等者,人必愚而苦,国必弱而亡,印度是矣;凡扫尽阶级而人类平等者,人必智而乐,国必盛而治,如美国是也。其他人民、国势之愚智、苦乐、强弱、盛衰,皆视其人民平等不平等之多少分数为之,平之为义大矣哉!故孔子之于天下,不言治而言平,而于《春秋》三世进化,特以升平、太平言之也。

方今各国,奴隶之制尽解,卖买人口之风已禁,即俄最多奴,亦已除免。我国孔子创无奴之义,光武实施免奴之制,实于大地首行之,其于平等之道有光哉！林肯以铁血行之，风动大地，然尚为光武之后学而已。然方今中国奴制未除，以同为黄帝之子孙，不幸贫而见鬻，遂抑及世世子孙不得比于人列，伤哉，同类自相践踏，何其愚也！夫林肯于黑奴之异类异状，犹以人类平等之义，捐白人无量之肝脑膏血而救之，而我国奴隶皆出三皇五帝神明之裔，考其远祖皆为弟兄，而忍以一日之贫凌辱其兄弟无量世胄，此其愧于林肯，岂可言哉！故以天之公理言之，人各有自主独立之权，当为平等，不当有奴；以人之事势言之，平等则智乐而盛强，不平等则愚苦而衰弱，不可有奴；以中国人类之谱系言之，则同出一祖，同为族属兄弟，不忍有奴。上之失孔子之圣制，下之愧光武、林肯之仁心。故免奴之制，他国即不行，而中国当先行者也，中国今而不行，可为大耻也。

今以中国之奴制考之，自古战争，俘掠人口，于是用以为奴隶；又有鬻卖人口者，收为奴婢以供富贵者之用。然三代皆有井田以授民，人人有百亩之田，安有为奴者。孔子手定《六经》，灭去奴隶，其于人类，有天子、诸侯、大夫、士、庶民之等，无有为奴者也。故《六经》无"奴隶"字，《论语》"箕子为奴"，盖攻纣之暴以叔父为奴用耳，非真奴也。战国及秦、汉之争，多掳掠人口，而又有髡钳为奴之罚，故复有奴。刘歆伪为《周官》，以汉制饰之，乃托为罪隶、闽隶、蛮隶、夷隶、貉隶诸名，以为周公之制。然光武尊用儒术，特举大典，累下诏书，免奴婢为良人。今以《后汉书·光武本纪》按之：建武六年十一月丁卯，"诏王莽时吏人没入为奴婢不应旧法者，皆免为庶人"。建武十三年平蜀，十二月，"诏益州民自八年以来被略为奴婢者,皆一切免为庶民,或依托为人下妻欲去者悉听之;敢拘留者,以略人法从事"。建武十四年十二月癸卯,"诏益凉二州奴婢,自八年以来自讼在所官,一切免为庶民,卖者无还直"。嗟乎,孔教之行,免奴之制,中国先创二千年矣,真于大地最光哉!

其后蒙古以兵力灭服各国,虏其人民以为奴隶。盖胡狄之俗专以强力,故以奴为常,人臣庶民之家能虏人者,即以为奴,而人主亦以群臣为奴,而中国实无是也。不幸有刘歆伪《周官》之制,故人忘孔子之大义,以为周公所有,故明世复盛行之。粮税日重,人皆投大户以求免税,故近世奴隶虽不多而不能绝焉。然十八行省中,惟广东、江、浙略有之,余省亦殆无奴矣。至八旗之制既以奴才为称,而旗户之下复有包衣;又干罪罚者,有"发黑龙江披甲为奴"之制,此皆为蒙古之遗风,而复秦、汉掳掠人口为奴、髡钳为奴之制,是退化也,违公理而失孔子之圣制甚矣。吾先祖连州公(讳赞修)尝为连州训导,有子弟自安南买得奴还,皆放之;又在连州得奴,还其券而遣之,谓"岂可以数十金抑人累世乎"! 仁哉! 今中国之奴不多,即有之,皆以名分抑之,但供祠墓洒扫之役,非一私人所役使者也。有之,于人民之所益无几,免之,于人民之所损无几,盖举国皆用雇役久矣。广东大姓之奴隶多有千数百人,亦自力田服贾,除以岁时供祠墓之役,皆与主人无关,近多有出洋致富者矣。虽谓购奴有费,而用之数世,偿之已多。今宜发明公理,用孔子之义,引光武之制,将所有奴籍悉予除免,尽为良人,悉听于原地杂居,庶黄帝子孙同尽平等,而才杰之民得以奋兴,既免有奴之耻,又得多民之益,一举而三善备,孰有过于此乎！夫人为天所生,民为国所有,非一家一民所能私也。免奴之制固所宜然,而购奴之费究有自来,骤出令免之,有奴之家必生怨心,宜有以分别处之。

一、奴之已有子孙者及已聚族众者,其服役已久,足偿所费,以仁人之心,岂宜沿恶俗而多求,是宜概行豁免,不许苛责。惟奴于本主及其祖宗究有恩义,宜常报效,可各捐银十圆或五圆以酬原主,许其分年摊交以代扫除祠墓之费,则其原主可无怨矣。

一、新买之奴改为雇仆,不论买价多少,以十年为例,摊算扣除。其年限满者准其免工,未满者准照年限捐赎,无力捐赎者再从工役,如其年限。其奴之名义先为除免,婢亦同此,改为雇役,免除婢名。皆以年限扣除,准其以银捐赎。其有主人加以烙灼苛暴者,许其告所在有司,立予免除,不扣年限。

一、自定除免奴婢例后,不许买卖人口。盖人者天之所生,民者国之所有,买者侵人自主独立之权,卖者失己自主独立之权,皆不可也。其有犯者罪之。

一、疍户、乐户、丐户之别异流品,不过以其执业过贱而抑之耳。然疍户操舟,与为农工何异。乐户执篪,尤为雅业,何贱之有！丐户则宜编于恤贫院,督以作工而教诲之,岂可永远黜弃,摈出平民,俾其世代子孙贱不得伸焉。若夫优倡、皂隶并斥流外,原其执业太贱而身近官人,恐其转瞬变化,即服官在上,以浊流杂清流,以贱人凌贵人耳。此在君权独私之世,故虑防宜深,若宪法既立,清议盈途,报纸溢国,岂易私一下流而授以官哉！若夫优者实为乐人，古之贤者所托而今各国学校之所学，风俗教化恒必由之，今中外贵人亦多戏友，此更无待于摈斥矣。皂隶虽役于官，然力抑其进上之途，则彼愈无发扬之望。夫人必有希望之心，乃有进上之志，今既绝之于进上之途，则彼不丛恶而包羞，作奸而犯法，将何为矣，是迫之使为恶，甚不然也。立法者将导人以上达，则人争向上而为义，将抑人以下达，则人争向下流而为恶，夫何事导人为恶哉！今中国皂隶之无耻而为恶至矣，民受其害甚矣，为良吏者开口辄言严胥差，盖由习俗之深而先以恶人待之也。夫皂隶既不能免，则岂可使环官之左右者皆恶人，而待官之一人严之乎！此亦立法者之过也。古之府史胥徒，皆为庶人在官，汉之吏役，并与登进，各国同之。然则摈黜皂隶，乃近世不平之法也。人权之自立既明，男女绝无怨旷之苦，时无倡家，可不须禁。然则向来所有疍户、乐户、丐户、优倡、皂隶，皆多为品流，有害平等之义，有损生民之用，宜予蠲除，概为平民，一变至道，近于太平矣。

　　印度种族阶级之制最害，故其众多种族，贵之若婆罗门、刹帝利、吠舍、戍陀罗，贱之若首陀中之配哈、撼麻、巫士哈、拖卑、咩打、冬等名目族级，宜予淘汰删除，概为平等。先奖以通业，次导以通姻，化之既久，平等成风，然后大同可期也。埃及、突厥、波斯尚有奴俗，皆当一律铲除，以昭太平之化。各国奴风既扫，尽为平民，惟世爵未除，大僧尚尊，皇族尚在。数百年后，民权日盛，各国之为民主日多，必从美国之例，世爵亦除而禁之，视为叛逆矣。天演之哲学日明，耶、佛、回教日少日弱，新教日出，大僧日少而日衰，久必化为平等矣。各国既尽改为民主统领，亦无帝王，亦无君主，自无皇族，不待平而已平，男女之权又已独立。至于是时也，全世界人类尽为平等，则太平之效渐著矣。

同种国既合一矣，既大同矣，而民族之混同为难。然其教化相等，面目相等，既经混一之同教同养，即无自分其民族之高下，则平等相亲，固自易易。若欧洲之罗马、条顿、斯拉夫族，本自全同，固易合一；即亚洲之华夏族、蒙古族、日本族，一被同等之教化，其智慧皆相类，面目亦相同，则亦至易合同而化矣。所最难合同而化者，人种颜色绝殊异者也。今世界中有白色种者，有黄色种者，有棕色种者，有黑色种者，面色绝异，神气迥殊，如之何而能化之也？

于全世界中，银色之人种横绝地球，而金色之人种尤居多数，是黄白二物据有全世界。白种之强固居优胜，而黄种之多而且智，只有合同而化，亦万无可灭之理。吾见吾国人久游英、澳，或在国中而精选饮食，能采西法之良而养生者，颜如渥丹，与欧人同。凡日食用煎牛肉半生熟、血尚红滴者，行之数月，面即如涂脂矣。若多行太阳之中，挹受日光，游居通风之地，吸受空气，加以二三代合种之传，稍移南人于北地，更易山人于江滨，不过百年，黄种之人，皆渐为白色，加以通种，自能合化，故不待大同之成，黄人已尽变为白人矣。是二种者已合为一色，无自辨别，惟棕黑二种与白人远绝，真难为合者也。

棕色者，目光黯然，面色昧然，神疲气苶，性懒心愚，耗矣微哉，几与黑人近矣！然头尚端正，下颏不出，则脑质非极下也，但多近热带，发泄过多,或崎岖山谷,服食不良致然耳。欲补救之,一曰移地,二曰通种,先变为黄人,则再变为白人不难矣。移地之法,凡热带棕人皆移居冷带近海沿江之地,改其服食,易腥臊食者为热食,去其虫草之不宜于人胃者,改其宫室之太温而不通风透日者,则二三百年代为改良,可进化为黄色不难也。通种之法,则高悬赏令,凡有黄、白之女与棕人之男合婚者,则优赏而厚礼之,赠以仁人宝星,名曰"改良人种",若是则进为黄种人尤易易也,经大同后三数百年可矣。

惟黑种之人,铁面银牙,目光睒睒,上额向后,下颏向前,至蠢极愚,望之可憎可畏;其与白人、黄人资格之相远也,有若天仙之与地狱之鬼也,岂止西施、南威之与无盐、嫫母哉!印度尚可,非洲尤甚,几无妙药可以改良矣。盖生当热带之极,积百千世传种之所成,故其黑如漆,热气发泄,传种既愚,愈传而愈甚,诚非一日之可变易也,此真圣医之所束手矣。虽欲易种,而谁与易之、黄、白二色人岂肯与通婚哉,虽重赏无济矣。伦敦昔开人种会,有学问之女与非洲黑人交者,此偶试之耳,必无多人愿之矣。美国人言平等,而不肯举黑人入仕,不许黑人入客店,不许黑人坐头等车,同席有黑人者,虽宦学必不齿焉,即有贤总统力扶之而无补也,实色不同也。然则如之何? 然而转移之亦非绝不可也,但多需岁月耳。以吾观英人之久居印度二三世者,面即黄蓝,华人亦然,则皆以上地移人面色而已。以英人之白而易变退化若此,则黑人之进化改良者,当亦以移地而得之矣。拟空全球热带之地,不以居产妇、婴儿,但供农工商牧之用。其现居热带之黑人皆移居美洲、加拿大中及瑞典、挪威之北，以实空虚，改其服食，去其食生虫、毒草之胀腹而害体者，经二三百年，传四五世后，颜色必可变为棕色。更悬重赏，令棕人之妇女与之合婚，其赏仁人宝星亦曰"改良人种"，经数百年必可大改色矣。

大抵由非洲奇黑之人数百年可进为印度之黑人，由印度之黑人数百年可进为棕人，不二三百年可进为黄人，不百数十年可变为白人。由是推之，速则七百年，迟则千年，黑人亦可尽为白人矣。服食既美，教化既同，形貌亦改，头目自殊。虎入海而股化为翅，鱼入洞而目渐即盲，积世积年，移之以渐。故经大同后，行化千年，全地人种，颜色同一，状貌同一，长短同一，灵明同一，是为人种大同。合同而化，其在千年乎！其在千年乎！当是时也，全世界人皆美好，由今观之，望若神仙矣。

丁部　去种界同人类

人之恒言曰"天下国家"。凡有小界者，皆最妨害大界者也。小界之立愈多，则进于大界之害愈大。故有家界以保人，国界以保民，而于大同太平之发达愈难。若吾中国，省、府、州、县、局、乡、姓、房之界既立，而私其某省、某府、某州、某县、某局、某乡、某姓、某房以仇敌异省、异府、异县、异局、异乡、异姓、异房者至矣。故人道以大同为至乐，而人道之始则以多分异为自保，皆无如何之势也。今如家界去矣，国界去矣，而尚有一非常大界以妨害大同太平之道者，则种族之界其最难者也。

今全地之大，人类各自生发，种族无量，而以优胜劣败之理先后倾覆，以迄于今，存者则欧洲之白种、亚洲之黄种，非洲之黑种，太平洋、南洋各岛之棕色种焉。是数者，虽于今有强弱，而亦最宜于其地者也。就优胜劣败天演之理论之，则我中国之南，旧为三苗之地，而为我黄帝种神明之裔所辟除；今之匿于湘、粤、滇、黔之苗、猺、侗、僮、黎、仲、伖等类，乃太古土著之民也，而今遍处深山，种类零落，几于尽矣。美洲烟剪之土人，今皆为白人所驱，所余不及百万；澳洲之土人，百年前数凡百万，今仅万数；檀香山之岛人，今亦零落余数万；即印度数千年前之土民，亦为亚利安族所夷灭。以此而推，今若非洲之黑人虽有万万，千数百年后皆为白人所夷灭，否则白黑交种，同化于白人，此天演之无可逃者也。方今列国并争，必千数百年后乃渐入大同之域，而诸黑、棕种人，经此千数百年强弱之淘汰，耗矣哀哉，恐其不能遗种于大同之新世矣，即有遗种乎，存者无几矣。印度人种皆黑色，貌狞恶，以其地热；英人居者传种，皆变为黄蓝之色，故亦畏居之。印人贫者居宅卑狭秽臭，故每岁疫死者辄数十万，是岂能繁其类乎！经千数百年，英人之居者日繁，印种殆亦零落渐少。故至大同之世，只有白种、黄种之存，其黑人、棕种殆皆扫地尽矣，惟印度人略有存者，亦多迁之四方而稍变其种色矣。

夫大同太平之世，人类平等，人类大同，此固公理也。然物之不齐，物之情也。凡言平等者，必其物之才性、知识、形状、体格有可以平等者，乃可以平等行之。非然者，虽强以国律，迫以君势，率以公理，亦有不能行者焉。夫见犬马而拜者，人必狂之，食鸡豕者无科以偿命之律，物之不平也久矣。惟人亦然。故放黑奴之高义，林肯能糜兵流血以为之；而至今美国之人，不肯与黑人齿，不许黑人同席而食，同席而坐，不许黑人入头等之舟车，不许黑人入客店。黑人之被选举为小吏者，美国人犹共挤之，黑人之有学行者，总统礼之，美国人犹非笑之。然黑人之身腥不可闻,则种界之难平,不独学识才能下者不能平等,即学识才能绝出,而以形色不同,犹共挤之。故大同之世,白人、黄人才能、形状相去不远,可以平等。其黑人之形状也,铁面银牙,斜颔若猪,直视若牛,满胸长毛,手足深黑,蠢若羊豕,望之生畏。此而欲窈窕白女与之相亲,同等同食,盖亦难矣。然则欲人类之平等大同,何可得哉!

夫欲合人类于平等大同,必自人类之形状、体格相同始,苟形状、体格既不同,则礼节、事业、亲爱自不能同。夫欲合形状、体格绝不同而变之使同,舍男女交合之法,无能变之者矣。以白女之都丽与黑人之怪丑,而欲交合以变种,此人情所万不愿者也。今美中间有之,然未几而同化于白人矣;然则欲化黑人之形状、体格与白人同,殆无由也。变形无由,淘汰不尽,则世界终无由至于大同也。

夫人之形色、体格,有出于人种,有出于地宜,有出于天时,有出于饮食、起居、宫室、运动,相错相合而后成。加拿大有一华人,入山采金,迷道而依于烟剪人,随之食生鱼树叶,而变为喉音,皆作卡渠忌之声,其后遂如哑矣,面形亦变矣,而能作中国字,自称中国人。又有人亚齐诸岛深林中,见人形而满身皆长毛作绿色者,亦能写中国字,自称中国人,误入深山不能出,采树叶果实及鸟肉为食,遂变身形。以此推云南野人山之毛人,皆由不火食之故,故生毛耳,若改火食,毛即脱落。当太古未知火化以前,吾人类之先殆皆毛人耳。而加拿大与美之烟剪人,待吾华人甚亲,传闻其酉长之先尚藏有中国文字,谓昔华人泛海漂泊而至美洲,遂流落于今加拿大,长其子孙,尚有地名李陵台焉。墨西哥文亦方密类吾古文,考美洲土人实自鲜卑移种,自甘查甲至亚拉士加避寒,遵海而南,得墨西哥而居;其蒐罅郁架丹故宫,皆类北方庙宇,文亦方密。鲜卑与中国通,故相类也。或者谓日本渔人漂泊流落者也,以食树叶生鱼,故音容尽变,灵性亦蠢矣。若粤之生猺、生黎,台湾之生番,面形横阔而肉红黑,悍气如野兽;有买其少女归而育之,长大则渐娟好如常人。而华人乡曲之童子,十二龄往加拿大,入于一白人家,至十七八岁,则红白肥壮如白人焉。盖欧美人日必肉食,其牛羊之肉必全用脔,不洗其血,不碎切而走其血,肉必烧煎而后食之,故面色多红,盖血盛也。中华人久为西食者皆然。又血色得于日光,而体健在于运动。今白人自入童学,每日即有体操,皆习兵以强筋骨,暮皆出游以迎风日,屋旁必有花木以吸养气,屋窗多用玻璃以透日光,兴居有时,作工有节,加以食肉烧煎,故体强魄壮,色红肉腴。日本人颇讲体操而不知肉食,又无烧煎,故不能变。中国人本多肉食,调和最良,异日用全脔烧煎之食,又幼稚先行体操运动之法,长大加游吸风日之益,而花木玻窗并行多置,则百年之后,肉色、面貌必与欧美相近,无复有黄黬菜色者矣。况他日内地杂居之后,必多杂婚,两种男女之交,更足为形貌、体格之变。大同之世在千数百年后,至于此时,黄种人之色状体格必与欧美无分,其为大同,殆甚易易。若夫粤人之居于江、浙者,亦复稍增红润,而归粤即复黄瘦。粤人之来星架坡,肥壮红白者即变为黄黑枯瘦。而英人之久居南洋者皆变黑,一二代居印度者皆变黄蓝,中国人童子之产于欧美者亦皆红白。以此而知印度、巫来由、亚非利加人种之黑,皆由热地所蒸,积世日甚，故传成黑种，其初亦非然也。故人类之色状、体格视乎饮食、起居、运动，而以传种为甚。而传种之故，因于地宜，积于天时之气候者也。故近热带之人必黑，近冷带之人必白。今欧人之白者，以其居在五十度上下，而又服食起居得宜故也。蒙古、西伯利及烟剪人，虽居五六十度而不白者，以近大陆之沙漠，日光蒸晒太烈。故蒙古人之黑色有与印度同者，盖不如欧人之近北海、地中海，日光为海气摩荡，天气和融故也。即以欧人论之，意大利、西班牙、葡萄牙人色即黄而不红，与中国同，盖处温带之地故也。欧洲之突厥人，面貌秀白与吾江、浙人同，亦其温带之度近同也。惟波罗的海、北海最北，人乃最白耳。故人类所居之地海陆相均者，冷带之人白，温带之人黄，热带之人黑，其愈近赤道者愈黑；若在冷带而为大陆者形黄，为沙漠者形亦黑；温带之多海者黄而近白，温带之多陆者黄而近黑；热带之近海者棕黄，热带纯陆而沙漠者纯黑；此其大略也。人种者，由地宜天时积成，则亦可迁地而移其形色也。若以棕黑之人迁之四五十度近海之地或三四十度陆地，积世易种，形色必变为黄人。如速变乎，则童婴尤易矣。惟黄人又多与棕黑人交，形色、体格必日变而进上，如谓棕、黑人丑怪，黄、白人必不愿与之交，则不然也。以吾所见，檀香山人、巫来由人皆棕黑者也，印度人则黑如鬼者也，皆怪丑者也。而欧人华人多娶其妇，美之英人多娶烟剪女者。盖凡人久居其地，则心目移易，视为固然，虽有恶者不知为恶也，吾尝问一娶檀山女、印度女者皆云然。故知他日黄、白人之与棕、黑人杂婚而化其种者，不可胜数也。故欲致诸种人于大同，首在迁地而居之，次在杂婚而化之,末在饮食运动以养之,三者行而种人不化,种界不除,大同不致者,未之有也。当千数百年,黄人既与白人化为一矣,棕黑人之淘汰变化,余亦无多。如大同之世,行沙汰恶种之方,奖励迁地杂婚之法,则致大同亦易易也。

迁地之法 凡印度、非洲中央、南洋近赤道之地,皆不设人本院、慈幼院、诸学院,皆俟成人而后来居之,以绝其热地传黑种之源。其旧有黑人,皆移致之加拿大、南美、巴西之南三四十度者,一以实空虚,一以变形色;或徙其良于波罗的海、地中海、黑海四五六十度之间,务以大同公政府之力迁徙之。其富而能迁者奖励之,其贫不能迁者代迁之,务使无世守其热地以世传其恶种。

杂婚之法 地既迁矣,则与黄人、白人杂居,于是创奖励杂婚之格。凡有男子能与棕、黑人女子交,女子能与棕、黑人男子交者,予以仁人徽章,异其礼貌,则杂婚者众而人易变矣。徽章名曰"改良人种"。

或曰:以优种人与劣种人交,不几令优种复变为劣种乎? 曰:无伤也。计千数百年后,棕、黑之遗种无多,遍大地皆黄白人之种耳。以亿万黄、白之美种与一二棕、黑之恶种杂婚,则一二之劣种少,而旋即以亿万之美种补救弥缝之。

当大同之世,起居服食之精,忧患之少,医术卫生之妙,万不能以今日欧美比之,则其变化甚速,何忧人种之堕落欤!

改食之法 野人之食,不解火化,多用生食,不知择有益于胃、易化于胃之物,但见可食者即食之。其昆虫异草与胃不宜者,若误食之,胃不消化,胸腹肿胀,面色黄瘦,体气腥臊,皆以所食成之,传世久而化之矣。若改易其食,加以火化,去其昆虫异草与胃腹不宜者,则形色必变,所举加拿大、亚齐之华人既有然矣。然则变棕、黑人之饮食与黄、白人同者,久之必亦为黄、白人矣。或曰:美国之黑人,服食与美人同矣,而身中腥臭之气至今不除,故白人皆畏厌恶贱之。应之曰:是其变也亦不过数十年、一二世耳,以千万世臭秽腥臊之传种而欲以数十年、一二世尽去之,固不如是其易也。然若假以岁年,多历传世,若十数世、千数百年焉,熏香美食与黄、白人同,可决其腥臭必尽而体气皆香也。凡物皆久而后化,麝食香久则香,蜜采花久则甜,此芝室鲍肆之异习而渐化耳。若虑黑人凝久不化,非所惧也。

沙汰之法　其棕、黑人有性情太恶、状貌太恶或有疾者,医者饮以断嗣之药以绝其传种。当千数百年后,大地患在人满,区区黑人之恶种者,诚不必使乱我美种而致退化。以此沙汰,则遗传无多,而迁地杂婚以外,有起居服食以致其养,有学校教育以致其才,何患黑人之不变,进而为大同耶!

人类进化表

据乱世	升平世	太平世
人类多分级。	人类少级。	人类齐同无级。
有帝,有土,有君长,有言去君为叛逆。	无帝王、君长,改为民主统领,有言立帝王、君长为叛逆。	无帝王、君长,亦无统领,但有民举议员以为行政,罢还后为民,有言立统领者以为叛逆。

续　表

以世爵、贵族执政,有去名分爵级者,以为谬论。	无贵族执政,虽间存世爵、华族,不过空名,无政权,与齐民等。	无贵族、贱族之别,人人平等,世爵尽废,有言立贵族、世爵者,以为叛逆。
有爵,有官,殊异于平民。	无爵,有官,少异于平民,而罢官后为民。	民举为司事之人,满任后为民,不名为官。
官之等级极多。	官级稍少。	官级极少。
有天子、诸卿、大夫、士。	有统领、大夫、士三等。	只有大夫、士二等。
有皇族,极贵而执权。	皇族虽未废而仅有空名,不执权。	无皇族。
有大僧,为法王、法师、法官。	削法王,犹为法师、法官、议员。	无大僧。
族分贵贱多级,仕宦有限制,贱族或不得仕宦。	虽有贵贱之族而渐平等,皆得仕宦。	无贵贱之族,皆为平民。
族分贵贱,职业各有限制,业不相通。	虽有贵贱之族,而职业无限,得相通。	职业平等,各视其才。
女子依于其夫,为其夫之私属,不得为平人。	女子虽不为夫之私属而无独立权,不得为公民、官吏,仍依于其夫。	女子有独立权,一切与男子无异。
一夫多妻,以男为主,一切听男子所为。	一夫一妻,仍以男为主而妻从之。	男女平等,各有独立,以情好相合,而立和约,有期限,不名夫妇。
族分贵贱,多级数,不通婚姻。	族虽有贵贱而少级,婚姻渐通。	无贵贱之族,婚姻交通皆平等。
种有黄、白、棕、黑贵贱之殊。	棕、黑之种渐少,或化为黄,只有黄、白,略有贵贱而不甚殊异。	黄、白交合化而为一,无有贵贱。
黄、白、棕、黑之种,有智愚迥别之殊。	棕、黑之种渐少,或化为黄,只有黄、白,略有智愚而不甚悬绝。	诸种合一,并无智愚。

续 表

黄、白、棕、黑之体格、长短、强弱、美恶迥殊。	棕黑之种渐少,或化为黄,只有黄、白,虽有长短、强弱、美恶而不甚悬绝。	诸种体格合一,皆长,皆强,皆美,平等不甚殊。
白、黄、棕、黑之种不通婚姻。	棕、黑之种甚少,各种互通婚姻。	诸种合一无异,互通婚姻。
主国与属部人民贵贱迥殊。	主国与属部人民渐平等,不殊贵贱。	无主国属部,人民平等。
有买卖奴婢。	放免奴婢为良人,只有仆。	人民平等,无奴婢,亦无雇仆。

戊部　去形界保独立

第一章　妇女之苦总论

妇女　天下不公不平之事，不过偏抑一二人，偏重一二人，则为之讼者、助者纷纭矣。若偏抑千万人，则古今讼者、助者不可言矣。若夫经历万数千年，鸠合全地万国无量数不可思议之人，同为人之形体，同为人之聪明，且人人皆有至亲至爱之人，而忍心害理，抑之制之，愚之闭之，囚之系之，使不得自立，不得任公事，不得为仕宦，不得为国民，不得预议会，甚且不得事学问，不得发言论，不得达名字，不得通交接，不得预享宴，不得出观游，不得出室门，甚且斫束其腰，蒙盖其面，刖削其足，雕刻其身，遍屈无辜，遍刑无罪，斯尤无道之至甚者矣！而举大地古今数千年号称仁人、义士，熟视坐睹，以为当然，无为之讼直者，无为之援救者，此天下最奇骇，不公、不平之事，不可解之理矣！吾今有一事为过去无量数女子呼弥天之冤，吾今有一大愿为同时八万万女子拯沉溺之苦,吾今有一大欲为未来无量数不可思议女子致之平等大同自立之乐焉。夫以物理之有奇偶阴阳,即有雌雄牝牡,至于人则有男女,此固天理之必至而物形所不可少者也。既得为人,其聪明睿哲同,其性情气质同,其德义嗜欲同,其身首手足同,其耳目口鼻同,其能行坐执持同,其能视听语默同,其能饮食衣服同,其能游观作止同,其能执事穷理同,女子未有异于男子也,男子未有异于女子也。是故以女子执农工商贾之业,其胜任与男子同。今乡曲之农妇无不助耕,各国之工商既多用女子矣。以女子为文学仕宦之业,其胜任亦与男子同。今著作文词之事,中国之闺秀既多,若夫任职治事,明决果敏,见于史传者不可胜数矣。故以公理言之,女子当与男子一切同之;以实效征之,女子当与男子一切同之。此为天理之至公,人道之至平,通宇宙而莫易,质鬼神而无疑,亿万世以待圣人而不惑,亿万劫以待众议而难偏。男子虽有至辩之才,至私之心,不能诪张之、抑扬之者也。

今大地之内,古今以来所以待女子者,则可惊、可骇、可嗟、可泣,不平谓何! 吾不能为过去无量数善男子解矣。

第一,不得仕宦 万国卿相尽是男儿,举朝职官未见女子,考廿四朝之史文,选举不闻巾帼,披九万里之地志,考职不睹裙钗。夫使男子尽是禹、皋而女子皆同犬马,则其义可也。然若敬姜之德行,岂不胜于世禄之季孟而足备卿士;班昭之才学,岂不胜于纨袴之梁不疑而足备尹长;洗夫人、秦良玉之威镇百蛮,岂不胜于骄蹇之庄贾赵括而足任将帅;辛宪英之清职,岂不胜于昏愚之曹爽而足参谋议;宋若宪之经学,岂不

胜于阉宦之鱼朝恩而足任师儒;李易安之记诵词章,岂不胜于没字碑之
窦参而足为文学侍从。推之各国女才,当亦有同,罗兰、苏菲亚、懦厄其
著也。夫任官以治事,受事以择才,遍考孔子经义,无禁妇女为吏之义。
才能称职,则女子与男子何择焉!乃身男子也,则虽庸呆愚稚可为公
卿;身女子也,则虽圣神文武不得蒙仕宦。匪独秉钧开藩不得畀大任,乃
至胥徒府史不得备奔走,岂无量数之女子无一人胜史之任耶!昔人
禁世官,讥世卿,以伸寒畯而致之平等。左思曰:"郁郁涧底松,离离山
上苗,以彼径寸茎,荫此百尺条,世胄蹑高位,英俊沉下僚。"长言太息。
于是士人以才高位下,叹老嗟卑,自伤不遇,怅憭无聊。屈原以之投江,
贾谊以之怀沙,而后人为之痛伤惋惜,嗟叹流连,乃至于千年后,诛椒、
兰而骂绛、灌。蔽贤则以为不祥,抑才则以为窃位,惟于千万年、千万
国、京、垓、秭、壤、沟、涧、正、载、极无量数之女子,其中才贤若敬姜、辛
宪英、罗兰、苏菲亚之流何啻亿万,而未尝充一末秩,不闻一好贤之士为
之惋叹沉滞,振拔蔽抑,有蔽抑不祥之叹,是则何欤?夫国家旁求俊义,
握发吐哺以求才,而蔽贤抑才至于千万国、千万年、正、载、极无量数之
人才,其不祥孰有大于是欤?其为大不祥,蔽塞天地,灾沴万物,孰有大
于是欤?以为无才欤,则欧洲国统,无子传女,多以女为帝王者,如近世
班之以列沙伯之开新美洲,俄之喀林辟中亚细亚,英之以列沙伯、维多
利亚之强盛英国,尤著矣。即中国宋之宣仁,明之慈圣,皆以女主临朝
而致承平,若后汉之临朝六后,有若定例,即至淫篡之吕、武,至为无道,
而其才术控制天下,有若缚鸡弄丸,若使平世顺流,以任宰执藩镇,其才

岂减于李德裕、张居正哉！夫大任莫如帝王，反许为之，小官莫如吏士，则不许为，岂能为帝王而不能为吏士耶，是又何说欤？汉、六朝时，女子尚有封君侯者，如夏夐侯、宣文君是也。后世不独实官不任，并虚爵亦从而夺之，男子则襁褓可袭侯封，女子则丰功不膺爵赏，是又何义也？而女子虽抱治才，积学行，未闻求仕为东方朔之自荐，未闻以怀才不用，侘傺自伤，怀沙而投汨罗者，义虽忧国，不过漆室投梭而已。盖国律所定，风俗久成，自知不得，不复为非分之望，如奴隶，如蝼蚁，卑微愚贱，摈在人外矣。既摈在人外，则亦卑贱自安，不复讲求政事，探研文学，不复穷理蓄德以求进。过去未来之种种勿论，即在今日，用男弃女，是使八万万之人才，聪明俊伟皆湮没郁伊以终也，暴殄天物之罪，岂有伦哉！方今立国之强弱，视人才之多寡，吾有人民而先自绝弃其半，其愚无策，何可量焉。西人谓商务无女子，则其国商务不兴，今美国渐有用女子为医电各职，近有拔为审判官者，余官则仍不得充焉。然兹皆一技一能之任，岂足尽女子之才哉！其与各国偏抑女子之弊，亦五十步百步之比耳，其为弃甲而走则同矣。蔽贤不祥，背天心而逆公理者一。

第二，不得科举　兴学选才，设科拔秀，惟能是与，岂在形骸。汉世创之，有孝廉、秀才、贤良、有道诸科，隋、唐以降有进士、明经之目，然登科只有男子，应考并无女人。夫以孝而论，孰若救父之缇萦；以廉而论，孰若摔金之柳氏母；以秀才而论，孰若邓后、班昭、谢道蕴；以贤良有道而论，孰若仪法钟、郝；以进士而论，诗词孰若李易安；以明经而论，经学孰若宋若荀。其视男子之"举秀才不读书，举孝廉父别居"者，人才不相去天壤耶！乃幸现男子身，则逆贪愚陋，苟窃高科，不幸现女子身，则虽至德通才，不许预试，不平孰甚焉！以言野无遗贤，则所遗无量，以言取士必得，则所得仅半，以言兴贤求才，则不兴不求，颠倒多矣。若黄崇嘏之为蜀状元，则假男子身而后成，盖女子一出而魁多士矣，岂得谓女子无才哉！况人才以奖励而愈振，以荣名而愈修，区区科第之虚名，何不假借彤管之有炜。而乃塞畦绝径，令窈窕含光不克登其徽音，秀媛蕴才不克扬其文采，固失育才美俗之道，亦非文明开化之宜。昔孔子之立学造士以创科举也，原为世卿不平等而特矫之，譬如在印度会首陀齐婆罗门创义之时，原为骇世之举动。乃今也拔擢男子之寒畯而全遗女子之秀彦，是于矫俗升平之义，知二五而不知十也。《诗》称"釐尔女士"，夫女而称"士"，然则《王制》学校中之进士、选士、秀士、俊士岂有别焉。夫国家旧禁，优倡皂隶乃不许试，清贵女士，丽兹彤管，岂倡隶之是比而并摈之欤，且学校作人，凡人皆作，女子亦人也，岂鸟兽不可与同群哉！乃汉成三千，贞观万室，不闻女士得列横经，何听其落英隐秀，摈不与人相齿耶！今欧美各国，女得入学，然得与博士、文学士之选者落落晨星，或且一国无有，得非选用之不及，激拔之不盛，风厉学官之道未至，故女士不多耶！抑人才而塞文明，其背天心而逆公理，二也。

第三，不得充议员 人者天所生也，有是身体即有其权利，侵权者谓之侵天权，让权者谓之失天职。男与女虽异形，其为天民而共受天权一也；人之男身，既知天与人权所在而求与闻国政，亦何抑女子攘其权哉，女子亦何得听男子独擅其权而不任其天职哉！若谓女子无才识耶，则如罗兰夫人实为法国党魁，驱率群议员而受命矣，岂不能胜一议员之任耶！其他各国女才，著书言国政，助夫任大事者，无待缕数矣，而各国举大统领、宰相者未闻，乃至并数百之议员，不闻举一女子参预其列。夫国之有代议员者，原取诸民，一以明公共平等之义，一以选才识通达之人。夫以才识论，则数万万之女子，夫岂无人；以公共平等论，则君与民且当平，况男子之与女子乎！贵女且为帝王，过于贱男子多矣，岂能为帝王而不能为议员欤！甚怪欧美日言平等而乃不平若是也！男子既以同形党而力抑女子，已为可怪；女子亦自安于异形党，退谢而不求，尤为可奇。吾昔入加拿大总议院，其下议院长诸女陪吾观焉。吾谓："卿等具有才学，何不求为议员？"议长诸女胡卢大笑，谓"吾为女子，例不得预"，目吾为狂。此外频与欧美女子言之，皆笑吾之狂愚也。盖遏抑既久，受为固然，逡退安分，反目人权为谬妄矣，是失天职而不知，谢天权而不任也。美国女子间有求之，则为众男形党所抑，郁而不伸，不独不得为议员，抑且不得为举议员之人。澳洲女子，今得有举议员之权以为国民矣，美国亦有数州得选举权者，比之各国稍为升平矣，然其未能任议员，不能太平则均也。窃谓女之与男既同为人体，同为天民，亦同为国民。同为天民，则有天权而不可侵之，同为国民，则有民权而不可攘之。女子亦同受天职而不可失，同任国职而不可让焉。凡举代议员，惟问才识，不论形体。今女子之不被举者，非无人才也，盖男子自私其同形党而不举之，女子又不得为公民而无举议员之权，故女子不得为议员，遂常绝于宇宙间也。此其侵天界而夺人权，不公不平莫甚矣。窃以谓女子之有才识者,当一律选举之,以大昭公道,以无失人才焉,此为太平世之大义也。

第四,不得为公民 国者合人民以为国,人民者无间于男女者也。国之存亡、强弱、盛衰,男子受其休戚,岂女子独能外焉!漆室投梭,爱国同情。即在大地统一之世,尚有天赋人权之义,女子亦当在天民之列,平等并立,以其才选共预公议,岂况国乎!乃今各国之制,不独不得为议员,且不得为国民。上不得预选举之权,则国事无关,下不得厕公民之列,则人身有损,其义何欤?谓女子不能供赋税,任国事,则今女子之为工商而纳重税于国者固已多矣。谓女子不能有才识,明事理,则女子之有学问者又更多矣。女子所短者,独为兵一事。此非女子不能任也,木兰从军,何尝不策勋十二转,但国家以其体短力弱不为选之,是非女子之罪。况为兵固与为公民异义,为兵犹为官也,不必人人而为之;公民则天职也,无所逃于天地之间。且为兵仗力,为民仗德行学识,女子不出力,未尝不能有德行学识也。而独见摈,是不以人民待之也;女子坐听其摈,是不以人民自待也。同为天民,同为国民,与女子为公民,又于男子无损也,何事摈之而侵天界乎,女子亦何可让天职,舍国责,而甘受摈哉!故天下为公之世,凡属人身,皆为公民,而有国合众,女子亦在众民之列。若行有玷缺而才不能供国事者,则无论男女皆不得为公民。否则以女子为公民,可骤添国民之一半,既顺公理,又得厚力,何事背天心而夺人权哉!将欲为太平世欤,以女子为公民,太平之第一义也。

第五，不得预公事　中国抑女之风，不独不得仕宦科第也。夫公事之任，惟才是与，凡人得知。乃若都邑会馆、乡曲公所，人人有分，得以议事，自道路坛庙、水旱饥荒、祭祀会同，凡民得与焉。传签而集众，公举以任事，本无贵贱，凡百平等，然虽有贵妇才女，不得与列焉。其有乡曲族姓之事或讼，则老者判之，而老又不得与，虽有才智皆无所施。吾见穷乡小族，其父老壮丁相与议事于祠庙，妄愚乖谬，备极可笑；而有才女嫁于其族绅家而孀居者，论断其事，最为明识，而曾不得与议，致成大误。才女既自叹女身不与议，吾尤咨嗟于"贵胄蹑高位，英俊沉下僚"，族有高才，坐成废弃，终身不用，而令盲人指挥，可恨孰甚！季氏柄国，孔子闲居，"勿谓秦无人，吾谋适不用"，以形体之异，故坐成永弃，颠倒人才以误大事，是何义钦？岂尊贤使能之公理哉！岂惟中国，今欧美亦莫不皆然。凡百会所，任事皆男子，预议皆男子，贵妇才女虽得预会，陪列而已，意女子岂尽无才以任此钦？无乃积男党既多，积男权既久，尽夺而取之钦！窃以为此既不关国事，但出人民之公义，妇女亦人也，何可摈之！乃至乡曲族党之间，亦复一切摈斥，不得预事，则一现女身，纵天地予以奇才，无复有发愤展布之日，仅为一家一姓育子女、主中馈而已，非徒抑塞人才，遏夺人权，亦暴殄天地之精英甚矣。火齐、木难、水晶之珍，人犹宝之，乃天产无数量不可思议之精英，可以平地成天与男子同数平等者，而以形体微异，一切排斥，此与印度之斥首陀贱族为尤过之，不公无理，孰有过此！

第六，不得为学者　天之生人，予以耳目心思之灵，即皆予以通力合作之任。学问者，所以广人才识，增人见闻，内以养身，外以用世，人人不可缺者也。妇女之需学，比男子为尤甚；盖生人之始本于胎教，成于母训为多。女不知学，则性情不能陶冶，胸襟不能开拓，以故嫉妒褊隘、乖戾愚蠢，钟于性情，扇于风俗，成于教训，而欲人种改良，太平可致，犹却行而求及前也。且人求独立，非学不成。无专门之学，何以自营而养生；无普通之学，何以通力而济众；无与男子平等之学，何以成名誉而合大群，何以充职业而任师长。故为人类自立计，女不可无学；为人种改良计，女尤不可不学。今中国旧俗，妇女皆禁为学。一则贱女之风，以女子仅为一家之私人，故以无才为德；一则男女既别，不能出于学校以求师。相习成风，故举国女子殆皆不学。甚至士夫世家，礼法森然，文采有曜，而叩其女学，则花貌蓬心，瞢无所识，盖皆以候补奴隶，无事深求也。故一家之中，男子则文学彬彬，妇女则鹿豕蠢蠢，虽被服相近，有同异类。夫人之爱其女子及其姊妹，情亲已甚，岂可骨肉之间坐为异类哉！而习俗既成，竟不之怪。夫强异类者以同居，以此而日言齐家，岂非怪谬！苟非严威，即为强忍；故无论如何学道之人，名士之家，一及家庭，即有难言之隐及不可处之事，岂非妇女不学，强集异类，有以致然哉！《诗》言妻子好合，如鼓瑟琴，兄弟既翕，和乐且耽，父母其顺矣乎，鄙意此为空言则有之，若其实事，普天之下，孝友之家，必无此境。其外无诟谇者，皆张公艺之百忍耳，安有合无数不学之人于一室，各用其褊隘嫉妒之私而能和乐者哉！中国名士之家，间有习礼明诗者，然吟风弄月，何足言学。若其湛深经史，通达专门，闺秀之中，古今罕闻，是率二万万人有用之才而置之无用之地，弥天憾事，孰有过此！况当世界竞争优胜劣败之时，岂可坐弃人才哉！况妇女之中，奇才甚夥，且性静质沉，尤善深思；以之为专门之业，制器尚象，利用前民，其功大矣。今欧美升平，女子虽得入学，然皆达于笄年，即已辍业。且女自寻常小学以外，富贵家女，亦不过学法国语，学琴，学画，即可见贵。其日握一卷者，率皆小说游戏之书，无关大道者。其女子中以著书自立，专学致精者，实罕闻焉。则女智尚未开，女学尚未成也，盖皆女权不足故也，足则女学必兴矣。

第七，不得自立　凡人皆天生，不论男女，人人皆有天与之体，即有自立之权，上隶于天，人尽平等，无形体之异也。其有交合，亦皆平等，如两国之交，若有一强一弱，或附属之，或统摄之，即失自立之权，或如半主之国，或如藩属之国，奴隶之人矣。女子与男子，同为天民，同隶于天，其有亲交好合，不过若朋友之平交者尔；虽极欢爱，而其各为一身，各有自立自主自由之人权则一也。乃因太古挟强凌弱之余孽，女子体少短弱，托庇于强男之宇下，或因强暴抢掠，劫挟其相从，于是积而成俗，女子常托于男子之家，遂失其自立之人权：一曰不得立门户，二曰不得存姓名，三曰不得顾私亲。何谓不得立门户也？其与男子之牉合也，则曰"适"，曰"归"，曰"嫁"，创其义曰"夫为妻纲"，女子乃至以一身从之，名其义曰"出嫁从夫"，以为至德，失自立之人权，悖平等之公理甚矣！今美国号称平等，而女子从夫之俗如故。一嫁则永归夫家，惟夫所之焉，夫贵则从而贵，夫贱则从而贱，盖为官为长皆无妇人，故不得不从男子也,谚所谓"嫁鸡从鸡,嫁狗从狗"焉。何谓不得存姓名也？中国虽为抑女,犹得存其姓名,尚存自立自主之义。欧美则妇女一嫁,即改姓从夫,本身之姓名永不得自立于大地之上,与强国灭人国土而自有之无异。夫名与身孰大乎？人所以光耀于千万年,震动于千万里,皆以名存故也,故志士舍身而殉名,以名重于身也。齐景为国君而名不称,伯夷饿死而百世称之,孔子曰"疾没世而名不称",今乃夺人姓名,其悖公理而争天权,尤莫甚焉！此惟唐宋君主专制之威,乃间有夺人之宗而赐姓者,而欧美之男子,乃人人尽夺妇女之姓字,——今世所诵称之罗兰,实其夫姓名也。——此其与君主之专制间有夺姓者尤过之。孔子之著《春秋》也,于鲁女曰伯姬,曰季姬,于夫人曰成风,曰齐姜,明著其姓字,何尝如欧美从夫之姓,亦何有以夫姓冠其本姓,如近世之陈女配李姓即称为李陈氏者哉！此孔子立女子之平等自立之大义也,而何可背之哉！若从夫之后,几不得自为人,甚至夫得而笞掠之,得而鬻责之,几若一嫁之后几与奴同。即以奴论,美国犹因卖奴而倾国大战以争之,乃以男女平等之故而屈抑之,至不得与美之奴等,何其悖哉！何谓不得顾私亲也？自为人妇之后,舍己之祖父母而专事夫之祖父母,舍己之祭祀而专奉夫之祭祀。父母有病,夫之父母有病,则不得视父母之病焉；时节己当祭祀父母,夫当祭祀祖父母,则祭祀夫之祖父母而己之父母不得祭焉；己身有父母之丧,夫有父母之丧,则己之父母之丧不得事而事夫之父母之丧焉；己身有兄弟伯叔之疾与丧,夫有兄弟伯叔之疾与丧,则舍己之兄弟伯叔之疾与丧而视夫之兄弟伯叔之疾与丧焉；凡此抑慈舍痛,舍己为人，皆夺自立之人权，悖平等之公理者也。其甚者乃至立"夫死从子"之义。夫幼而从父，则少之时养育之劬劳，教训之义方，不得不然也；若子者，乃其所生，以尊言则过之，以恩言则育之，何事从之哉？不过以形体微异，一律扬彼而抑此耳。何罪何辜，以形体之微异而终身屈抑，服从于人，乃至垂老无自由之一日，是尤何义耶！其夺人自立之权，未有过此。《礼运》记孔子之立大同制也，曰"女有归"。"归"者，岿然独立之象，所以存其自立之权也。

第八，不得自由　人人有天授之体，即人人有天授自由之权。故凡为人者，学问可以自学，言语可以自发，游观可以自如，宴飨可以自乐，出入可以自行，交合可以自主，此人人公有之权利也。禁人者，谓之夺人权，背天理矣。今欧美女子于学问言语、宴会观游、择嫁离异略可以自由矣，其他尚不列也。若亚洲诸国，则皆缚束而禁制之，虽其程度有高下，而其为禁制则一也。

不得自由之事，莫过于强行牉合。夫夫妇为终身之好，其道至难，少有不合，即为终身之憾，无可改悔。父母虽极爱子女，然形质既殊，则爱恶亦异，故往往有父母所好而为子女所恶者，父母所恶而为子女所好者。即以职业而论，高名则莫如士吏，好实业者则莫为农商，而子女与父母往往交异其性者。其他状貌文采、技艺事为，皆人各有好，万不可强同。若使子女必与父母同，则天下之执业者，一家一族必无异业，必无异情矣，而如其万无此理何！既非所好而强合之，则将有终身抱恨者矣。况父母本自异性，或父好贵而母好富，父好文而母好质，又孰从而定其深得子女之性乎！又况少无父母而养于伯叔父、母、兄、嫂，或养于庶母、继母、舅母、从母主之，如是者十居其三四也。其亲少远，则体贴之爱心亦微，或嫌怨甚深而践踏之微意有在，则所适非夫，更有不可言者。吾见有卿士之后误嫁一贼，至牵连而为乡人所不齿，女子遂因以自缢。又吾从伯天民公，文采风流，倜傥俊杰，尝从左文襄军幕于新疆，官至知府。遗孤女曰拾翠，遂养于中丞公家，聪明娴令，从予问学，通算明诗。吾家当时簪笏相接，族叔父则"阿大中郎"，群从则"封胡羯末"，盖习见裙屐之风。误适一乡曲富人，织机之子，不及数月，含恨而死。又见有贪利聘金而嫁与游美国者，夫未归而空嫁，乃至终身未见其夫而夫死者。若夫以良家女贪重金而卖为人妾，又误落无赖之手，展转鬻卖而堕落为妓，流离远方，无亲可依，饮鸩吞金而死或抱恨而死者，里巷相触，举目皆是，百千万亿不可胜道也。随令人人征之见闻，无不流涕者，但为一人作传奇，已可盈满卷帙，况中国之大，而又亚洲、印度、波斯、土耳其之众耶！女子既全无自主之权，又无文学、技艺、知识，一切听他人之播弄，其惨剧岂复可言哉！且其许嫁之道，更有异者。夫人才行、学艺乃至体貌，皆年已长成乃可考见，若在童幼，则虽王冲管辂亦难尽知。而吾粤定婚，多在童幼，甚至有两父相厚，悖国律而指腹为婚，苟年过十四五而不字，则父母恐无人娶之，更有不择而妄适人者矣。其为大害，不可尽言：一则人有幼年明慧孝谨而长大昏愚纵浪者，更有横逆颠狂之性幼少未露者，其或少有父母之教而粗知义方，后丧父兄而赌饮嫖吹任性荡产者。吾乡有日劫窃其妇之首饰，不得则威挟而力夺之，其终则卖其妻以供一博者矣。又有幼年美秀而长大丑恶,又有幼年强健而长大被疾,至肢体残缺或肺痨就死者,即吾伯姊亦以此终身长寡矣。又有幼年家富而长大中落者,甚至夫家田园皆尽,几于行乞,而女家贵富日盈,文采日盛,以此而嫁为卖菜佣乞丐妇者,不嫁则不义,嫁则何以为生,以此抱憾致死者又不知千万也。即吾乡族中,有富家女来嫁而夫家中落者,胼手胝足,茹苦含辛,一切自母家持馈而来,执薪手炭而自炊,其苦不堪,而其夫不肖,日事烟赌,簪钏拔尽,笞楚迫求,索母千金,夫应手立尽,卒乃以盗下狱,而妻恚愤致死,殊可惨焉。其所适得人,千百无一,而夫也不良,或家道中落,则家家皆是。触目可伤,削竹难尽,沉沉苦海,谁共百年,渺渺孽缘,空劳双宿。愁思遍地,怨气冲天,父母虽爱不能救,才德虽美不能补,谁造恨天,贻此咎害! 若夫天年不遂,人事之常,而节义过激,莫不守贞,茹苦终身,独居毕世,有不往守者,人议鬼责,举世不容。夫夫妻之义,以牉合而定,未之成亲,未之见面,安得代守终身乎! 礼于嫁未庙见尚归葬女氏之党,况未嫁乎! 身背父母,而为不识之人终身服义,既背孔子之经,又苦生人之道。而迂儒不通人道生生之理,但悦其行义之高,相与辅翼激张之以成风俗,岂不谬哉! 吾乡又有“代清”之名,生平未尝字人,闻有某童死,亦未尝识之,愿以为死夫而为守终身,代事舅姑,此其背义非道,尤为怪矣。更有童养媳者,贫家多行之,欲省婚娶之费也。年仅数岁,即依他人,恶姑不慈,待如奴婢,酷不能忍,辄复自尽。若夫之不良,长大变异,前智后愚,前健后疾,前富后贫,此固与幼年字人者相同而尤惨矣。凡若此者,皆愚儒因男强女弱之旧俗而误缘饰美义,曰"烈女不事二夫"。考孔子之世亦多出妻,而韩非子称"太公老妇之出夫也",则古者夫妇不合,辄自离异,夫无河东狮吼之患,妻无中庭相哭之忧,得人道自立之宜,无终身相缠之苦。乃俗儒妄为陈义之高,至女子皆为终身之守,虽遇盗贼狂狡,既已误嫁,饮恨终天,无自援救。遂使夫也不良,得肆终风之暴,而女子怀恨,竟为终身之忧,救之无可救,哀之无可哀。于是谚所谓"嫁鸡随鸡,嫁狗随狗",今果然矣,岂不哀哉! 同是人也,岂可使万百亿千女子所适非人,抱痛衔恨如此! 然岂徒不得自立自由而已哉,更有为囚、为刑、为奴、为私、为玩具四者焉。

何谓为囚 欧美女子之于出入、交游、宴会皆不禁,近升平矣,中国尚不能也。缘古者男女大乱之俗,于是以正父子之故,不得不矫而禁之。于是礼始于谨夫妇,为宫室先在别内外,内言不出,外言不入,女子出门,必拥蔽其面,男女授受不亲。甚至姑姊妹本是同产,以古者无同姓为婚之禁,于是矫之,则已嫁而返,不与同坐同食。叔嫂亦出一家,以古者多有兄弟共妻者,故益严禁之,至于叔嫂不通问。若夫男女之间,非有行媒不相知名,所以大为之界、严为之防者至矣。不得见男子,故无外交,既无外交,自不得出,是故终身深居闺阃,不出中庭,号为阃范,以为礼防。既禁出入,亦禁游观,虽有良辰美景、赏心乐事,皆不得预;虽有名山大川、胜地名迹,禁不得赏;虽有大会盛事、奇人异物,禁不得见;虽有名师硕学、专门绝业,禁不得从。学问无由进,识见无由开,一步不可行,一物不得见,从者谓能修礼防,谓之贤媛;不能从者谓之无廉耻,以为荡人。夫荡人之恶名,谁能受之,故自少受母教,已自缚束;长依妇道,更当闭闲。故中国女子,自非贸丝之妇,倚门之倡,无有交接游观者,凡有此者辄为不齿。若夫印度之抑女尤甚,虽极贫贱,必有红布数尺以蔽其首面,出行则以手持之,目仅见足,曳踵圈豚,盖目为布蔽,不见前面也。间有操作,一见男子,辄复蔽面,故终日以右手执操作之物,左手牵蔽面之布。尤甚焉者,全身全面皆有布掩,仅露双目,而眉间布缝以小锁扃之,夫持其钥,惟夫命乃开;身有穷袴,扃锁亦同,皆惟夫持钥。此则狱吏之待重囚不若是矣。印中妇既媚守寡,则独处高楼,去其下梯,绳缒饮食,如此终身,此则欧美杀人之罪终身监禁者不过此矣。印度富贵家女,有看演剧者,以布帷之,时穿小孔,仅露双目,外人不得见焉。凡此相待,非幽囚而何!以太平世人视今欧美女子之不得议政任官,哂为异事,怒其刻薄;若以欧美女人视中国女人,觉其深居简出;若以中国女人视印度、突厥,又觉中国人尚能得视行从容,游观自在,而印度、突厥之幽囚尤甚矣。虽然,既禁出入,其为囚一也。惟有罪人乃加监禁,女子何罪而妄加监禁乎?夫不从贤师良友,不见名人硕士,则无由成就学术;不见高山大川、胜地名迹,则无由开拓心胸;不游美景良辰,吹风受日,则无由强健。夫妇女为生人之始,传种所自,而不健则弱无血色,无学则蠢若鹿豕,不开拓则无生人意趣,大损大众之传种;而一为男子守,以苦无量数之妇人,坏不可思议之人种,其害何可数哉!

何谓为刑　古于有罪者刻伤肌肤,故作墨、劓、刖、刵诸刑,然后世犹恶其不仁而改为笞、杖、流、徒,欧美则但用监禁,不忍行之。乃父母于子,偏设严刑,穿耳作孔,以挂垂环;夫天生之耳完好,孺子之身何罪,何事以饰环之观美而加剕刖之重刑? 巫来由及印度暨卫藏诸蛮,则不止穿耳而穿鼻,鼻或穿其两孔,甚或正穿其中枢,甚或雕额涂金,而耳之累累若贯珠者无论矣。中国古制本无是俗,自蒙古入乱华俗乃有是风,于是无量数之女子无能免是剕刑者矣。欧美老妇,耳尚凿孔悬环,近则文明大开,少女多撤环。不复凿耳矣;然细腰之俗未改也。昔楚灵王好细腰,而宫人多饿死者,欧美之好细腰也,束以紧带,缚以丝绷,务令上下大而中小,以为美观,而女子则被缚束而不堪其刑矣。至于小足,是大地同尚;欧美女子,亦复缠以宵娘之帛,耸以跰蹁之屣,以为美观,但不若中国之甚耳。数岁弱女,即为缠足,七尺之布,三寸之鞋,强为折屈以求纤小,使五指折卷而行地,足骨穿窿而指天,以六寸之肤圆,为掌上之掌握。日夕迫胁,痛彻心骨,呼号艰楚,夜不能寐。自五岁至十五岁,十年之中,每日一痛;及其长大,扶壁而后行,跪膝而后集。敝俗所化,穷贱勉从,以兹纤足,躬执井臼,或登梯而晒衣,或负重而行远,踽踽蹁蹁,颠覆伤生。至若兵燹仓皇,奔走不及,缒悬林木,颠倒沟壑,不可胜算。无道之敝俗,至斯已极。吾于群妹,目击其苦,心窃哀之,誓拯二万万女子之苦。故弱冠以还,即开不缠足会,其后同志渐集,舍弟广仁主持尤力,大开斯会于粤与沪上,从者如云,斯风遂少变。戊戌曾奏请禁缠足,虽不施行,而天下移风矣。夫天然之足,光致完好,即欲观美,何待矫揉以害女子哉! 盖自宋至今,千年相继,人生三十年为一世,以祸害夭亡统算之,实通算不过二十年耳;二十年中,女子受害者二万万人,上推千载，凡五十倍，则为百万万女子被其毒害矣。古今大地之毒害，孰有如此事者哉！且中国号称教化之国，而大贤世出，不加禁止，致为人笑，尤可耻矣。其他恶手指之大而以铁钳夹之，及一切指环、手钏，状类枷锁，或有入而难出，火烙致伤，是亦刑之比也。若夫新妇初来之夕，集宾客，聚宗族，入洞房，索妇物，多者千百数十金，少亦十数，终夕勒索，丑言恶气，妇若不应，扯其衣饰，焚以炮爆，甚或以热水火钳烫其手足，至于面损足伤，以为欢笑。此与狱史之迫索囚徒财物何异！妇女何罪，新婚燕尔，方为兄弟之好，洞房窈窕，乃为狱囚之迫！中国号称教化礼义之国而乃出此，岂不悖欤！吾妹之嫁，坐蒙斯辱，吾为大愤，然既作人妇，在人檐下，岂得不勉强赔饷哉！呜呼，此殆太古野蛮旧俗之遗而扫除未尽者欤！

何谓为奴　奴非有他，供服役、扫除、烹庖之事，谓之奴云尔。吾乡娶妇者，虽贵宦之家，才秀之媛，必当入厨治馔具；闽中尤盛，虽有婢姆，不得假手焉。苏秦之游说不得意而归，则嫂不为炊，唐人诗曰："三日入厨下，洗手作羹汤，未谙姑食性，先遣小姑尝。"盖自周迄唐已然。虽欧美之俗，室内亦皆由妇女治之，盖亦"在中馈"，"惟酒食是议"者也。若夫日本、印度、波斯、南洋，其妇女莫不以司庖烹饪为事。吾国号称礼法之家，则翁姑而外，夫与兄弟姊妹食，莫不立旁侍膳而进食，撤食乃馂其余者。若夫破柴汲水，洗涤食器，是非奴而何？其他扫除门庭、缝纫衣服，乃至洗沐、按摩、盥衣，甚至供食，又皆随意役使，有同隶役，夫皆坐受，是非奴而何！夫舅姑虽尊，然不过推夫之爱以爱及之耳，非有恩义也;推爱及之,则事之如《内则》之每日三朝,馨膳洁羞,捧席捧衽,纫针补衣,燂汤请浴,皆问所欲可也。在先圣之制礼,不过虑妇非己生,故重其礼以相与为亲。而世俗误会,几若纳妇之金等于买奴,既得为姑,肆其凌虐。不独任意役使,有同奴婢,乃至呼叱詈骂,刻薄贱恶,过于奴婢者矣,虽遇贵女才媛,不得不以名分忍受而至丧身自尽焉。自妇之初来也,或以明慎始之义,张严威以临之;或以重家法之名,行苛礼以苦之。始具榛栗枣脩以见姑也,跪拜而下,则严陈约法,问其允否;其强之见族人也,则自小叔、女妹、犹子、侄孙无不献茶行礼,日至四五。其献尊长必行拜礼,甚至于姑之婢妪亦强跪拜,而平等之叔伯强行四拜之礼无论矣;乃至宾客在席,亦跪地献酒而皆坐身受之,此非奴而何! 夫孔子特明亲迎之礼,亲迎御轮,以明男先于女之义,故墨子以为袛裯若仆,其于慎始何如! 故夫妻则合卺,同食于舅姑则亲飨妇致醴,故孔子斥俟堂俟箸之非,发冕而亲迎之义,曰:"妻者齐也,妻与夫齐也。"又曰:"将以合二姓之好,继先祖之后,敢不敬乎!"故曰:"敬身为大,敬妻为大。"故明相敬如宾之义,未有发相待如奴之义也。吾广东有拜姑婢之礼,致令贵媛因此与姑相恶。又有顺德富家麦姓,娶缙绅金家女,其礼,日当献茶五次。有所谓上床茶者,其舅食阿芙蓉者五更乃寝,妇待至四更不及而寝。其舅怒其失礼,诬其不贞,强子出之。金家不服,大讼十八年,致家室化离,费金巨万,岂不异哉! 故为新妇者,未明而起,夜分不寝,盛饰而朝,备食而献,执衽而供,具物以奉,无小无大,莫不致敬尽礼以待之,自晓至夜无须臾之顷得息焉。不敢食夫家之食,而又不得自买食,必待母家来供,而不呈于姑,不分于叔妹,则加谯让。少有不如礼,则加詈骂,谥以不敬,号为无耻。盖新妇之奇苦大难,虽孝子之事父,义仆之事主,不能堪其劳者,大贤之束身,法吏之治狱,不能比其严者,此岂人情所能为哉!岂徒事舅姑而已,乃若小叔、女妹,一切供役,自理发浴身、进膳献茶、浣衣濯足,一若固然。少不如意,即加诃骂,恶口交加,迫于忍受,更有持镜几以相掷,执火钳以相烙者。母家不忍,与之兴讼,女妹服礼,然夫妇遂仳离焉。或有在厨与婢妪共食而不得与夫及姑妹共食者焉。又见小叔亦多立侍不坐,而尊长无论矣。小叔以男子之故,尤为专肆,至子女既长,随意骂詈,嫂惟吞声而已。大约小叔、女妹之凭借母势,役使其嫂,有同奴婢,视为固然,少有不应,非面加诟骂,则诉母斥之。中家以下,殆无不然。至于兄姒女姒,则益尊重其体势,奉事与舅姑无异,不待言矣。其或舅老姑没,只有继姑、庶姑。继者则子非所生,无爱子之心,更无爱妇之情;庶姑则出身婢女,卑贱而不识礼体,挟恃姑势,横逆妄加,或恶其嫡而自私,或潜于舅而诬罪。始则自衣服饮食之微,横加抑掠,继而施强夺诬告之事,加以楚毒,甚且迫以自尽,强行鬻卖,虽有夫爱,亦无所补。其孀寡之苦,更无论矣,此则昼夜呼天,饮泣茹痛而无可如何者矣。中国妇女以此自尽者,不知万亿,此则比南洋猪仔之奴,终身囚苦,输以身命,殆有过之。且即以称呼言之,吾粤之呼舅姑,皆曰"老爷",曰"奶奶",呼小叔、女妹,皆曰"相公",曰"姑娘",其余群从诸侄,不曰"少爷",则曰"几官"。凡此皆奴隶之称,然敝俗相沿,女体久贱,则虽贵家才媛不能不俯首从之,否则终身厌恶,夫妇仳离焉,其悖谬尤奇矣。夫孔子之为婚礼也,曰"嗣为兄弟",故夫妻之父皆称曰"舅",夫妻之母皆称曰"姑",夫弟曰"叔",夫妹曰"妹",盖兄弟之义也。夫男女本为兄弟,且婚媾之好多出至交,乃婿于妻家则视如上宾,妻于夫家则降为皂隶,虽有至亲通家,平日则以兄、弟、叔、伯为称,既嫁则以"少爷""相公"为称,上背圣经,下违公理,颠倒无义,岂不异哉!又非奴而何?然此皆就都会士家言之,若夫山野僻县,除贫家农业,夫妇并出,通力合作外,中家以上妇女,莫不跣足入山,斩柴艾草,负薪于田,而其夫则高卧室中,清谈以受供养。故多添一妇,实为多添一隶,故乡民买妾实为买奴而已。大概愈山野则抑女愈甚,稍近士夫则抑女稍少,其世家贵阀则或得从容读书游览,不下厨执役。此以知人道稍文明则男女稍平等,人道愈野蛮则妇女愈遏抑,亦足为证据矣。然中家以上,男受珍食而女仅常餐,或夫有午食而妻仅朝夕,吾粤下四府之田家,则男能食饭而女仅煮粥,男女之间一切皆降等相待,此亦待奴之一比也。

何谓为私 女子为天生之人,即当同担荷天下之事者也;性分所固有者,分于天之仁智,当施于人人,职分所当为者,既有人之心思,当任其事业。乃一为女子,既嫁某氏,即竭其才而为某氏之家,若私为某氏之人而与天下及国无与者。事夫、畜子以尽其业,胼手、胝足以为其家,守节、从一以终其身,茹苦、含辛、怀贞、守独以终其年。虽有学问,不能出以教人;虽有才智,不能出以任事。爱则惟夫一人爱之,用则惟夫一家用之,甚至卖鬻亦惟夫卖鬻之,私为一人之有,若产业器用者,故非洲多有鬻女之市,然其悖天理而损人权甚矣。即使借夫富贵,坐受繁华,然天之生人,予以耳目手足、心智百体,即当各效其劳,各分其职,通力合作以济公益,安有一人坐食者耶!今欧美妇女不许为官,而借男子之供养,终日宴食,游谈嬉戏,不事学业,无益公众,有损生民,是天生无数人而得半以为用也,其于公理亦大悖矣。盖既从夫姓,即坐受夫供,其为不平等则一也。

何谓为玩具 男子之视女子,皆无人权天民之心,但问其美否以为爱玩。是故为之衣裙五采以绚之,为之金玉珠石以饰之,为之步搔花朵以丽之,为之涂脂抹粉以艳之,日本则齿黑,印度则穿鼻以为饰,殆又甚焉。女子不知自重,又复为堕马之妆,蹋齿点额,细腰小足,以媚男子,虽欧美升平之俗未能免焉。夫囚以重室,锁以细腰小足,枷以金珠玉石,虽极美丽,其与笼能言之画眉鹦鹉,槛剪裁之玫瑰牡丹,岂有异乎!夫豢鸟栽花者,非不极致爱宠,然不过视为花鸟而已。故唐人有以妾换马者,其贱人道于禽兽,无道至此!即白居易亦有鬻骆马、放杨枝之歌,以马与妾并称,皆以为玩于人之故也。夫凡人之生,皆出于天,故人无贵贱,莫非天民,各为独立,安有视为玩具者哉!其敢于玩人,实玩天也。且男子既有玩具之心,故问美否,既有美否之心,则其淫心恶念即从而起,争夺倾杀即由是生。晋孙秀之夺绿珠,唐明皇之夺玉环,亦因玩具之情而致。若使知天民人权之理,人人独立,人人相敬,岂得起此淫夺之事哉!

第二章 论妇女之苦古今无救者

夫以男女皆为人类,同属天生,而压制女子,使不得仕宦,不得科举,不得为议员,不得为公民,不得为学者,乃至不得自立,不得自由,甚至不得出入交接、宴会游观，又甚至为囚，为刑，为奴，为私，为玩，不平至此，耗矣哀哉！损人权，轻天民，悖公理，失公益，于义不顺，于事不宜。吾自少至长，游行里巷，每见妇女之事，念妇女之苦，恻然痛心，愍焉不安。甚不解偶现男身，则自私至此，虽有至亲之令妻、寿母、姑姊妹、女子子，抑之若是。甚怪大地之内，于千万年贤豪接踵，圣哲比肩，立法如云，创说如雨，而不加恤察，偏谬相承，尽此千万年圣哲所经营，仁悯者不过人类之一半而已，其一半者向隅而泣，受难无穷。彼非人欤，何不蒙怜拯若是！佛号慈悲而女子不蒙其慈，耶称救世而女子不得其救，若婆罗门、摩诃末重男轻女之教，则教猱升木，如涂涂附，益不足论。就此而谈，则大地从上之教主皆不得辞其责矣。推所以然，则旧俗之压力相承，一由习而不知，一由时之未可也。

夫以强力凌暴弱质，乃野蛮之举动，岂公理所能许哉！而积习生常，视为当然，仁人义士不垂拯恤，致使数千年无量数之女子永罹囚奴之辱，不齿于人，此亦君子所不忍安也。

第三章　女子最有功于人道

尝原人类得存之功，男子之力为大，而人道文明之事，借女子之功最多。盖自男女相依以来，女任室中之事。男子猎兽而归，则女为之脔切，既司中馈，则火化熟食之事，必自女子创之。至于调味和羹，酱齐珍饵，次第增长，皆由中馈之事，亦必皆创自女子。既须火化熟食，则必当范金合土以为盛器。男子日出猎兽，出林所产，皆有定数，既不易得，自无暇为制器之事。妇女家居暇豫，心思静逸，踵事增华，日思益进，然则范金合土，亦必自女子创之。织缝之事，至今犹为女子专司。况在太古原人，男子之躁益甚，其章身之具，寒带惟有衣兽皮以为服，热地惟有集芰荷以为衣。皮服卉服，《尧典》尚然；今冰海人之衣皮，非洲人之编树叶，尚有然者；若其由编叶缠藤进而撤山麻而抽野葛，此必女子之事。盖以其岩居无事，闲擘树枝；见有麻葛，愈擘愈纤，愈纤愈韧，系之于身，觉其细滑过于他木，于是始则搜拔，继而试植，渐益推广，遂为衣裳。首寒则艺麻为冕，足寒则纠葛为屦，皆次第所增。见其色恶，以水沤之，辄复渐白，与目适宜，于是麻衣缟服成矣。已而挼叶得汁，异色染衣，遂悟练染之法，乃有五色之章，然后玄黄交错，黼黻成文。凡此皆由其闲静之姿，故有逢原之制。若夫蚕桑，亦归女业。《诗》曰，"妇无公事，休其蚕织"，故后世后妃亦尚亲蚕，盖亦必妇女所创，故专归妇女之业。盖蜎蜎者蠋，时游于桑，男子逐兽心粗，岂暇揣摩。女子则宅旁井边，从容顾望，见彼吐丝之异，乃为豢养之谋。因彼眠起桑中，食之如扫，知其所嗜，采以养之，而蚕乃吐丝无穷，因与箔而令织，于是蚕桑之利，衣被无穷。若夫折柳以为樊圃，树竹以为篱落，亦必岩边栖息，思阻猛兽，偶思捍格，故成藩篱，然则藩篱亦必女子所创也。男子求食，逐兽远游，女子登树为巢，削枝编叶，及后筑之平地，移巢形以为堂构，亦必自女子为之。今非洲之人，室多圆形，以泥和草编成，高广不过数尺，是尚为有巢氏之遗也。男子逐兽，岂有定居，太古初民，实同游牧。然则编巢野处，随地移徙，男子安有余日为之，非女子所制造而何？居室闲暇，则更编草为席，削木为几，合土为盂，窒土为杯，以坐，以卧，以饮，以食，日益高洁，此亦非逐兽转徙之男子所能为也。然则一切什器，皆制自女子为多矣。即论文字创自结绳，而画圆画方，谐声尚象，亦必居室暇逸者乃能创之，非逐兽于畋，血溢不止者所能为也。至于记数出于手指，渐加千万，更为乘除，亦非逐兽无暇者所能，亦必女子创为之也。其他黄桴土鼓，渐进而截竹裁桐，编丝穿孔，分析音节，更非逐兽奔走之人所能创造，亦必居室闲逸有静性者乃能创之。又若图写禽兽，橅造草木，描象人物，模范山水，亦皆性静情逸，乃能生趣盎然以为摹写，必非逐兽血涌之人所能创造。是故文字算数、音乐图画，凡诸美术，大率皆女子所创为；今古史所述，类皆男子，而女子无人。则男子后起之秀，渐丁文明之时，既在农耕、熟食、室居之后，不待逐兽，亦有静暇，乃取女子创造种种之事为器物，大推广之。既为女子之主，遂攘窃其名，此犹大匠作室，而大书于梁栋者必曰某官，巧冶铸钟，而铭刻于簨簴者必曰某父，其实皆非男子所能为也。盖太古男子逐兽求食以存人类，譬之开国之有武臣。汉之韩、彭、黥、英，明之徐、常、汤、沐，当开国时，仗钺、摺笏、勒钟、铭鼎者，非皆屠伯、武夫、纬萧、屠狗之流哉，彼只能拔剑击柱、醉酒骂坐而已，岂能制作乎！而女子居室司馈，闲暇制作，譬之承平之文吏。叔孙通制礼，然后汉高知天子之贵，董仲舒明经义，然后武帝有文章之治。建三代之制，行大射之礼，奏六代之乐，建日月之旗，立《五经》于学官，见圜桥之冠带，必于干戈载戢，然后黼黻承平。凡号称文明之制作，必皆文士为之，无有武臣为之者也。归故乡而歌《大风》，预朝宴而分竞病者,古今以为美谈,虎贲脱剑,《敕勒》作歌,皆异事而非常例也。知文明之制作,在立庙秉笔之文士而不在原野执戈之武夫,则知创造文明之具,在居守司馈之女子而不在逐兽于田之男子也。又观游牧之匈奴、突厥、蒙古,其武力能吞灭中华、印度、波斯、阿剌伯,席卷亚洲,为地球第一大国,而制作无闻,数千年不能脱野蛮之风。若六朝、南宋之偏安,频岁受兵,讫于削灭,其势至弱,而词章理学之盛,其文明独盛传于后世。故逐兽求食之男子,譬之游牧纵横之蒙古、匈奴,强则强矣;居守司馈之女子,譬之偏安削灭称臣之六朝、南宋,弱则弱矣,而文明之事,终在弱国而不在强邦。盖游牧则必强,而得食既难,日月迁徙,必无暇制作故也。若谓文明之具为男子所创,则是匈奴、蒙古能制作也。以此推之,一切事为器用皆出于女子,可断断矣。今世界进化,日趋文明,凡吾人类所享受以为安乐利赖,而大别于禽兽及野蛮者,非火化熟食、调味和齐之食乎,非范金合土、编草削木之器乎,非织麻蚕丝、文章五采之服乎,非堂构樊圃之园庭宫室乎,非记事计数之文字书算乎,其尤为美术令人魂欢魄和者,非音乐、图画乎!凡此皆世化至要之需,人道至文之具,而其创始皆自女子为之,此则女子之功德孰有量哉,岂有涯哉!乃不念殊功之尤,徒循强力之轨,大势长往而不反,美名久假而不归,是可忍也孰不可忍!

第四章　论男女贵贱不在身体脑度

或谓全地女子之身皆短于男子,多或逾尺,少亦数寸,欧美女子短于男子尤多。形质之高卑，天生已定。高者自尊，卑者自贱，所谓"卑高已陈，贵贱位矣"，故男尊女卑，乃肖天道，非人所能强为之也。岂知人之尊卑，在乎才智，不在形体。故晏婴身不满五尺而为齐相，公孙吕身长三尺而为郑相，桑维翰身长四尺而为晋相，皆功名显于后世。若必以身体长短论之，则长狄侨如兄弟尊同天帝，而巨无霸亦当贵为帝王，曹交当为上官而成汤宜屈下僚矣，晏婴、公孙吕、桑维翰不得齿于人矣。夫身有长短者，在男子中所不能免者也，而未闻以此分贵贱，何独于男女而以此辨之！且日本人以矮特闻，而今者变法而强，与强英联镳；若印度之高人，则徒供英人服役。然则人之贵贱，在才智之高下，不在形体之长短明矣，而独以短体抑女，岂公理所许乎！当初民之始，女子短体弱力，受制男子，造成原因则有之，若以此故永远抑女，则非人心所安也。

或谓女子脑小于男，男子脑度大而重，女子脑度小而轻。日本东京大学医科所剖验，男脑四百二十一，女脑一百七十六，男女质同，惟男脑重百五十杜廉。又或谓男子之脑愈用愈智，貌愈文秀，女子之脑多用即竭，貌愈丑恶。此说纷纭，各有是非，考验未尽善，不必信为定论。但女子既有月经，每月流血甚多，精力自当逊于男子，此为人传种，少受缺陷，实为无可如何。故以任兵事，诚非所宜，若人道平等与否，则不在此。夫以男子之中，脑度之高下，才智之灵蠢，精力之强弱，固有相去天渊者。周子之兄不辨菽麦，晋惠帝闻蛙鸣而问为公为私，见饥死者而问何不食肉糜，其蠢几与禽兽等，而何尝失公子、帝者之贵。且以孔子之圣而为陪臣，颜子之哲终身陋巷，若哀公之愚，则为君以临之；管辂、郭璞术穷天人而终于下位。董卓、王敦梼杌穷奇而执国命，然则人之贵贱，岂在脑度之高下哉！以一人之体格犹如此，况于无量女子，其才智绝伦，学识超妙，过于寻常男子殆不可道里计，此不待繁征而尽人易见也。故即以脑度之高下言之，若李易安之过目能记，检书若某书、某卷、某页、某行不差一字，其与山僧诵《法华经》三年不能记忆者相去岂不远哉，山僧岂非男子，李易安岂非女子乎，岂得谓女子脑度不及男子乎！山僧诵经时，夏竦一诵即记，欧阳修再诵乃记，及世所传萧颖士一遍、陆畅二遍、李华三遍。即男子之强记者亦自有等，物之不齐，物之情也。女子若李易安之流不知凡几，但以无文学则不传，遂不得与张安世诵亡《书》、王粲覆围棋并称耳。或谓女子灵悟无异男子，而以血少难于深思，是亦或然。然扬雄、张衡、哥白尼、奈端之流，男子中号能深思创作者，古今大地曾有几人；若使女子平等就学，岂遂无人，安得以数人稍能深思创作之故，遂拔茅茹连，贵其不辨菽麦之同类而贱其聪慧明敏之女子哉！连类而贵及其无量数之男党，则虽麟趾公姓并为王侯，未有若是之滥赏者也；连类而贱及无量数之女党，则虽十族株连并加囚逮，未有若是之滥刑者也。以是之故而抑女，至摈不得为仕宦科举，禁不得为议员公民，乃至绝其往来交接、宴会游观，囚刑奴私，殆不然也，不独背乎天理，亦不协乎人理也。使普地为仕宦科举、议员公民之男子，才智皆胜于全地无量数之女子则可也，而试核其实，又公考其才，恐女子之胜于男子者乃无量数，即不得界划鸿沟，剖半为数，必不止十得三四也。

然则强抑女子，一切摈斥，仕宦、公民不准预列，科举、议员不准预选，徒凭强势而背公理，徒失人才而遂私心，甚无义也。

第五章　原女子被屈之由，本于繁衍人类之不得已

尝原女子被抑之故，全在男子挟强凌弱之势，故以女子为奴而不为人；其继由男子专房据有之私，故以女子为一家之私人而不为一国之公民。其造端致远，在千万年尚力劫制之时，其积久成风，为千万年礼俗教化之顺。浸之既久，抑之既深，礼俗既成，教化既定，则无论抑人与被抑者皆忘其故，而几误以为义理之当然，于是无量年、无量数之女子，永沉苦海而不之救矣。夫既为奴之人，岂可与主人并为仕宦科举，并为议员国民，并行交接宴会乎；既为一家私有之人，又岂许其为乡国之吏员，议乡国之事，交接宴会乡国之人乎！后世道化日开，文明日进，圣哲日出，以扶弱抑强，矫变旧弊，凡天下以强凌弱之风亦少弭矣。故倡"妻者齐也"之义以体与夫齐，故居官受封，制皆视夫，为贵贱之等，享用亦与夫同，而劫掠鬻卖之风亦日少，盖奴风少去焉。然以男谱相传，子姓为重，男女不别则父子不亲；既欲父子之可决定而无疑，必当严女子之防而无乱，女贞克守，则父子自真。盖小康之家，其所通无多，故其为仁不大，无可如何。因势利导，故以笃父子为一切义理之本，故以族制聚众，以宗法治人，以世袭为官，以立家为教，纲本如此，其条目自不得不随之，而所以成其族制、宗法、世爵者则全在家人也。夫夫妇平等，亦固人理之宜而先圣之所愿也，然如无夫妇平等，则各纵其欲，复归于太古野

蛮之世。男朝拥一女，暮又易一女，女朝拥一男，暮又易一男，从何而能成家人，从何而定父子，从何而有族制，从何而有宗法，从何而成治道，从何而立教化？是使人皆鹿豕，世复狉榛也，必不可也。又生人属于女子，女子交合既杂，生人不多，生子亦弱，养子艰难，无人相助，求食不给，成人亦难，人类不繁，且无从与禽兽敌矣。既为保全人种、繁衍人类之大敌，且当上古文明之物一切未备，势不能行男女平等之事。必有所忍，乃能有济，必有小抑，乃有大伸，故不能不偏有所屈，实势之无可如何也。则试屈男而伸女乎，于时草昧未开，禽兽逼人，部落既众，日寻干戈；女子弱而男子强，凡执干戈以从事者皆男子也，既尚力矣，凡登坛场而执政者皆男子也，自万无屈男子之理，于是不能不少所偏忍而听女子之受屈矣。况女子久为男子所掠役，受屈既久，视为固然，无待强为乎！且在昔人类之初，固尚母姓，人皆以女系为传姓矣。故"姓"之为文从"女生"，如姬、姜、妫、姞，莫不从女，故至今野番之俗多有从母姓者，则太古各国之旧俗可推矣。今以四海传母姓者考之：马达加斯加之人民但传爵位于女族，代代相传，而男子不得袭之；亚非利加之高川之风俗，世世传君位于女族，欲血统之接续也；希古忒至近代亦传君位于女族，大洋洲之亲友岛、顿加岛，其官位传于女族，故母非出于贵族，其子即不得为贵族；非地岛亦然；加罗连岛、马置仙岛亦传爵位于女族。皆因婚姻未定，不知谁实为父，故从母姓也。马来人各部落之风俗，其遗财皆传之女族之子孙；亚美利加之其尼路人，其财产皆传于女族之子孙；哥仑布之烟剪人，财产亦传女族之子孙。即古昔文明之国，若埃及、日耳曼之上世,亦有此风,因以女俗为主,男子死则无后,故以其姊妹之子为至亲,而爵位财产,皆传与之。故基尼亚之富人死,除军器外,其余财产尽传于姊妹之子,超拉巴之般他尔人死,不传其财于子而传于姊妹之子。马拉巴路之俗各地不同,至以财产传于女族之亲,各地皆同。印度之尼也儿人,子不知父,父不知子,故以财产让与姊妹之子。罗安高之土酋四人,皆国王姊妹之子,其王子不能继位。亚非利加之俗,王位常出于一姓,但以母姓为主,子不能继父位,皆以国王之姊妹之子嗣之,盖恐混其血统也。班衣人之酋死,其子不能继而以姊妹之子继嗣;亚非利加之北部巴路揸尔人及非洲东北部诸民种皆同。故日耳曼之古俗,姨舅之爱其甥,犹父之爱其子,以人为质之时,不要其子而要其姊妹之子可见。盖上古之人,教化未行,婚姻不定,朝暮异夫,谁知所出,野合任意,难辨所生。《国语》述鲁桓公之言曰:"同非吾子,齐侯之子也。"故婚姻不定,则父子难信,故不如从母姓之确也。且母生有凭,父生难识,观阿里那可之烟剪人,生双子则以为奸淫矣。夫阴阳交媾,其理甚微,今草木之生,雄蕊与雌蕊之交合,博学者犹难知之,况野人知识无多,故知有母而不知有父也。然人人不识父,则无父子之传;凡生男子皆为无用,不能纠结无量男子以为亲,则无由而得强力,一也。生当部落争乱之时,女子日为人所掠,朝属一夫,暮归一士,姊妹不能聚处,则无由结合而成族,二也。不能纠合强力,不能结合多人,则于人道合群之道无益,于人类自存之法有损;故母姓之俗皆甥舅相亲,君主传位亦多传于甥者,然舅甥之爱结,终不如父子之情深,爱不深则结力不厚而保类不固,三也。传母姓则有母无父,仅得一人之保养,其爱力薄,其生事难,其强健难,其繁衍难,四也。故女姓之效,非所以保人类而繁人种,其害如此。大地皆已经行之,共知其不可,而后改而行男姓。行父姓则父母并亲,有二人以抚养其子,母尽字育之勤,父尽教养之任,通力合作,其子易于成人。男子强而自立,父子世世相传,故能久远;群从以亲结合,故能广大;用能以宗法族制立国,如日本然。人种之得以保全,人类之得以强大,职男姓之由。夫男子既以强力而役女,又自狩猎而易为耕农,聚处一室,独耕一地,妇不杂婚,子知所出,于是父子相识而男强女弱,故以男姓传宗。强力者为天授之性,传宗者为人事之宜。天性人事皆男子占优,虽圣哲仁人欲悯女子而矫之,然屈男伸女,既于人道不宜,又于事势未可;将行平等乎,又复返狉榛,更有不可。故不得不因循旧俗,难于大更,惟发明昏礼下达,男先下女,特著亲迎御轮之义,又发明"妻者齐也,与己齐体",相敬如宾之义,夫先下者矫之也,齐者平等之谓也。故后学守其遗义,樊英病卧,为榻下之拜,梁鸿举案,有齐眉之敬,盖以除旧俗奴役之弊而明平等之风,先圣之心苦矣。

第六章　女为男私属,于是伸男抑女

夫男子既以强力役女,又以男姓传宗,则男子遂纯为人道之主而女为其从,男子纯为人道之君而女为其臣。大势所压,旧俗所积,于是女子遂全失独立之人权而纯为男子之私属,男子亦据为一人之私有而不许女子之公开。既私属而私有之,则名虽为齐,实几与奴隶、什器、产业等矣，故于夫曰"归"曰"嫁"，其义曰"事"曰"从"。夫之于妻既私属而私有之，故舍其姓而使从己姓，舍其宗而使事己宗。夫之于妻既私属而私有之，故畜养之，玩弄之，役使之，管束之，甚且骂詈随其意，鞭笞从其手，卖鬻从其心，生杀听其命。故以一家之中妻之于夫，比于一国之中臣之于君，以为纲，以为统，而妻当俯首听命焉。国法之仁刻周疏不同，要之旧教旧法皆以为是一家之私，人、国不必干预焉。其后仁者乃渐申人权，于夫之杀妻则绞之，夫之笞妻则杖而离之，则极后起者；虽有明律，而旧俗相沿已久，亦何能行焉。夫所谓夫者，不过十余龄之男子，未必被教化、知礼义者也，又得兼有数女者也，而授以生杀卖鬻、鞭笞骂詈其妻之权，予以役使、管束之尊，其不能得当而偏抑冤惨于弱女令无所告诉者，不待言也。夫以普天下人皆为男女，即皆为夫妇，是使普天下人惨状稽天、冤气遍地也。其所为抑女之大因，据以为义所自出者，则以为夫妇不别则父子不亲，父子不亲则宗族不成，故欲亲父子，先谨夫妇。故据乱世之制，为礼始于谨夫妇，为宫室必别内外，而男子强力而为主，自无制之之理，女子微弱而从人，自为被制之类。于是以内属女，以外属男，外者极天地而无穷，内者域一室而有限，故为"内言不出、外言不入"之礼。又为"男女非有行媒不相知名，非受币不交不亲"之义；其甚至于"姑姊妹女子子已嫁而返，男子不与同席而坐"，则以古者同姓通婚之故而预防之；又曰"嫂叔不通问"，则以古俗兄弟同妻之故而预绝之；于是男女之别，其严极矣。印度、波斯、埃及、突厥尤为加严。印则妇女以布蔽面，埃及则以锁加眉中，突厥则以白纱蔽面，波斯则以布笼身首如一亭然，仅露其目，盖亦同意。于是所谓"内"者，实囚之而已，推其所以然，皆因防淫乱之故也。故旧教之国皆以淫为极恶，故其礼俗皆以防淫为大闲。法、意、瑞士旧俗，女子下体有铁榻加锁，夫掌其匙焉。其女子有再嫁者，不齿于人类，不收于父兄宗族，不理于邻里乡党；其妇女有犯奸之事，则不论和强，不论一再，国家特许本夫得杀之；其虽无实事，但偶涉不检而见疑者，或鞭笞，或骂詈，或逼缢，官皆不问也，人皆以为宜然也。若男子乎，君主则宫女万千，富人亦侍妾数十，乃至穷巷之氓亦皆兼备数妾，缘广嗣续，皆以为礼义宜然。若其狎娼挟妓，唐宋以来，名士贤德亦为寻常；今时虽禁于国律，欧美亦干犯清议，然男子之为此者固无少伤也。若妇女之稍有不贞者，虽欧美之俗亦得听本夫自杀之，而女子必不见齿于世，则犹然也。夫均是人也，均是淫也，以非常严酷之刑待女子，而以非常纵肆之欲待男子，其相反可谓极矣，有外夫则以为奸而许杀之，有内妾则以为礼而公行之，其不公可谓至矣。在立法之意，则以为男子之得有妾，以为广嗣也，其听外淫，以为无损也。若女子之有外遇，则是乱宗也，又无以折宗族之奸，则以不贞也。夫乱宗，则于男姓之传，族制之成，诚为大碍矣，不可许矣；既以男姓为主，以族制为义，则此法虽奇偏极酷，亦不可以已矣。若夫宗族之奸，则罪尤加等，然则不为乱宗也，而重于防淫也。夫所以防淫若是其重刑者，实为一人之私属而私有之也。夫一人之私，何预于国，而国法特深许其私有而以偏酷而助为严防者，诚以防淫乱之原也。夫所以防其原者，虑因淫而乱，因乱而争杀也；然男子亦固纵淫矣，而妾既有名分，则未闻因此而争乱也，妓亦各有所主，各出自本人所愿，亦未闻因此而争杀也。女淫所以致乱启争者，以既有本夫，则夫得禁之；他人及外夫义所不可，法所得禁；然而上犯国家之法，下侵本夫之分，故致争乱而相杀。假令一切纵之若男子，或各有名分，或各听情愿，则亦何争乱相杀之与有！故法律云者，皆上承男主女从之旧俗，即礼义云者，亦上沿男强女弱、男姓女附之遗风耳，非公理也。夫男子既私属而私有之，彼为一姓计，自不欲女子之乱其宗，为一身计，自不欲女子之兼从乎人。夫独为己之宗与杂以他人之宗孰善？专事己之身与兼事他人之身孰得？此不待再计而无人愿之矣；必若非己所得而私属私有，则无如何。既上承千万年之旧俗，中经数千年之礼教，下获偏酷之国法，外得无量数有强力之男党共守此私有独得至乐之良法，惟有协力维持，日筑之使高，凿之使深，加之使酷而已。故古者妇人夫死而嫁，未闻议之，后则加以"从一而终"之义。始则称"烈女不事二夫"，是惟烈女乃然；继则加以"饿死事小、失节事大"之义，于是孀守之寡妇遍地矣。中国之中，吾粤女义尤严，吾乡族触目所见，皆寡妻也，里巷皆是。贫而无依，老而无告，有子而不能养，无子而为人所欺，藁砧独守，灯织自怜，冬寒而衣被皆无，年丰而半菽不饱。吾乡居夜归，闻机杼铿然，五更未已，举巷相应，皆寡妇也。然犹茹粥而抚童孙，解衣而衣弱子，终身贫冷，呼天而无可诉之人。其或力抚遗孤，艰难医疾，而中道殇殂，则终无可依矣。即抚孤有成而贤否未知，然不肖者多，或博弈饮酒而不顾尸饔，或自私妻子而时行忤逆。又或远游不反，空对弱媳；又或夭折，徒遗孤孙；又或勤劬抚孙而长大又夭，终至绝嗣;又或旁继他子而本非生母,弃而不顾。以吾所见,有执刀而索继母之财者。又见妯娌二人皆为孀寡,同继一子,淫赌破家,犯疾而死,遗妻及子,合力抚孙,既长而盲,犹冀传宗,为之娶妇,既娶而夭,两枝皆绝,孀亦老矣,年垂七十,白发盈头,子媳则妻妾在旁,孙媳则女儿并侍,饥寒交迫,茕独可怜,谁实为之,贻斯惨状!以天行之无定,而以人理之有定限之,其为无量之苦必矣。若印度之俗,夫死且当殉之,烈火然柴,投身其上,以为美节。否亦当高楼闭处,绝其下梯,以终身焉。英人未得印度之先,一岁之中,寡妇死者不可量数,苦形惨状,尤不可言,皆男子私属而私有女子之贻害也。夫不事二夫者,乃烈女非常之节,借以镇止淫风,非不可敬;此犹佛之舍家苦行及明世补锅丐者之为国尽忠,自有足以耸流俗而生景行者。然若使大地之内,人人皆为佛之出家,则五十年中人类立绝,而遍地皆为禽兽矣;遇有国变,人人皆为补锅丐者之尽节,则中国靡有遗黎,而茫茫神州久为异种殖民地矣;此岂可行者哉!宋儒好为高义,求加于圣人之上,致使亿万京垓寡妇,穷巷惨凄,寒饿交迫,幽怨弥天,而以为美俗。夫善为治教者,在使民乐其乐而利其利,养其欲而给其求。《诗》之言治曰,"内无怨女",岂有以幽怨弥天、寒饿遍地为至治哉! 夫为治之义,亦有舍一人以为大众者,若牺牲国民以立其国,是则以国种为重,故民命为轻,于立国之义实不得已;然论天下之公理者,犹非其私。自此以外,一切政教,无非力求乐利生人之事;故化之进与退,治之文与野,所以别异皆在苦乐而已。其令民乐利者,化必进,治必文,其令民苦怨者,化必退,治必野,此天下之公言,亦已验之公理也。寡妇无数，怨苦弥天，于独人享受有无量之苦，于公众大化无丝毫之益。其为男子之独人计乎，抚子传孙，庶几少补；若无子女者，则于男子独人亦并无丝毫之益矣。若其为害，则有四焉：一、苦寡妇数十年之身，是为害人；二、绝女子天与生育之事，是为逆天；三、寡人类孳生之数，是为损公；四、增无数愁苦之气，是为伤和。夫以人权平等之义，则不当为男子苦守；以公众孳生之义，则不当以独人害公；以人道乐利之宜，则不当令女子怨苦；仅有独男抚子之微益而有逆天伤人害公之大患，万不可行者也。又不肯已，加义日高，于是有未嫁之女守贞之事。夫夫妇以牉合而亲，未尝交合，何义之有！乃缘区区之聘，即为许以终身。以为然诺欤，又非女子所自许也，义何取焉！而以一言之故，非因知己，即终身孀守，茹苦食艰，上为事宗庙，侍舅姑，下为抚子孙，事叔伯，如斯高义，实天下古今所罕闻。而习俗既成，遂至尽人皆是，乃背二十年父母鞠育之恩，而殉一言之聘以苦父母之身，轻重不伦，无义已甚，然实为迫于风俗，并非出自人情。此固先圣所禁，国法不容，而愚儒归光之流乃必从而张之，以为义不妨过高，情不妨过厚，则岂先圣所不知而待归有光为之发明哉！凡此流弊，此皆男子强力役人，父姓传宗，于是以女子为私有，积极使然，而不公不平，冤魂愁气，遂至弥天塞地矣。

第七章　抑女有害于立国传种，宜解禁变法，升同男子，乃合公理而益人种

夫男子既以私属私有女子之故，虽嫁而富贵，亦等幽囚，严禁出入

游观,更禁交接宴会,推其法意皆为防淫。男女既不得接见,则偶一见之,属目必甚,淫念必兴。以中国礼教遏淫之严,清议之重,而中人以下,遇有剧场、道路每见妇女,评头品足,肆口妄言,其尤下者,则探手摩挲,淫言撩拨,不可听闻,非独相鼠贻讥,实亦狂且可恶。而观欧美之俗,男女会坐,握手并肩,即艳质丽人,衣香满座,虽忘形尔汝,莫不修礼自持,鲜有注目凝视,更无妄言品评者。至于如狂且之淫言,若野蛮之探手,更绝于观听矣。夫欧美岂无狡童狂夫,亦皆有粗人下走,其教化尚不如中国之严也,然能修礼防者,实司空见惯使然也。夫人情于前所罕见之物,未有不骇然耸动;若所罕见者为珍贵美丽之物,未有不欣然惊喜。如乡曲人初至都会城市,一切诧为异观,如贱隶之初见王公贵人,必耸然变动颜色,如穷子之入珠宝市肆,必眴然四顾徬徨。若都士富人、世家爵主,生长其中,则但习与相忘,顺受其正,岂有惊耸之事,令人失笑者哉! 若谓交接宴会易于通淫,不若严以防之,然中国桑间濮上之风,自郑、齐、吴、楚莫不极盛,何能禁阻,而况穷边哉! 以言防则不能防之,而徒有虚名,致遏阏人权,违逆天理。举数万万女子而幽囚之:一则令其不能广学识,二则令其无从拓心胸,三则令其不能健身体,四则令其不能资世用。夫以大地交通、国种并争之日,而令幽囚之人传种与游学之人传种相比较,其必不美而败绩失据,不待言也。夫少成为性,长学则难,而人生童幼,全在母教;母既蠢愚不学,是使全国之民失童幼数年之教也。人之国,男女并得其用,己国多人,仅得半数,有女子数万万而必弃之,以此而求富强,犹却行而求及前也。故言天理则不平,言人道则不仁,言国势则大损,言传种则大败,而为男子之私行其防淫之制,又不已也。有此四害、四不可,何必禁女子之交接宴会、出入游观乎!近者自由之义,实为太平之基,然施之中国今日,未为尽宜;然以救女子乎,实为今日第一要药。今若听妇女之自由出入游观、交接宴会,无抑女之事,于公理既顺,除幽囚之苦,于人道既仁。妇女得以亲师取友,日闻天下之事理,以阅历而学识益深,日扩山川品物之大观,以开拓而心思益扩;人才骤增其半而公用亦骤增其半;化坐食闲处而为公望公才,士农工商皆增其半;天下之大效孰有过此!若其教子有方,则全国之民坐受童幼数年之教;传种多美,则全国之民永得人种文明之益;其为无上之大效,无极之美利,皆普天之事莫与京者。昔在据乱之时,以序人伦而成族制,故不得已忍心害理而抑之;今际升平之时,以进全人类而成文明,故必当变之。乱世平世,如冬夏之相反,即裘葛之各宜。《易》曰:"穷则变,变则通,通则久。"今当事穷之时,以天理、人心、国势、地运皆当变通之日,猥以形体少异之故,乃为囚奴无限之刑,此亦仁人所宜尽心拯救者耶!今当力矫旧弊,大挽颓风,男子当革世爵之贵,无倚势以凌人;救女当如救奴之风,同发兵以拯溺。治分三世,次第救援:囚奴者,刑禁者,先行解放,此为据乱;禁交接宴会、出入游观者,解同欧美之风,是谓升平;禁仕宦选举、议员公民者,许依男子之例,是谓太平。此孔子之垂教,实千圣之同心,以扫除千万年女子之害,置之平等,底之大同,然后无量年、无量数之女身者庶得免焉。科条如下。

第八章　女子升平独立之制

一、今未能骤至太平,宜先设女学,章程皆与男子学校同。其女子卒业大学及专门学校者,皆得赐出身荣衔,如中国举人、进士,外国学士、博士之例,终身带之。

一、学问有成,许选举应考,为官为师,但问才能,不加禁限。其有举大统领之国,亦许选举为之,与男子无别。

一、女子中有愿充公民、负荷国务者,听其充补。其才能、学识足为议员者,听其选举。一切公议之事,皆听充会员,预公议,与男子无别。

一、法律上应许女子为独立人之资格,所有从夫限禁,悉为删除。

一、欧美风俗从夫姓者,悉加禁改,还本人之姓名。

一、婚姻皆听女子自由,自行择配,不须父母尊亲代为择婿。惟仍限二十学问有成以后乃许自由,二十以前,仍须父母约束。

一、国家当设媒氏之官,选秀才年老者充之,兼司教事。其男女婚姻,皆告媒氏,自具愿书,领取凭照。惟须限年二十始能领照,其早婚未及年者,悉当禁断。

一、女子有出入交接、游观宴会,皆许自由,惟仍须限二十学问有成之后乃得此权。二十以前,仍归父母或尊亲约束;但游观、交接、宴会关于养身增识,其无关损害德义者,父母不必严为禁限。所有据乱世防闲出入内外之礼,悉予蠲除。

一、女子既为独立之人，其旧俗有缠足、细腰、穿耳鼻唇以挂首饰者，及以长布揜面、蔽身，加锁于眉中、印堂者，悉当严禁，科以削减名誉之罚，或罚赎镪。其袒肩、裸体与男子相抱跳舞者，出自野蛮，徒起淫心，皆加严禁。

一、女子既与男子各自独立，凡行坐宴会，皆问爵德年业，不必拘左右前后；或以一女间配一男之例，皆过存畛域，易启轻贱及淫乱之心，宜行变改。

一、女子与男子衣服装饰当同。今全地古今，男女异服，一以别异形体以为防禁之计，一以别异章服以供玩乐之具。夫男女无别，则防淫难。古者以女子为男子私有之物，务在防淫，故不能不别其衣服也。凡乐人必别其衣服，虽施以五采，但供玩乐，故男子之为倡优者亦必美服涂脂。女子既为男子私有之物，但供男子玩弄，故穿耳裹足、细腰黑齿、剃眉敷黛、施脂抹粉、诡髻步摇，不惜损坏身体以供男子一日之娱，况于衣服，其安得不别有体制以供其玩弄耶！故男子尚素朴而女子尚华采，皆以著玩弄之义。夫人道既当大同，少有歧异，即生畛域。若古今君主之国，贵贱皆有章服以别异之；美国则民主与百姓服色从同，未闻不便于治道，益以昭其平等。君臣犹可，况男女乎！宜定服装之制，女子男子服同一律。太平之世，独立自由，衣服瑰异，无损公益，一切听人之所为，其男女如何为衣，仍服故衣亦可；惟当公会礼服，男女皆从同制，不得异色，以归大同。既无形色之分，自无体制之异，如是而后女子之为师为长，为吏为君，执职任事，乃不异视。

第九章　男女听立交好之约,量定限期,不得为夫妇

一、男女婚姻,皆由本人自择,情志相合,乃立合约,名曰交好之约,不得有夫妇旧名。盖男女既皆平等独立,则其好约如两国之和约,无轻重高下之殊。若稍有高下,即为半主,即为附庸,不得以合约名矣;既违天赋人权平等独立之义,将渐趋于尊男抑女之风,政府当严禁之,但当如两友之交而已。

一、男女合约当有期限,不得为终身之约。盖凡名曰人,性必不同,金刚水柔,阴阳异毗,仁贪各具,甘辛殊好,智愚殊等,进退异科,即极欢好者断无有全同之理,一有不合,便生乖暌。故无论何人,但可暂合,断难久持,若必强之,势必反目。或相见不语,或终身异居,或相恶离异,或隐谋毒害,盖因强合终身之故而至终身茹苦或丧生命者,天下古今盖无量数。欲绝交则伤名害义,无情失欢,欲不绝则坐视此狂夫酷妇乖僻险横,一息难安,况忍终古。故虽禀资贤圣,断无久处能相合相乐之理者也。又凡人之情,见异思迁,历久生厌,惟新是图,惟美是好。如昔时合约,已得佳人,既而见有才学尤高,色相尤美,性情尤和,资业尤富者,则必生爱慕,必思改交。已而又有所见,岁月不同,所好之人更为殊尤,则必徇其情志,舍旧谋新。昔时旧俗,以女从夫,贵贱既同,故能勉强久处。其亚洲旧俗,一男得兼数女,而女子被制于男,故虽极苦而勉强守之;然于人道自由、人权天赋之义,已逆背而不乐矣。今男女

平等,各得独立,有始为士卒而后为君相,有始为士商而后为农工,执业迥殊,贵贱迥异,强其久合,其事甚难,一也。又男女平等,各自独立,虽复合约,不过为欢。至其财产各不相蒙,或因理财而他迁,或因避地而远去,必令弃其所业,远以相随,而人各有交,或难相负,此时随迁则难于弃业,恋职则不能随迁,而令永久仳离,既非人道之情,又损自由之分,其难二也。又旧俗据乱之时,夫妇之义专以传子姓,此为一男子之私意,故不得不强合以终身,夫妇永定,然后父子得亲。今世至太平,男女平等,各自独立,生人既养自公家,不得为一姓之私人而为世界之天民矣。男女之事,但以徇人情之欢好,非以正父子之宗传,又安取强合终身以苦难人性乎!即使强合,亦为无义。假令果有永远欢合者,原听其频频续约,相守终身;但必当因乎人情,听其自由耳,故不可不定期限之约,俾易于遵守,而不致强其苦难,致有乖违也。约限不许过长,则易于遵守,即有新欢,不难少待;约限不得过短,则人种不杂,即使多欲,亦不毒身。两人永好,固可终身;若有新交,听其更订;旧欢重续,亦可寻盟;一切自由,乃顺人性而合天理。

夫古者有弃妇之文,孔氏犹三世出妻;又有出夫之义,韩非子称"太公者老妇之出夫也"。义合则留,不合则去,不强人情之不乐,甚得人道之宜。故今欧美之制皆有弃妇出夫之义,法国近者每岁夫妇离异之案万数,即中国法律亦有离异之文。然大地风俗,夫妇皆定于终身,其有离异,即犯清议;不訾其薄行寡恩,即议其择人不慎,否则议其治家无法,否亦以为异事笑谈。于是乡里私贬其轻薄,公府亦訾议其行谊,报纸加以讥诮,知识传为笑言,种种责备,令人不堪,故虽私恨甚深,不得不弥缝隐忍。夫夫妇者所以极静好之欢,得乐耽之实,乃人道之宜也。至于强为隐忍,则其苦难有不可言。太平之世,人皆独立,即人得自由,人得平等;若强苦难之,损失自由多矣,既不如乱世之俗立夫妇以正父子之亲,则何不顺乎人情,听其交欢,任立期限,由其离合;相得者既可续约而永好,异趋者许其别约而改图,爱慕之私可遂,则欢者益欢,厌恶之意已生,则去者即去。法律所许,道德无讥,人人皆同,日月常见,乡里无所用其讥评,公府无所用其论议,报纸无暇以道及,知识不以为笑谈。凡人既无隐忍强合之心,即全世界并无离异告绝之事,人人各得所欲,各得所求,各遂所欢,各从所好,此乃真"如鼓瑟琴,和乐且耽"也。或今日虽不续约,而可重订后期,异时再为盟约,譬若故友重逢,亦如胶漆,岂若旧俗一有离异,以为覆水难收,即若仇雠相视哉!既得人权自由之义,尤得人道私合之宜,不特无怨女旷夫之叹,更可无淫情奸案之事。夫奸淫之案,遍于大地,溢于古今,虽有圣王贤吏万百亿千,治道化成,化行俗美,而终无术以弭之者也,盖人情有所不能禁故也。然因欲奸不得,谋诈并兴,暴力交作,或伤害人命,或破产倾家,或邻里相窃,或强弱相凌,或兄弟相残,或父子相争,甚至酿祸株连,蒙以甲兵,被于邦国。淫祸之烈,自古为昭,故往哲畏之,以为大戒。然筑堤愈高而水涨愈甚,蚁穴不塞,卒于溃决。故防淫愈严而淫风愈盛,小若去堤与水,自无涨溃之虞。今世既大同,人人各得所欲,苟两相爱恋,即两订约盟,既遂其欲,复何所奸!若非本愿,则为强奸,乱世平世,刑兹无赦。然是时人得所欲,其事至易,人皆知学,其欲亦澹,亦何为冒犯刑诛为此强奸之事哉！故曰,行期约之事,则奸淫永绝也。

一、婚姻限期,久者不许过一年,短者必满一月,欢好者许其续约。

一、立媒氏之官。凡男女合婚者,随所在地至媒氏官领收印凭,订约写券,于限期之内誓相欢好。

一、女子未入学及学问未成不能领卒业凭照者,不能自立须仰夫养者,不用此权。

此非大同人权自立之制也,以未至大同,姑立此制。盖今旧俗尚多,骤改必多不便,或女子终身受夫男之养而忽弃之,则于报礼不公；或男子疑女子而弃之,亦于生育之事未安。且女子所以能自立者,亦以其学问才识备足公民之人格,故许享有独立之权；若其未能备足公民之人格,则暂依附于夫以得养赡,亦人情也。且使女子欲求得独立之权,益务向学,则人才日增,岂不美哉！

从上所论,专为将来进化计。若今女学未成,人格未具,而妄引妇女独立之例以纵其背夫淫欲之情,是大乱之道也。夏葛冬裘,各有时宜,未至其时,不得谬援比例。作者不愿败乱风俗,不欲自任其咎也。

己部 去家界为天民

第一章 总 论

原父母与子之爱理 夫大地之内,自太古以至于今,未有能离乎父子之道者也。夫父母与子之爱,天性也,人之本也,非人所强为也。今观乎鸟之养其雏也,衔枝而先为之巢,啄虫而亲为之哺,雌雄殷勤,拔来报往;其有羽毛,则教之飞,雌则巢内,雄则巢外;其有人至,则嗷然偕逃;若取其子攲,则旁徨焉,鸣号焉,踯躅焉,其声哀厉而弥长。至于猫犬羊豕,则抱子而乳之,连群咸从其母也;其有强者口衔而手缚其母或子,则跳跃呼号,奋厉啮啄而翼救之。乃至至无知之腊鱼,则亦有母子之亲焉。是鱼也,生于北美加拿大之海滨,腹大如鲤,生子百数十,群从其母出而游泳焉,既则复入母腹而宿焉。昔吾从者尝猎得狨之母子,群狨列树而长号;及将烹其子也,其母号哭甚哀,啮从者之手而俱死焉,吾欲放之而不及也。且夫鸟兽之爱其子也,未闻其子之有以报之也。彼

173

未尝望其子之报也,又未尝计及其子之报也,又非有师学以教其慈爱也,又非有清议律法以迫令爱之也。然而殷勤育子,绸缪切至,其有患难则舍身救之、鸣号哀之者,发于天性之自然,至诚之迫切,真非有所为而为也。此天性也,仁之本也,爱其生也,爱其类也,万物所以能繁衍孳长其类而不灭绝者,赖此性也。若物类无此爱质,则人物之生不育而万类灭绝久矣;故生生之道,爱类之理,乃一切人物之祖也。夫以鸟兽之爱其子、慕其母犹如此,而况于人乎!

原父子所以立 夫人者,知识尤灵而天性尤厚者也。当生民之始,未立夫妇也;其生子也则亦惟母自育之,盖父之传精难识而母之孕体易明。既自分体而生之,其必因类而爱之,故腹育顾复备极劬劳,其爱子也根于天性也,非有教训、清议、法律以迫之也,非望报而施之也。然人道之生难,其养而至于成尤难,须养数年而后能成,其难过于万物远甚矣。且人道之始,求养甚难,保护甚难,母既以一人之力抱抚其子,既须自养,又须养子,实无余力以兼管之;且大兽强人之相逼掠,危患多矣,则不得不借男子之力。于是男子佐女以营养之,护卫之,女则坐哺,男则力作。其子得食既足,护卫有恃,身体益健,比之一母之抱养兼事者,其强弱、寿夭、智愚相去远矣。行之既效,人皆知男女合力,养子易成,展转相师,遂成风俗。至于后古立制,尚有同居继父之丧服至三年,乃至今制及诸方蛮俗,抚育人子备有慈爱者多矣。由此推之,父之于子,不必问其为亲生与否,凡其所爱之妇之所生,则亦推所爱以爱之,推所养以养之,此实太古初民以来之公识公俗也,然实父子之道所以立者也。

太古初民有母无父 夫兽之知有母而不知有父也,以其牝牡相乱,逑匹无定也。昔鲁文姜通于齐襄公而生鲁庄公,鲁桓公曰:"同非吾子,齐侯之子也。"盖夫妇未定,不能确知为吾子,不能确信为吾子,则无所用其爱也。初民之始,男女野合,逑匹无定,或以情好,或以势迫,旋合旋离,不日不月;既离复合,既合复离,风水相遭,无有常者;当此时而怀妊也,无有能知其为谁氏子者也,与犬狸之牝牡交乱无以异也。太古草昧,人之生也,惟母育之,虽人亦知有母而不知有父者也。当时固不知有姓氏,若其有也,世世相传,其必以母之氏为氏也。若周室之先,后稷知有姜嫄而不知其父,则以足迹之姬为姓;商家之始,契知有娀而不知有父,则以燕之子为姓;自稷契以上,有母无父之世胄不知历几千年所也。后世虽渐定夫妇,然或当女子稍少之地,一妻而拥多夫,或数人共娶一女,或数兄弟共娶一女,犹以母为主也,是仍有母无父之世胄也。

定夫妇而后家制族制生 男女杂合既久,则有情好尤笃者两不愿离,又有武力尤大者以强勇独据之;交久则弥深,据独则弥专,于是夫妇之道立矣。夫男女者,人之大欲也;当草昧武力之世,以男女无定之人,因争女而相杀者,不知日凡几矣。后圣有作,患人之争,因人之情,制礼以崇之,凡两家判合者以俪皮通其仪,为酒食召其亲友而号告之,高张其事以定其名分,为使人勿乱之也,于是夫妇之义成矣。

夫妇既定,则所生之子,深信其为吾子也,则慈爱之、保养之弥笃矣。及诸子并生,虽有男女先后,皆为一父之子也,号为兄弟;同育于一室,同居于百年,同食同嬉,同歌同悲,父母同爱之而诸子同依之,父子、夫妇、兄弟立而家道成矣。

兄弟复结夫妇而生子则为孙,子孙各有夫妇再生则为曾玄,群从各有夫妇而生子则为族属,于是族制成矣,然其本皆自一父母为之。然夫妇不定则父子不亲,故有夫妇而后有父子,夫妇立而后父子亲。故族属万亿,皆自父子来,实皆自夫妇来也。

论人禽爱力之别即强弱之别 夫夫妇、父子、兄弟既出于天之自然,非出于人为之好事,虽禽兽且然。但人之知识多,能推广其爱力而固结之,禽兽之知识少,不能推广其爱力以为固结,甚且久而将固有之亲爱而并忘之,人禽之所异在此也。故人能由父子、兄弟而推立宗族,禽兽久且并母子而不识之,人因爱家族而推爱及国种,故愈强愈大,禽兽并父母兄弟而不识,故愈独愈弱,人禽之强弱在此也。其推爱力愈广,其固结愈远。由此推之,故合群愈大,孳种愈繁者,其知识最大者也;其推爱力不甚广,固结不甚远,则合群不甚大,孳种不甚繁者,其知识不大者也。

论万国有人伦而族制莫如中国之盛,故人类最繁 凡大地各国,无论文明野蛮,皆有夫妇、父子、兄弟之伦,然或仅知有父子、兄弟,或仅知祖、父、子、孙、伯、叔父、再从兄弟。即欧美文明,亦率知至曾祖以下而止。印度宗教至古,知高祖矣,然无祠庙以合族尊祖。人既无祠庙,其坟墓也于子祭,于孙止,子迁他所则祭亦止,故问高祖以上之族属则亦不知矣,问高祖以上历代之名字亦不知矣。举地球万国之政教,其能敬宗合族，上数者至知百数十代之世传，旁通者至能合亿万千之族众，其崇祭千数百年之祠墓而以尊祖合群，其聚处一姓有万数千人以敬宗收族。故一族姓之中有谱以纪之，如国史；有族长、房长、宗子以统之，如君长官吏；合族各房有公产祖尝，则公举人管理之；有养士兴学之典，有恤孤寡贫老病丧之举；其远游异国或异地，必相收恤。若新宁陈、李、余、黄，则在美国且有会馆焉，其自治自收之法如小国然。盖大地族制之来至远，而至文、至备、至久且大，莫如吾中国矣。故中国人数四五万万，倍于欧洲，冠于万国，得大地人数三分之一，皆由夫妇、父子族制来也。此皆孔子之为据乱制者也；善于繁衍其种族，固结其种类，无以过之，此孔子之大功也。故欧美人以所游为家，而中国人久游异国，莫不思归于其乡，诚以其祠墓宗族之法有足系人思者，不如各国人之所至无亲，故随地卜居，无合群之道，无相收之理也。盖就天合夫妇、父子、兄弟之道而推至其极，必若中国之法而后为伦类合群之至也。

论因族制而生分疏之害　虽然，有所偏亲者即有所不亲，有所偏爱者即有所不爱。中国人以族姓之固结，故同姓则亲之，异姓则疏之；同姓则相收，异姓则不恤。于是两姓相斗，两姓相仇，习于一统之旧，则不知有国而惟知有姓，乃至群徙数万里之外若美国者，而分姓不相恤而相殴杀者比比也。盖于一国之中分万姓则如万国，即有富且仁者捐祖尝、义田、义庄以恤贫兴学，亦只荫其宗族而他族不得被泽焉，于国人更无与也。其他或分乡、分县、分省以为亲，同乡、同县、同省则亲之，异乡、异县、异省则疏之。故自宗族而外，捐舍之举，为一县者寡矣，为一省者尤寡矣,至于捐巨金以为一国之学院、医院、贫病院、孤老院者无闻焉;故其流弊,以一国而分为千万亿国,反由大合而为微分焉。故四万万人手足不能相助,至以大地第一大国而至于寡弱,此既大地万国之所无,推其原因,亦由族姓土著积分之流弊也。

论中西有无族制之得失 夫中国祠墓之重,尊祖追远之义至美矣,其不祭祠墓者,是为忘本,至不孝矣,而大地各文明国咸无之。印度则焚其先骸而无墓焉,欧人之于墓,于子礼,于孙止,子他徙则亦止,若祠庙则万国所无也。中国敬宗收族之事至美,族人之所赖矣,然亦万国之所无也;而欧美之以文明称,以强大称,且过于中国也。欧美之捐千百万金钱,以为学院、医院、恤贫、养老院以泽被一国者,不可数也。就收族之道,则西不如中,就博遍之广,则中不如西。是二道者果孰愈乎?夫行仁者,小不如大,狭不如广;以是决之,则中国长于自殖其种,自亲其亲,然于行仁狭矣,不如欧美之广大矣。仁道既因族制而狭,至于家制则亦然。

论有家为人类相保之良法 夫家者,合夫妇、父子而名者也。大地之上,虽无国无身而未有无家者也。不独其为天合不可解也,人道之身体赖以生育抚养,赖以长成,患难赖以保护,贫乏赖以存救,疾病赖以扶持,死丧赖以葬送,魂魄赖以安妥,故自养生送死,舍夫妇、父子无依也。

朋友有至好者,饮食安乐,相从而嬉,以为可寄托矣;至于有死亡、患难、贫苦而相弃矣,甚者或下石焉。若夫妇、父子之亲,则虽遇死亡、患难、贫苦而得相收焉。盖天性既亲,结合既固,相依既深,故休戚共之;富贵则封荫及焉,贫贱则同其糟糠藜藿,刑戮则前古有及于三族者,产业则传之于子孙;故虽欲相弃,乌得而相弃,虽欲不相收,乌得而不相收也!

论无父母之苦　不见夫弃婴乎!无父母顾复则转死于沟壑矣;即有哀而收养者,不过以为奴婢耳;其在文明之国,有育婴堂以收养之,犹可以成人;然稍长即自谋其生,无所怙恃,贱辱甚矣。不见夫孤子乎!依于近亲,艰食鲜食,衣服单寒,执业劳苦而不得一饱,欲学业而不得遂,病无所依;其近亲之忠厚者尚收恤之,苟遇凉薄之人,坐视不恤,则且有转沟壑而为奴婢者比比也。以吾所见,孤女则褴褛零丁,饥寒困苦,鬻为婢妾,终身贱苦;孤子窥学堂而目荧荧,倚门巷而涕零零者无数;虽有仁人,哀兹无告,然实无术以遍周之也。

论父母育子之劬劳　有父母之子女,衣食温饱,起居安闲,学业得遂,疾病得依,煦咻爱抚,食息得时,以乐以嬉。其富者勿论矣,即极贫之人,劳作茹苦以养其子,操作而褓襁,负戴而含哺,典鬻而医药,辛勤而教学,故其子得以成人,得以知学。且夫人之生也,尤难在婴幼之时,肢体不能以运动,手足不能以行持,饥寒不识,便溺不知,衣食不能以自致,疾病不知所以调医,惟呱呱而哀啼,从何而得成岐嶷。此惟父母之爱,抚养顾复,提携育鞠,出于天而不知,啼笑则乐,疾病则悲,穷夜摩抱,卧起劳疲,哺乳引戏,察寒审饥,故得致长大而成人道,备聪明而强体肢。尝观育子之劬劳,盖叹成人之艰难,故父母之恩与昊天而罔极,而立孝报德实为人道之本基也。至矣,极矣,孝之义矣!

论有父子之道人类乃强盛 夫以育婴之劬劳如此,成人之艰难如彼,而人之能长大与否不可知也。殇者固多矣,及其长大,其贤而能报与否不可知矣,不肖而辱累其亲固多焉。以据乱世言之,成人少而殇子多,孝子少而不肖多。即几于成人,又获贤孝,而远游宦学,或牵车服贾,其得事亲之日少矣;或父母忽没,亦不得收其报焉。夫人之情也计报而后施,算之理也必偿而后予,然果如是,则地球十余万万之人类立绝矣。盖母之于子亲腹焉,父之于子传精焉,以其传我类我,故有天然之爱而甘辛勤以育之,未尝计及其报也,虽望其报而皆不必其偿而后予也。子又不多,故人各爱之私之而乃育之,故大地之有此十数万万人,皆由父母有此爱类之私性,辛勤之极功也,不然则人道真绝也。故夫妇父子之道,人类所以传种之至道也,父子之爱,人类所由繁挚之极理也,父子之私,人体所以长成之妙义也。不爱不私则人类绝,极爱极私则人类昌,故普大地而有人物,皆由父子之道,至矣,极矣,父子之道蔑以加矣!

论孝为报德宜重 故父母之劳,恩莫大焉,身由其生也,体由其育也,勤劳顾复,子乃熟也;无父母则无由生,无为育则不能成熟;少丧父母,则饥寒困苦,终身贱辱;普天之下,计恩论德,岂有比哉!夫礼与律皆尚往来,借人一钱者必当偿之,受人一饭者必当报之;借钱不偿,则法有刑,受饭不报,则俗有议。汉高祖入关之约法曰"杀人者死,伤人及盗抵罪",言其报也;谚云"杀人填命,欠债还钱",言其报也;佛法无量劫世所负皆当报之,盖普人世之义,皆以为报也;报者公理之至矣,无以易之者也。受恩之重大莫过于父母,故酬报之重大当责之于人子矣。《诗》曰"欲报之德,昊天罔极",孔子之重孝,以为报而已矣;若不孝者,其律可依欠债不还,科而罪之。

论欧美人子之薄报　然今欧美号称文明者也,其父母之养子教子,劬劳辛勤,无以异于中国也。子自六七岁出就外傅,尚嬉游于膝下;至于十岁后,则就学于远方万数千里之高等大学,从此长于学堂;至于冠岁,皆与父母远矣,父母间两三岁或四五岁至学一省视之;及既出学,则自谋业,自娶妻,与父母不相见焉。其娶妇必别居室,无有与父母同居者。其就业移居千万里外者无论矣,即同处城乡,亦多相去数里,隔日月而一见,有庆会疾病然后诣问。其父母至子妇之室视之,致茶请安,要不过与良朋同耳。至于父老母寡,亦绝无同居迎养之事,无问寝视膳之仪,无疾痛疴痒之义。其子而富贵也,则日赴燕会游戏,仅偕其妇,无有如中国之奉养侍游者。凡群官宴会,人士雅集,无论茶食酒宴、琴歌戏舞之会,其子居官而父母在邻者,其朋游知识日夕延客,皆延其子妇,亦绝无延其老父寡母者。吾亲与一英官邻,彼其有父母也,亲见之如此,而无人议其不孝者。是父母有生育之劳而子无酬报之事,幸而得子之富贵,而宴游欢乐皆不与焉;衰老戚戚,坐视子妇之富贵,欢游宴乐而一切见摈,茕茕寡欢。况鳏寡孤居,无人慰藉,疾病独处,无人抚摩,所见惟灯火,所对惟仆隶,与死为邻,无生人趣;有施无报,亦何赖有子哉!其女生长,不营生业,学成而返,未嫁之时尚依父母;故欧美人之庐,多有及笄之女,而绝少当冠之男。其女既嫁,间或有寡母依以同居,依以为养者,若子则一娶妇后,永无事父母之日矣。一英妇有男无女,尝问我曰:"中国爱女乎,抑爱男乎? 吾意则欲得女而不欲得男。盖男既长则游,既娶则绝,无同居侍奉之道,无迎养欢娱之日,尚不若女。"云云,盖以欧美之俗论之,男诚不若女之亲也。美总统麦坚尼,东定古巴,西定吕宋,可谓伟人矣,其死之遗嘱也,以其遗财二十余万磅尽与其妻,仅以千磅赠其母,此在中土绝无之事,而在欧美之伟人亦如此,盖其俗然矣。且观麦坚尼,一切大会皆与其妻同之,不闻其母与焉。然则生子而作总统,人生之幸事也,然亦何益。若其贫也,亦仅与妻同居而养其妻,其父母虽贫,不之养也。寄食三日则作色,七日则止,否则逐矣。不行则索食费,但推荐假以去之。母之来依尚可去女仆,而令母充女仆;若父则并不能充男仆,故不养也。间或赠以金钱,已为罕睹;虽国律有父母极贫,当分工金之三分致养之,否则国家可代扣之,然罕有行之者也。尝见一英人,父老贫甚,而子妇不养者;又有其父母极贫无聊,依于子妇,父充柴工,母供扫除,子妇自奉华侈,食于上室,而令老父杂仆隶食于下室者。其有令父母登堂馂余,则为孝子矣。故子之富贵,不得从乐,父母贫困,不得迎养,有施无报。然则十年抚养,十年就学,生育备极劬劳,身后与以遗产,殷勤厚施,何为也哉! 及其死也,不过送以花圈,其同地也,时省其墓而止矣,然亦于子视,于孙止,至于曾孙则未闻有视墓者矣。欧美人营业逐利,无远不届,既少子孙常住,又多岁月即迁,无宗族之同居,无祠庙之追远,盖视墓亦不数十年而置之,仅悬遗像以寄相思,亦不过与良朋等耳。此后无春秋之祭,无忌日之思,无孙、曾、云、来之贻，以视中国世传数十，祠墓常修，祭祀常洁，思慕常感者，其去极远矣，其报太薄矣。一欧人闻吾言中国父子之道而极慕叹羡之；一美妇与吾论人伦，谓但须得富，不必子女，有子女无益，反增累耳。吾所识英星架坡两巡抚皆不娶妻；而近年法国妇女皆不愿产子，下胎无算，否则弃之于婴堂者不可胜数。故数十年来法国丁口日少，昔者在四千万外，与德战争时民数过德，方今德人几增半而法人不加，今反不及四千万焉。法美妇人尝语吾已有一子，不再须矣，皆以多子为不可。其薄父子之效可见矣。盖妇女生子，至艰至苦，稍有所误，身命殉之，而收益甚薄，人岂肯舍身命之重而殉收益之薄哉！即父之养子，所费不赀，而有施无报，亦岂情愿哉。故欧美人之死也，多以遗产舍之公。日本昔崇儒重孝，近亦变矣；吾见有名士，母死数日，即去乡至城而为友奔走者，则报亦仅矣。

论欧美薄父母由于重夫妇　夫今欧美之治近于升平矣，然父子之道，何其有施而无报哉，何以知有夫妇而不知有父子如此哉，何以夫妇同乐，而致老父寡母茕茕寡欢，饥寒无养如此哉？推其立义，盖本于自由自立而来。人人既有自主之权，于是人子皆得纵其情好之欲，少则孺慕，长则好色，故父母可离而夫妇不可别也。故制夫妇终身同居之义，其有久离居而不归者，许其离异矣。且婚姻既听自由，男女皆出相悦，人人既有自主之权，妇女必不乐舅姑之压制而人子亦不得不强从，于是父子遂不同居矣。又二女难合，异姓难亲，妇姑勃豀，家多离索，不如仁霜露而相思，隔日月而相见，反能永好，不致伤恩也，故国制亦复听之。

然因是之故，乃至父母贫病而不见侍养，人子富贵而不预欢游。父子既不同居，祖孙更同陌路；吾与欧美人游，寡见有抚其孙者，况曾玄乎！乃至老父寡母，茕独寡欢，穷困无养而亦听之，律以欠借不还之道，义既不完，理亦不公，盖徇夫妇之欲而忘父母之恩，违谬甚矣！

论孝报欧美不如中国，耶教不如孔教　夫人之为道，凡有所施，必计其报之厚薄而后行其恩，凡有所营谋，必计其利之多寡而后出其本，虽父子之爱出于天性，然计人之殷勤育子，盖亦未始不出于望报者焉。睹乎垂老之无依，而有子孙之养者则饱暖得安，无子孙之养者则困穷无告也；睹夫疾病之无聊，而有子孙侍奉者则医药抚摩，无子孙侍奉者则孤苦无聊也；睹夫有子孙富贵者则迎养尊荣，人同敬畏，而无子者则俯无所望也，身后无寄也；睹夫子孙众多，则绕膝满阶，人不敢陵，而无子者则茕独无依，为人所欺也；睹夫子孙传嗣，则祠墓威丽，祭祀久远，而无子者则葬殓无人，祭祀永绝也。故孔子立孝以重报，其亲老不养，亲疾不事，生不尊事，死不祭祀者，则以为不孝，人共摈之。故老父有所依，寡母有所望，贫穷有所养，疾病有所事，富贵得其尊荣，孙曾得其推奉，丧葬赖以送埋，魂魄赖其祭祀，故人咸愿劬劳辛勤，敏于育子；故中国人口甲于大地，惟立孝之故也。今欧美人之养子，亦赖其国律有养子之责，故不得已而养之；假无国律，必皆如法之妇人，无有愿出力以养子者矣。盖养子者三年顾复，十年抚育，十年就学，所费不赀，无其报而为非常之施，无其利而出非常之本，非人情也。故欧美富人之死，多以其千百万之藏施于公家之学堂医院，盖以子亦不亲，既已费无利之大本，岂再甘以一生之资本尽与之哉，盖亦人情之自然也。夫父子天性，岂待国律责之哉！凡律者，皆不得已强人之情而为之者也；中国无此律，而爱子尤挚，育子尤多，而一生所得功业尽遗其子，盖报与不报之异也。或谓人为天生，非父母所得而私也，人为国民，非父母所得而有也。耶教尊天而轻父母，斯巴达重国而合国民，故其报父母亦甚轻也。然报施者天理也，子而为天养育，为国养育，不须父母之抚养，则不报可也；既已藉父母而后能育能成，已受父母莫大无穷之恩矣，而无锱铢之报，非道也。故人子而经父母之顾复、抚育、教学者，宜立孝以报其德，吾取中国也，吾从孔子也。

论中国人孝为空义，罕有力行者　虽然，中国之言孝，亦以名焉耳，安见其能报哉！人之有是四肢五官也，有是体即有是体之欲，此中西人之所同也；有目则好美色，有耳则好听淫声，有口则好美食，有身则好美服，体则好逸，神则好游，弱则好弄，长则好淫。魄有嗜好，魂为所牵，憧憧往来，朋从尔思，稍有金银，日为欲耗，其有不纵耳目体魄之欲而能顾父母之养者寡矣。吾但见纵欲累父母矣，寡见养父母者也，一身之累，所供养如是之众且多也。故少之时为身累甚矣，安能养父母！及其壮有室也，少艾可爱，则供其欢心，子女日多，则营其衣食。其或妻妾繁多，子女林立者，则养之益艰矣；以一人而养无穷之大众，安得赢余以奉穷老之双亲！且中国人营业之艰，亦良苦矣。耕农所入，则常有水旱之忧，其举家饥寒，欲养而无以为养多矣。工资所入，北方率二三金，南省之工则间有四五金者，至才工上品，则十金八金为至极矣。士人就馆，月多三四金者，其举人秀才，多至十数金亦已至矣。若通籍而仕宦京朝，或候补而听差各省，俸薪所入，月仅十数，其有优差，多不过数十金，而舆马、仆从、服食、应酬、租赁所费不赀，自非臕仕优差，大商素封，其能竭其劳力可资孝养者，盖亦无几矣。夫以所入如是之极戋戋薄微也，以如欧美之例，仅养夫妇，然犹不足，即如僧人仅养一身，犹为未丰。然而奉一身之耳、目、口、体嗜欲如此其多，养一家之妻、妾、子、女人口如此其夥，盖欲养而不得为养者比比矣。夫古人之分田制禄及欧美之操工执事，皆量人口之多寡，度支之分量，使其足而后用之，故古人得以仰事俯畜，从容有余，而欧美人足以糊口养家，逍遥自足，然后报恩为乐，强体怡神，所以有生人之趣也。今中国之农、工、商贾既不开利源之路，而执事作工复极得手业之难，虽极力营得之，而工资微薄，致无以厚一人之生，况能责其仰事俯畜哉！故丰年而儿号寒，有业而妻啼饥，寡母倚门而黄馘，老翁曝日而无衣，孝子捧糜啜粥为嬉。以吾所闻，以阳朔之富乡，而五十余家得食饭者只二十余家而已，人道如此，焉得不悲！若其无工可作，无田可耕，闲民游手好赌，而复佚游无度，醉乐而荒，都邑相望，市衢相属，饿莩载道，不可纪录，若是者甚多甚多，岂复能望其孝养哉！以吾乡所见，养父者千不得一，养母而丰泽安乐者百不得一，分其数金之入，令老母安坐而食、饱暖无营者十不得一，其能以一金半金养母，而母复操作助之者，二不得一。而不孝子之穷侈纵欲，不养其亲，或仅私妻子而不养其亲，或困穷无聊不能养亲，或疾病无依致累其亲，或蠢愚无用待养于亲，或妻子林立待养于亲，或妄作非为陷于刑狱，致害其亲，或纵欲负债，鬻田卖屋，致累其亲，若是者举目盈耳，几于十居其七八也。极贫之人或尚少，中人之家则累累皆是矣。试游于都会，入于闾井，听乡谣，比户可忧焉。老妇隆冬无被，乃典衣而疗子孙之疾，老翁白首无裤，乃力作而偿子孙之负；其有子孙众多，壮夫环立，而游手无食，仰于一老，乃至年七八十奔走远方，或为人隶，仰人鼻息，归而哺食其所生息者，盖比比也。呜呼！几见有竭力能报其父母哉！

论慈孝之难易由于意见　吾尝见人之爱育子女，殷殷摩抚，勤勤教养，不假圣贤之教，不待诗书之训，不须风俗之化，不用旁人之劝，不识一字，不行一步，乃至悍妇戾人，生番猺蛮，无不能爱养其子者。至于仰事父母，则经无量圣贤之教育，有无量典籍之言，经许多乡党父兄之责，有无限天堂地狱之劝，而孝子不数见，逆子尚无数，是何故哉？然则人之情，于慈为顺德，于孝为逆德故耶？观人之体，俯首甚易，仰首甚难，岂亦所谓俯畜易而仰事难耶？然则孝乃逆德，非顺德也。尝原天理之至，父母乃施恩于我者，我非父母不得而生，子女乃我所施恩者，非有恩于我者；人情易于报恩而难于先施，宜人皆易孝而难于慈，何以人难于事父母而易于抚儿女乎？此不可解者也。尝推其由，人之于子女，既为所生，则分己身而来，既以爱己身爱之，此爱之始也。人之情，好玩能动少知之物，故猫犬之驯者人多豢之，至有与同卧起者，况于人乎！人当婴孩童幼，笑啼游戏皆有天然之生趣，比于猫犬又为同形，故尤为可爱。近美国有一赁儿会，凡自数月以上至数岁之婴儿，可论日计二三金而赁；夫无儿可弄，犹日出数金赁而弄之，况于所生之子乎！此皆以之自娱,绝无望报之心者,况于既为同类分身之亲,又有将来酬报之望,宜其乐于抚育也。欧美之报少,故人望子亦不切,中国之报多,故望子尤切,此其等差也。若父母,义虽宜报,人亦未始不知也,然以其尊长于己,事当仰体,而形体既分,游学自异,则意见迥多不同。夫天下之至大者莫如意见矣,强东意见而从西意见,既已相反,即难相从;不从则极逆,从之则极苦。虽以生身之恩,然其极反终有不可从者,于是不和生矣,其与儿女之可以教训约束,可以惟意,再不听则怒詈鞭笞之必令从己迥异,一也。又养父母之身尚易也,而父母有诸子女,则必兼爱之,兼爱则必取有余而济不足,则是兼养数人矣;子力薄不能养志者,或难免有吝心,其与养儿之一儿即一儿更无他及者异矣,二也。又养母者尚多焉,以母一身而寡欲;父则或有后妻诸妾,更或他欲,则难供给之矣。欧美人则子须养妻,乃并父母而皆不供养。女则尚有养母者,以同形相抚,则可同室同居,子则并母而不能养,此欧美人所以望女过于子也。然母之养于女而依于婿也,则备极柔和,助其执事,父则有盛气而不能同居;然则其养母也,亦以柔和易制与小儿同耳。即如子之童幼则爱之,至于长大,或有媳妇则父母爱子之心已不如幼少;即孝且才者,已不免疑问横生,甚至家庭决裂矣,其不孝不才不肖者更不具论。人之苦痛莫若生逆子,以绝之则不忍,容之则不可。以唐太宗手定天下,才兼文武,可谓绝特不世之英矣;而以魏王承乾故,乃至自投于床,以刃自刺,何尝必于爱哉!合比而观,孝难慈易,皆因意见之故耳。不能同意见者则不能同处,能同意见者则易处耳。盖处者,处其意见也,非处其身体也。夫妇似以身体同处矣，而中国则限于风俗，欧美则限于法律，不得已为之耳。今法国夫妇之离异者岁月日多，岂非意同则合，意异则离耶！

论家人强合之苦　其在富贵者，或备膳洁瀡，板舆迎养，袍笏戏彩，兰玉盈阶，是近于孝养矣，然如是者亿万不得一人。且亦外观之美者耳，其妇姑同居之不相悦，因细故而积嫌交恶者，殆无有能免者也。夫人性不同，金刚水柔，弦急韦缓，甘辛异嗜，白黑殊好，既不同性，则虽钟郝同居，多不相得。贤者千不得一，而不肖者十居其九，故子妇未必孝，翁姑未必慈。或子妇之不能承欢视色而拂戾悍逆者有之，或因其姑之责备过甚而严酷毒厉者有之，或因女姒叔妹积久生嫌，而母偏听其女，或因甥侄待之未周而老人笃爱其童孙，因此而恶其子妇有之，或因父母有所偏爱袒助，而兄弟娣姒以生嫌妒者有之，或因子妇财物有所私蓄不献，兄弟娣姒隐据自取而生嫌恶者有之，或因子妇各私其子女，分待不均而生嫌者有之，或兄弟贫富不同而不能分多润寡，则父母爱怜贫贱而生嫌者有之，或嫡庶交争，父母所偏爱而生嫌恶者有之，或女贫子富，母欲养济其女而子妇妒吝者有之，或兄弟一荣一悴，或孤寡可怜，或多财多男而相倾争而怒其父母者有之，或有内外孤孙，而子妇不知体慈意怜爱以触其怨怒者有之。凡此皆因缘同居，隙于薄物，米盐琐碎，鸡虫得失，或一言失体，或一事失检，而彼此疑猜，不能情恕，不能理遣，小则色于面，大则发于声，始则诟谇，继则阋墙，甚则操杖，极则下毒。或兄弟相讼，或嫡庶相绝，或嫂叔相詈，或叔侄相怨，或娣姒相倾，甚至妇姑不相闻者比比也,以此丧命自尽者不可数也。昔张公艺九世同居,千古号为美谈,然其道不过百忍;夫至于忍则已含无量怨怒于中矣,不过不发耳。然蓄药者久必炸,积水者久必泻,未有能遏之者也,至于药炸水发则不堪问矣。张公艺之美化犹如是,况其不及张家之化者哉!故凡中国之人,上自簪缨诗礼之世家,下至里巷蚩氓之众庶,视其门外,太和蒸蒸,叩其门内,怨气盈溢,盖凡有家焉无能免者。虽以万石之家规,柳氏之世范,其孝友之名愈著,则其闺阃之怨愈甚。盖国有太平之时而家无太平之日,其口舌甚于兵戈,其怨毒过于水火,名为兄弟娣姒而过于敌国,名为妇姑叔嫂而怨于路人。贤者皆以为骨肉,极力隐忍,弥缝不言,故人不知之,目为德门;愚不肖者则激发而为家祸,延及累世矣。凡此皆源于薄物而酿为深怨者,盖无家无之。若夫兄弟、姊妹、娣姒之中,有性情贪戾、才智谲诈者,造谤兴谗,巧构疑似,致父母相离,兄弟相杀,吾见盖多矣。又有悍妇制姑而绝粒,恶姑凌妇而丧命,或继子不肖据产而弃其继母,后母阴毒私子而陷毒其前子女者,不可胜数。大约童媳弱妇死于悍姑,孤子幼女死于继母,及甥妇依诸父诸舅而凌虐鬻卖者至多矣。都中国四万万之人,万里之地,家人之事,惨状遍地,怨气冲天。虽以数口之家,灶下之婢述其曲折,皆成国史,写其细微,可盈四库,史迁之笔不能达其冤愤,道子之画不能绘其形相,累圣哲经子语录格言而不能救,备天堂地狱变相惨乐而不能化。盖以尧而有丹朱之不肖,舜而有父、母、弟之顽嚚,文王、周公而有管叔、蔡叔,汉惠帝、太子贤而有吕、武之忍酷,既以天合,无可决绝。他若冯敬通之有悍妻,周伯仁之有傲弟,聚群不同姓之女与群不同性之人而必以同居限之，则又室小如斗，房禁如囚；必以同爨限之，则贫富既殊，嗜味皆异，顾此失彼，顺甲忤乙。必使四万万人皆孔、颜为父子，闵、曾为兄弟，任、姒为妇姑，钟、郝为娣姒，或庶可乎！若有一不然，则其怨毒决裂，有不可思议者矣。夫天下安得有孔、颜为父子，闵、曾为兄弟，任、姒为妇姑，钟、郝为娣姒者乎！则是家人无一之能和，亲者无一而不相怨也。其富贵愈甚者，其不友孝愈甚，其礼法愈严者，其困苦愈深，其子孙妇女愈多者，其嫌怨愈多，其聚居同爨愈盛者，其怨毒愈盛。以吾居乡里之日殆三十年，所闻无非妇姑诟谇之声，嫂叔怨詈之语，兄弟斗阋之状；先圣格言，徒虚语耳，求为救度，更无术焉。印度男女之别尤严，父子之亲甚至，一家多室，莫不同居，其居法甚严，其含苦弥甚，宜以为五浊恶世也。婆罗门九十六道及于佛氏，无可如何，乃为出家之法，离绝六亲以求除烦恼。夫佛岂不知绝父母之恩、弃亲戚之好为过忍哉！然烦恼怨毒若此，徒斫丧其魂灵而又不能和其家室，是以决然舍去也，其忍之无可忍而出于此途者，诚以家累至甚而恶世难化也，不然，岂好为出家哉！且何苦倡为出家哉！

论立家之益即因立家而有害　夫圣人之立父子、夫妇、兄弟之道，乃因人理之相收，出于不得已也；亦知其相合之难，乃为是丁宁反复之训言以劝诱之，又设为刑赏祸福以随之，而终无一术可善其后也。非惟怨毒烦恼，无术以善其后而弥缝之，且其立家第　要因在丁相收，而因一家相收之故殃遍天下，并其一家亦不得相安焉，其祖父、兄弟、子孙、妇姑、娣姒、嫂叔亦不得贤焉。以其不贤，故不能同处而生不可思议之怨毒苦恼焉；以其不贤，故谬种流传，展转结婚，而生人皆不得美质，风化皆不得美俗，世界遂无由至于太平，人类无由至于性善，其原因皆由于一家之相收也。

盖一家相收，则父私其子，祖私其孙而已。既私之，则养子孙而不养人之子孙，且但养一己之子孙而不养群从之子孙；既私之，则但教其子孙而不教人之子孙，且但教一己之子孙而不教群从之子孙。于是富贵之子孙得所教养者，身体强健，耳目聪明，神气王长，学识通达矣；贫贱者之子孙无所教养者，身体尪弱，耳目聋盲，神气颓败，学识暗愚；甚者或疾病无医，乞丐寒饿，不识文字，不辨菽麦矣。即有损学堂以教贫子，设医院以救病人，然人人皆当私其子孙，安得多有余财以博施济众乎！若此，则其医院、学堂必不美，即尽美善，其及于众也仅矣。故能捐义田、义庄以惠其族，尚未能及其乡，即能及其乡，不能及其邑，即能及其邑，不能及其州郡，即能及其州郡，不能及其国；即能及其乡族郡邑，不过救死亡耳，何能平等哉！夫以富贵贫贱之万有不齐，故其强弱智愚、仁暴勇怯亦万有不齐；然且富贵少而贫贱多，则有教养者少而无教养者多，强智、仁勇者少而愚弱、暴怯者多。然且大富贵贤哲能备足教养之格者亿万不得一，而极贫贱愚暗、疾病寒饿者十九也，则举国人之被教养之全格者盖极寡，而强智、仁勇之人亦极寡，而愚弱、暴怯者皆是也。且娶妻必于异姓，虽有富贵贤哲之家，能得所娶之必贤乎？其人而贤矣，其传种于父母者，得毋多有异质乎？此凡欧美有家之人所不能免也。若中国富贵之家多娶媵妾，媵犹可也，妾或出于卑贱，其父母之来因则多乞丐寒贱、疾病无医、不识文字、不辨菽麦者矣。夫以富贵贤哲之家而传此极不美之种，则即有强智、仁勇之世种亦将与愚弱、暴怯之种剂分两而化生，而不美之种复大播焉。故有父智而子愚，兄才而弟劣；若其贪吝、诈谲、诡戾之性分播于人人，故父子、兄弟、妇姑、姊妹、娣姒、叔嫂之间，人人异性，贤愚不齐，而恶者较多，几为什九。播种既然，则种桃李而得桃李，种荆棘而得荆棘，乃固然也；及长大后，乃欲稍施教以易之，岂可得哉，况多无教者哉！以此人性安得善，风俗安得美，而家人安得和，是以天下人人受其弊，无由至于太平；而专就一家言之，先受其害，无由至于和睦矣。

论有家则有私以害性害种　且一家相收，既亲爱之极至，则必思所以富其家而传其后；夫家人之多寡至无定，欲富之心亦至无极矣。多人之用无尽而所入之资有限，既欲富而不得，则诡谋交至，欺诈并生，甚且不顾廉耻而盗窃，不顾行谊而贿赂矣；又甚且杀人夺货，作奸犯科，憨不畏死，以为常业矣。夫贪诡、欺诈、盗窃、作奸、杀夺，恶之大者也，而其原因皆由欲富其家为之。既种贪诡、欺诈、盗窃、作奸、杀夺之根，种种相传，世世交缠，杂沓变化，不可思议，故贪诡、欺诈、盗窃、作奸、杀夺之性愈布愈大，愈结愈深，人性愈恶，人道愈坏，相熏相习，无有穷已。且人既有家，即无不欲富，既至亲相爱，责任所在，亦必思所以收养之。夫以一夫之力养一夫，其事易，以一夫之力养众人，其事难；又或境遇阻之，疾病阻之，才智不如，筋力不及，而妻若子女诸孙之饥饿待哺、疾病待医、隆寒待衣者环集也。子女林立，嫁娶逼人，连环迭代，追踵相因，娶媳生孙,膝下成群,人口日众,室屋当增,家人嗷嗷,待于一人。同此俸人,昔羡今贫,何以应之？仰屋而輋,鬻田卖宅,负债累累,烦恼盈前,忧能伤人。况复天灾无时,死亡相因,多哀多思,怀我六亲,丧葬祭祀,耗费无端,力作既穷,夙遘迫人。既馁其气,实伤其魂,困穷交迫,虽有志士,诈谋亦生,或毁廉而丧节,或负诟而忍心,于是苟贱无耻之事,贪污欺诞之行,亦不得已而强为之矣。既一为之后,不得已复再三试之,习之既熟,与性俱移,则为河间妇矣。吾见乡人家富巨万,有子十人,子妇亦十,子女孙二十余人,曾孙数人,然皆纨袴,仰食一老;少为教学,长为嫁娶,月添孙子,日闻医病,年置屋舍,岁哀死丧;田宅尽鬻,垂老佗傺,稍营奸邪,卒无少济,七十穷死,几无藁葬。自乡间所见,如是者不可胜数,皆人羡其多男多寿而彼实为穷忧极苦者也。大率子女愈多者,家累愈重,忧病愈甚,郁苦愈深,改行营邪愈不得已;子女稍少者,家累稍轻,忧病稍少,郁苦稍浅,改行营邪亦可已则已。然都中国之人,四十以后不忧家累,不改行义者,盖亦寡矣;虽有志节之士,激昂于少年,无不易节于晚暮者。孔子曰"及其老也,戒之在得",岂其所好哉？盖有家之故,不得已也。夫以忧郁烦苦之伤魂,则神明斫丧,贪奸欺诈之丧行,则风俗败坏,神明沮则术业不精,风俗败则人心日恶,将欲求太平性善之效,岂不远哉！若业种相缠,世世无已,俗恶业缠,陷溺日甚,从无始来浸渍已深,乃欲于其长大少施美言以教之,欲去无始甚深之性,恶俗浊世之风,是犹杯水而救燎原之火也,必无济矣。且以有家之故,有子安得不养之,有妻安得不收之,不养不仁,不收不义。然以一人而养众人,即竭力以供奉,必不能给者矣。虽有富者,多子则教学不精,饮食不美,医药不周;若贫者则并不能教学,糟糠不足,肌肤不掩,疾病不治,十而八九也。以故体皆羸瘠,面为菜色,身多残疾,耳目不聪明,血气不和平,目不知文字,手不知技艺;虽充人数,有类马牛,驱之奔走,寡有虑谋;甚且鬻为奴婢,鞭笞榜殴,终身苦役,得食无忧。以此传种,愚痴弱柔,若汰种而改良,几无可留,推其原因,皆由以一人养众之供养不周也。

大约都中国之人,托生士家,父母知方,长不饥寒,饮食得宜,衣裳适当,神明畅朗,身体健强,龆龀诵数,童幼入学,得闻圣贤之训,得知古今之事,得闻人道之宜,得操世业之技,此亦据乱世之人格哉,殆万人无一也,则以家之贫富贵贱不同故也。然则想望太平性善之世,岂不远哉! 盖天下为公者乃能成其私,私者未有能成其私者也。

欧美今大发独人自立之说,然求至太平世之人格,实未能也,何也? 以其有家也。有家则人各私其子,吾子则养之,他人之子则不养也,吾子则教之,他人之子则不教也。虽孤贫者有育婴慈幼之院以收之,虽人必入学,孤贫者公家教之,然所教养皆最粗者,又不数年而听就工矣。诸专门学之学费甚重,且非至大都会之大学就学亦不能成高才,贫家多望慕而不得,入小中学而就工矣。疾病虽有医院治之,然粗秽甚矣。伦敦、苏格兰、阿尔兰尚多乞丐徒跣者,意、班、葡贫人尤甚,则其不能尽教成材,尽养无憾,亦可见矣。妇女但依夫为食,日读小说,游戏清谈为事,则其不具人格、徒供玩具可见矣。老贫而寡独者,子女不养之,况无子女乎！欧人少年纵欲，四十已衰，作工则筋力不逮，无人用之，嫁娶则面目老丑，无人许之，穷困凄凉，无人过问，形影相吊，疾病无倚，衣食无托，送死无人，则魂气衰微矣。

既已有家，则不能不为妻子之计；既无公养，则不能不为送老之计。且欧美之风，尤为贱贫而尚富。不幸而贫，则故人犹觌面不识，绝无车笠之谊；若其富也，则国主前席，握手为欢。夫欲富既为人之情，况风俗迫人之去贫而思富如此，则人之所以求富者无所不至矣。既无所不至，则凡诈欺、狡诡、诞伪、争夺、攻击、盗杀亦无所不为矣。英人之业磁商者请吾听戏，既至戏场，则反须吾请之；以美国政体之美，而以风俗尚富之故，乃至多为纳贿杀人之事，其每"博洛"中之屋，众无赖居之，以日行剽劫棍骗为生，其他诈欺相杀之事不可胜数；意国尤甚，欧美多相若也。以此相传，人种之未善可知矣。夫富贵无常，人人可致，婚姻之结，展转相交。夫以贫下恶贱之种，加以诈欺、狡诡、诞伪、争夺、攻击、盗杀之性，恶种相传，递代无已，欲求大同之公，性善之德，其去亦绝远矣。

论有家之害大碍于太平 今将有家之害列下：

一、风俗不齐，教化不一，家自为俗，则传种多恶而人性不能善。

一、养生不一，疾病者多，则传种多弱而人体不健。

一、生人养人不能皆得良地，则气质偏狭而不得同进于广大高明。

一、自生至长不能有学校二十年齐同之教学，则人格不齐，人格不具。

一、人之终身非日日有良医诊视一次，则身体怀疾。

一、人人自生至长不皆驱之于学校,则为无化半教之民。盖人者杂质,须加镕铸冶砺,自始生而镕铸冶砺则易,长后而镕铸冶砺则难。故无家而全归学校以育人,太平之世也;有学有家以育人者,升平之世也;全由其家以育人者,据乱之世也。

一、入学而不舍家全入,则有杂化而不齐同。盖人自为教,家自为学,则杂隘已甚,未有能广大高明纯全者也。

一、因有家之故,必私其妻子而不能天下为公。

一、因有家之故,养累既多,心术必私,见识必狭,奸诈、盗伪、贪污之事必生。

一、有私狭、奸诈、盗伪、贪污之性相扇相传,人种必恶而性无由善。

一、人各私其家,则不能多得公费以多养医生,以求人之健康,而疾病者多,人种不善。

一、人各私其家,则无从以私产归公产,无从公养全世界之人而多贫穷困苦之人。

一、人各私其家,则不能多抽公费而办公益,以举行育婴、慈幼、养老、恤贫诸事。

一、人各私其家,则不能多得公费而治道路、桥梁、山川、宫室,以求人生居处之乐。

故家者,据乱世人道相扶必需之具,而太平世最阻碍相隔之大害也。

论欲至太平大同必在去家 夫欲人性皆善,人格皆齐,人体得养,人格皆具,人体皆健,人质皆和平广大,风俗道化皆美,所谓太平也;然欲致其道,舍去家无由。故家者,据乱世,升平世之要,而太平世最妨害之物也。以有家而欲至太平,是泛绝流断港而欲至于通津也。不宁唯是,欲至太平而有家,是犹负土而浚川,添薪以救火也,愈行而愈阻矣。故欲至太平独立性善之美,惟有去国而已,去家而已。

论出家为背恩灭类不可 婆罗门欲至太平独立性善之美,驱人出家,以离世缘而图清净。然当据乱世之始,人之有身,本之父母生育教养而来,又人之传后,必待男女交合而得。夫贷人财物,犹当偿之,况恩莫大于生育教养乎! 受罔极之恩而未尝有分毫之报,忽乃逃而去之,以自谋清净,此与负万亿重债而分毫不偿,乃挟人财,逃之他方以夸豪富,其所以为享用富乐,则计诚得矣,试问可乎,国法能容之乎? 吾于佛义之微妙广大,诚服而异之,而于其背父母而逃,不偿凤负而自图受用,则终以为未可也。且夫大地文明,实赖人类自张之;若人类稍少,则聪明同缩,复为野蛮,况于禁男女之交以绝人类之种! 若如其道,则举大地十五万万人类之繁,不过五十年而人类尽绝;百年后则大地内繁盛之都会,壮美之宫室,交通之铁路电线,精奇之器用,皆废圮败坏,荒芜榛莽,而全地惟有灌木丛林,鸟兽昆虫,纵横旁午而已,是不独不可行之事,亦必无之理矣。夫以文明之世界,何必让之与鸟兽草木哉! 虽有无递嬗,成坏相乘,他日大地亦必至此境,而今日文明之世胄,何事速速驱之入此破坏空虚之境哉! 是预忧婴儿长成之烦恼而先坑之,预忧胎生出世之烦恼而先落之也。以此为仁，是或一道也，非天下大众公共所许也。

论去家有天下为公之良法　夫既欲去家而至太平，而又不忍绝父母夫妻以存人道，然则何道以至之？康有为曰：赴之有道，致之有渐，曲折以将之，次第以成之，可令人无出家之忍而有去家之乐也。

康有为曰：人非人能为，人皆天所生也，故人人皆直隶于天。而公立政府者，人人所共设也；公立政府当公养人而公教之，公恤之。

公养之如何　一曰人本院，凡妇女怀妊之后皆入焉，以端生人之本；胎教之院，吾欲名之曰人本院也，不必其夫赡养。

二曰公立育婴院，凡妇女生育之后，婴儿即拨入育婴院以育之，不必其母抚育。

三曰公立怀幼院，凡婴儿三岁之后，移入此院以鞠之，不必其父母怀抱。

公教之如何　四曰公立蒙学院，凡儿童六岁之后，入此院以教之。

五曰公立小学院，凡儿童十岁至十四岁，入此院以教之。

六曰公立中学院，凡人十五岁至十七岁，入此院以教之。

七曰公立大学院，凡人十八岁至二十岁，入此院以教之。

公恤之如何　八曰公立医疾院，凡人之有疾者入焉。

九曰公立养老院，凡人六十以后不能自养者入焉。

十曰公立恤贫院，凡人之贫而无依者入焉。

十一曰公立养病院，凡人之废疾者入焉。

十二曰公立化人院，凡人之死者入焉。

夫人道不外生育、教养、老病、苦死,其事皆归于公,盖自养生送死皆政府治之,而于一人之父母子女无预焉。父母之与子女,无鞠养顾复之劬,无教养縻费之事。且子女之与父母隔绝不多见,其迁徙远方也并且展转不相识,是不待出家而自然无家,未尝施恩受恩,自不为背恩,其行之甚顺,其得之甚安。

或曰:父母于子天性也,舍去非天理也。然今法、美、澳洲私生子多矣,日本岁亦八十万,孔融所谓"父母于子,为情欲来耳";男女自由后,则私生子必多。即合天下计之,亦贫贱不能教养子者多,富贵能教养子者少,从多数决之,盖必愿明归公养者多,故必天下为公而后可至于太平大同也。

第二章 人本院

生人之本,皆在胚胎,人道之始,万化之原也。世之言治者,曰明其政刑,又曰修其法律,未尝教人,而多为法网以待其触,是以罟待兽,以网待鱼也;此真据乱世之治矣,孔子所谓"民免而无耻"也,其距性善之平世不可道里计矣。其进而言教者,知人道之治,风俗人心为先矣;则谆谆于教化,摩之以仁,渐之以义,示之以信,齐之以礼,劝善惩恶,崇节尚耻。若后汉之俗,束修激厉,志士相望,亦近于化行俗美矣,然其实数不过一二士大夫儒生之向上者耳。即贼畏贤人,鬼读书,其于国人分数不及万一,其去大同之世,人人性善,不待劝惩,不待激厉,其相去不可道里计矣。即汉宋盛时,讲学大兴,授以诗书,被以礼乐,人研义理,家守礼法,然皆负笈而从经师,闻风而赴讲会,皆在冠岁壮夫之时;至是受教,即使兴起,而未学之先,子张之为驵骏,子路之冠鸡豚,周处之断弛,戴渊之盗贼,其含根已多,发芽必甚;况其家庭之习惯,乡邑之风尚,国俗之濡染,浸渍已久,安能以一日之学而拔之哉!自非豪杰,罕见成德。即如曾子之日省,赵抃之夜夜焚香告天,如耶氏之早起夜卧必祈祷忏悔,佛耶之每食必祝,时时拂拭,勿使惹尘,然诚切省身实少,况有时决裂者哉!凡物质已坚壮,难于揉屈,故长大而后教,气质强盛,难以变化。故皇甫湜教子乃至啮肩,拔剑而逐苍蝇,着屐而踏鸡子,即薛煊居敬之笃,而二十年不能治一怒,谢上蔡之高明,而七年不能治一矜,朱晦庵之贤,而张南轩谓其气质褊隘,以兹大哲,熏以多贤,而气质难变如此,何况中人以下哉!故曰"少成若天性,习惯成自然"也。若今日欧美学堂,童幼被教,章程精密,然教艺而非育德也。且教之有生之后,气质已成,见闻已入,知识已开。夫脑者,天下之至善居积者也,一有所感于外物,终生受之而不忘,遇事逢时,萌芽发扬。贾谊曰:"习与正人居之不能毋正,犹生长于齐不能不齐言也;习与不正人居之不能毋不正,犹生长于楚之地不能不楚言也。"今生于恶浊乱世人相食之时,而童幼交于闻见,习为故常,种此恶核而欲果之良美,安可得也!以此而欲至太平性善之世,亦犹欲北而南其辙也,无至之日矣。昔之人孔子乎,渊渊深思,盖知之矣,故反木溯源,立胎教之义,教之于未成形质以前。令人人如此,普天如此,则受气之先,魂灵之始,已无从染恶浊矣,源既清矣,流自不浊。必如是乃可至性善,乃可至太平。惜时未至大同,不能人人遵行之也。今按《大戴礼记·保傅篇》曰:"古者胎教,王后腹之七月而就宴室,太史持铜而御户左,太宰持升而御户右。比及三月者,王后所求声音非礼乐,则太师缊瑟而称不习,所求滋味者非正味,则太宰倚升而言曰:'不敢以待王太子。'太子生而泣,太师吹铜曰,'声中某律',太宰曰:'滋味上某',然后卜名,上无取于天,下无取于墬,中无取于名山通谷,无拂于乡俗,是故君子名难知而易讳也,此所以养恩之道。古者年八岁而出就外舍,学小艺焉,履小节焉,束发而就大学,学大艺焉,履大节焉。居则习礼文,行则鸣佩玉,升车则闻和鸾之声,是以非僻之心无自入也。在衡为鸾,在轼为和,马动而鸾鸣,鸾鸣而和应,声曰和,和则敬,此御之节也。上车以和鸾为节,下车以佩玉为度,上有葱衡,下有双璜冲牙,玭珠以纳其间,琚瑀以杂之,行以《采茨》,趋以《肆夏》,步环中规,折还中矩,进则揖之,退则扬之,然后玉锵鸣也。古之为路车也,盖圆以象天,二十八撩以象列星,轸方以象地,三十辐以象月,故仰则观天文,俯则察地理,前视则睹鸾和之声,侧听则观四时之运,此巾车教之道也。周后妃妊成王于身,立而不跛,坐而不差,独处而不倨,虽怒而不詈,胎教之谓也。成王生,仁者养之,孝者褓之,四贤傍之;成王有知,而选太公为师,周公为傅,此前有与计而后有与虑也,是以封泰山而禅梁甫,朝诸侯而一天下。由此观之,王左右不可不练也。"

今人本院专为胎教以正生人之本,厚人道之原:

一、胎孕多感地气,故山谷崎岖深阻之地,其生人多瘿瘤突额,锐颐黄黮,无有丰颐广颡者;其人性褊狭,锐眼重性,深阻险僻,寡有光明广大者；水泽沮洳之地，其生人多柔质弱态，润色靡颜，鲜有劲骨雄魄者；其人性多委靡卑湿，曲折柔脆，寡有刚直贞固者；其他岩石荦确，原陵衍隰，皆可以此而推矣。故都邑之地，广原厚土，乃有丰颐广颡，白皙明秀者，此华土之大概也。若非洲人之黑面银牙，尖腮斜面，脑后颐前，固由传种，亦半由生长热地，居住山谷致之也。南洋诸岛，地近赤道，华人英人来此，居之岁月，皆为疲损，色变黄黑；又汗出太多，聪明亦减。若印度万里平原，多热少水，故人被日光，积成黑面，目多圆突；其英人久居于是，传至子孙，面变黄蓝；华人之杂婚传子于是者亦然；岂非地气使然哉！若加拿大地当五十度，落机雪山，日照于面，故华人生子多红白明秀；欧洲各国地近寒带，故多白；南意大利、葡萄牙、西班牙在三十余度，地在温带，故面色稍黄；是皆地气所感成。然则犀角端盈与顽邪穷固，皆地所关，而天下之人皆出于胎，胎生既误，施教无从。然则胎教之地，其为治者之第一要欤！

今欲定胎教之地皆立于温冷带间，以受寒气而得凝固，得红白而去蓝黑，以为人种改良之计。

环球热带，地方无数，妇女无数，岂可尽遣之冷带中，此岂可行之事哉？然此不过今日电学未精，道路未通，国土各限故耳。若在大同之世，国土同一，电汽极精，飞船满空，则自热带之初度至温带境不过五千里，以美国力今汽车一小时可行二百七十里，则一日已逾五千里，况千数百年后，五千里路不过一二时可至，如枕席上行，如门户之中游耳。且热带地之文明而广大者莫如印度，横北皆有雪山可移居；若澳洲近赤道之人皆移于雪梨、坤士兰、纽西兰之境；非洲之人移出沙漠之南，或迁入欧洲之北；南洋诸岛，蕞然无几，亦自有高山可居；但须少待，以渐移徙，不能速成之耳。若惮于迁移，留此恶种，存此黑色，终为黄白人所不齿，是人类终不能平等，而进化必不能至大同也。兹事虽大且难，然必当决行之。故此热带之地，只可为耕牧之场，决不可为生育之地，并不可为学校之地，必使生平年逾二十，自谋生计，始许来游来居。此义关平等甚大，必决少弃此地，然后大同得行也。

一、院地当择平原广野、丘阜特出、水泉环绕之所，或岛屿广平、临海受风之所，或近海广平之地，次则远背山陵，前临溪水，又次则高山之顶及岭麓广平者。若不近海，亦必营之于江河原隰之地，远山而有土气，近水而无湿蒸。凡崎岖岩险，荦确崚嶒，壑谷褊隘，幽闭遮压，狭窄锐曲，皆所力戒而舍弃之。选择极奇，位置极精，务令多吸天气，多受海风，则生人乎必多丰颐广颡、隆准直面、河目海口者，尽为高加索人相矣；其性必能广大高明、和平中正、开张活泼，而少险诐反侧、悲愁妒隘者矣。

一、院数之多寡，量人数以随时酌增。

一、有司皆以妇女曾业医者充之，由众公举其仁慈智慧尤深者，其员数、俸数随时视人数多寡公议。

一、妇女有孕，皆应入院；其孕之月数多少乃入院，随时由医生公议。然世愈太平，则教养愈密；其始平世或六月乃入，其中平世则三月乃入，其极平世则有孕即入，略可因世之进化、养资之足否以定之。

一、有孕之妇入院后，自以高洁寡欲、学道养身为正谊，虽许其与诸男子往还，若其交合宜否，随时由医生考验。生产之道与交合之事碍否，及与一男之交合若众男之交合碍否，或定以月数，或限以人数，务令于胎元无损，乃许行之，否则应公议加以禁限，以保人元胎本。夫大同之道，虽以乐生为义，然人为天生，为公养，妇女代天生之，为公孕之，必当尽心以事天，尽力以报公，乃其责任。妇女有胎，则其身已属于公，故公养之，不可再纵私乐以负公任也；若纵私乐以负公任，与奉官而旷职受赃同科矣。

按妇女以生人为大任，故公政府尊崇之，敬养之；既有胎矣，则奉职之时，非行乐之时矣。奉职者在端恪奉公，欣喜欢爱，中正无邪，情欲之感无介于仪容，燕私之情不形于动静，无爱私愁感以乱其中，生子乃能和平中正。若有私交，则有爱私愁感、缠绵歌泣、死生忧患、得失变乱感动其中，则胎孕感之，必不能和平中正，而亦有爱私愁感、忧患得失乱其矣。即大同之时无此诸患，而死生、得失、变乱亦难尽泯，则其人德必不和、性未尽善，此事所关在人种，即与大同太平有碍，故万不能纵私乐以听之也，故以正义必当断其交合。然十月绝欲，人道所难，特恐因此无欢，纷纷堕胎，反为大害；稍徇其乐欲，许以他物代之；必不得已，则于怀胎可交合月内，不许易夫，以专笃其心志而不乱杂其情思。然若其夫有疾病、死丧、忧患，官应断其往还，并许易大以节其忧感，盖万法有弊，斯亦不得已之道也乎！

一、孕妇代天生人，为公产人，盖众人之母也。况既无将来有子尊养之望,而有怀胎生子之苦,又须节欲谢交,乃一极苦难之事,公众宜为天尊之,为公敬之。故当立崇贵孕妇之礼,凡孕妇皆作为公职之员,故得禄养,贵于齐民。凡入院之孕妇,皆当号为众母,赠以宝星,所在礼貌,皆尊异于众焉。盖大同之世无他尊,惟为师、为长、为母耳。而师长无苦而母有苦,故尤宜尊崇其位,在大师大长之下而在寻常众师众长之上。至既生产后,则如官满闲散者,在小师小长之下,然犹在众人之上。于诸产妇之中,又以多孕者为上,每一孕得一宝星,可以众母宝星之多寡为位次之高下焉。但生后免职之宝星,其带较短小于在孕本职之时,以示别异。既有堕胎之严禁,又有产子之荣章,两者相辅,庶几人乐有子而人类得繁乎!

一、院中医者皆用妇女为之。

一、孕妇每日有二医者晨夕察视二次,务慎之于未疾之先,令有胎时无使小疾之侵,以弱其体而感其胎。除初入院被疾外,其后孕妇有遘疾者,则罚其医者。其察视次数多寡及医者罚之轻重,随时公议施行。

一、孕妇饮食,由医者选择食品之最能养胎健体而后给之,并各因其人之强弱、精粗、动静以定其多寡之数及消受之宜,每日开单,如给药然。孕妇悉当奉医之命,不得自行率意饮食,其有犯者可微罚之,随时由大医巡视其当否。

一、孕妇宫室,由医者考察其最宜,无有愆阳伏阴之虞,无有引湿闭风之患,无有藩溷秽污之迫。其室外游观之所,楼观高峻,林园广大,水池环绕,花木扶疏,皆务使与孕妇身体相宜,俾其强健。其室更预备产子之时,阴阳寒暑之所合,风日之所宜忌,及山海原隰之别异,务令生产相宜,婴孩相宜,随时由医生考察新理而精改之。

一、孕妇衣服冠履,随时由医生考察其最宜于孕妇身体者,辨其寒带温带之殊,山海原隰之异。若中华缠足,欧西细腰,雕琢人体,既为文明世所不许,而尤为孕妇之大忌。又若欧美行礼之时及跳舞之际,大宴之会,甚至来复日之夜食,大酒店之夜食,皆袒肩露臂,妇女勉强行之,多感冒致疾者,此等弊俗当亦大同世之所无;然若未尽除,尤孕妇产妇之所大忌,所当严禁者也。

一、孕妇既入院后,即离其所业。每日有女师讲人道之公理,仁爱慈惠之故事,高妙精微之新理,以涵养其仁心,使之厚益加厚,以发扬其智慧,使之明益加明。每来复日,又有女保医生讲全体之用,卫生之法,生产之宜忌,育子之良法,使了然自解。则于未产时养生之道,当产时生产之法,既产后育养之方,皆能自得其宜,无所待于旁人,并不必专倚于医者,则其孕育必安,生产必易。今未至太平时,乡僻贫妇不知产学,而得医尤难,富妇亦自不解,而医者不能常侍,故孕育多失,生产极艰,人以为苦事,亦由此也。

一、孕妇为大地众母,为天下传种;种之佳否皆视其母,故当立一女傅教之监之。女傅亦自医出,公举为之,视孕妇多寡而立。一女傅随之出入,同其起居,以傅其德义,化其气质;令孕妇目不视恶色,耳不听恶声,口不道恶言,鼻不闻恶臭,身不近恶人,心不知恶事。使耳目之所染,心知之所遇,无非高妙、仁慈、广大、和平、安乐之事;其有异形、怪事、恶色、恶声、刑人、恶言，皆戒不得近人本院。其孕妇出入、游观、宴会，前警后跸；凡有异形、怪事、恶色、恶声、刑人、恶言皆走避，无使有丝毫入于孕妇之耳目以感动其魂知，此为胎教第一要义。尝见吾乡人生子有面分两色者，人皆骇异；究其所由，则以孕妇好看演剧，而剧场有涂面者，孕妇尤为赏心，一念所动，遂如影相之照，深入胎中，乃成着色。盖电气所传，并非异事，故感染之大，未有若胎孕之易者。昔孔子操琴，见猫捕鼠，而颜子惊其有杀心，伯牙志在高山流水而钟子期知之，盖物感于外，即情动于中，情志既动，血气从之，故周于肢体，达于营卫，铭于魂魄，发于梦寐。观童少耳目之所感，即为一生心思之所印，纵使一时不发，触物即生，虽至垂老，随事发现。观夫近世人或噩梦而醒，或死而复生，所见鬼神，多冕旒而髯，金甲而刀，道服白衣，红黑其面，或称阎罗、观音，或号关帝、吕祖，或见有地狱、净土，从未见一欧洲人者；盖说部之所演，庙像之所塑，佛典之所染，积久渐渍，遂为固然也。楚子玉梦河神问取琼弁玉缨，则以古者瘗玉祀神之故；后世以纸为元宝祀神，则鬼神亦索纸钱元宝而已。其他深信丧门神、三煞者，其人即有所遇，若不信者，亦复无之。有见说部猫犬仇者而畏之，后误杀猫犬，病果患猫犬仇之而死。盖梦魂知气之与胎，皆为气质所传，感入正同，故父母之性情，子女多肖之者。以晋太子遹之聪明，其母谢贵嫔为屠家子，于是太子遹亦好屠肉，宫中作市而自卖之，亲自论斤播两。尝见孕妇嗜烟，子生即食烟，止之即病，三月而烟瘾日重。又见族人妊子而毁改室墙，子生而死，额有毁改红迹。又见其孕母闻雷而惧者，其子闻雷及炮一切响声皆战栗。其他产蛇，产鳖，盖皆因感成孕，故古称履武吞卵而生子，亦非异事也。故胎妊之时，感入最易，其人之好杀者，盖亦其父母怀感杀心而成孕存胎有以致之。自馀一切贪心、淫心、诈心、怒心、畏心，其蓄之甚深，好之成僻者，亦皆由其父母怀感此心，传种入胎，浸渍使然。盖下种一误，此根遂生，身有生死，魂无变易，展转传染，无有已时。故传种养魂，母仪胎教，实为人道无上无始之义；不于胎妊时拔其根本，及质形既成，乃思矫易，欲有以教之，治必无当也。故母仪既教之学校之先，更敬慎之于既妊之后，不使物感情移而误其胎元也。

一、孕妇入院之后，必有所佩，佩皆作冲牙，相触成声，锵鸣协和，必中乐律，若古者行中《采荠》、趋中《肆夏》之义。若脑中须臾不和不乐，则佩声不谐，体中斯须不节不文，则佩声不谐。其有跳舞之事，弦歌之雅，登高临深，坐作进退，出入周旋，嬉游走舞，皆由医生体察，加以节度，务令四肢百体、血气心知，皆由顺正，皆由中和，则胎感所被，亦无非顺正中和者矣。

一、院中所读之书，所见之画，凡有异形怪事、恶色恶言及争杀贪诈、诡伪奸偷、邪说淫论，皆不得藏。故于群书之中，皆当别编，选其高明超妙、广大精微、中和纯粹、仁慈慈惠、吉祥顺正以及嘉言懿行，足以蓄德理性、兴起仁心者，号为《胎教丛编》。至工艺学之中，若天文、乐律、图画，最为有益，其馀凡与胎无损，乃许学习。其他用精人过或与胎不宜者，虽所素业，亦当禁断。院中所读所学，皆有禁限，不得逾越。盖孕妇如当官奉职，皆有职守，入院之后，以养胎为宗旨职业，其有碍此宗旨职业者,皆可不行也。

一、孕妇出游,女傅皆当监察,其有异形怪事、恶言恶声之地,皆不得往;及机器厂之震动,兵器厂之伤生,皆不得往。

一、孕妇交游之人,女傅皆当讥察,其有不正之业,不正之人,其有恶言相闻,恶事相告,固禁之于院中相见之时,亦禁之于出游过往之日。甚者则女傅可暂断其交,俟产子后乃听往还,大同世实无恶声恶事,姑极言之。

一、人本院终日常有琴乐歌管,除早夕某某时停奏外,馀皆有乐人为之,亦听孕妇自为之。盖声音动荡,最能感人,其入魂尤易,故佛氏称清净在音闻。但取其最和平中正者,常以声乐养其耳,必能养性情而发神智。

　　按怀胎之事既人所不便,生子之苦尤人所难堪,禁欲节交固非人心之所愿,离乡入院亦非人情之所乐。既生之后,乳养之时,必须节欲戒行之苦,保抱携持,则有失眠湿坐之苦,种种为累,男子所难。在据乱、升平以笃父子之世,妇女待子而养,待子而荣,所以望于子者甚厚,则所以事于子者最苦,皆所愿乐而不敢辞。又足迹不出户庭,学问不通名理,耳无闻,目无见,则惟风俗之是从而不敢稍萌他念,以不容于众,故虽苦身禁欲,辛劳累年而不敢畏恶也。今欧美自由之风渐昌,平等之义渐出,女权日达,女学日明,美、法国且有为官吏学士者。以自由之故,女嫁既不事舅姑,而子娶必各树门户,子不得事父母,不养父母,欧美人又无坟墓之扫除，庙祠之祭祀，则所以望于子者甚薄而无所待；计自十岁出就外傅之后，多远游学于都会，至冠乃还，则又娶妇别居矣，则所以抚于子者甚疏而无所亲。子之于母既薄且疏，徒以国律所定，父母有养子之责任，故勉强抚养之，然苟无国律，则弃之者必众矣。又女之能学问、能为官者，足以自立于世，不待其子之养，不待其子之荣，而保抱携持之苦，实于为学有大损，故为学之女尤不愿有子，以自累其身体，自损其学问。夫凡人之茹苦冒难者，必计其利息而后为之。夫以无待无亲之物而有大累大损之事，而重以怀胎生子之苦，节欲禁行之难，保抱携持之艰，谁愿为之。故法国妇女多事堕胎，比十年来，英民增至千万，德国增至千五六百万，美国增二三千万，而法国民数且损至数百万。凡万国之民，虽野蛮之国，苟非乱亡，无有不岁增人数者，而法乃岁减，其事大反者，何哉？则以妇女多智，皆乐自由，不愿生子故也。今法国深畏民少，遂悬生子之赏，夫生子有赏，岂不异哉！夫以方今法女之知识，自由之风俗，其与千数百年后大同之世不及岂只千万计，然而今之法女已不愿生子矣。何况大同之世，男女平权，男女齐等，同事学问，同充师长，同得名誉，同操事权；彼男子则逍遥自由，纵欲极乐，无所累，无所苦矣，彼女子之学识、名业、仕宦皆同，岂肯甘受怀胎之累，生子之苦，节欲禁行之艰，保抱携持之难哉！故女权平等、自由大行之后，妇女惟有争事堕胎而已，于欢欲无损，于苦累不受，有超脱自由之乐而无生产保抱之艰，必不肯为十月之劳，任胎妊之重矣。若果如此，则未至大同之世，人种已绝，普地球又复为大草大木鸟兽狉榛之世，繁盛之都邑，壮丽之宫室，精妙之什器，皆废弃，芜没、毁坏、断烂，欲望野蛮之世亦不可得矣。故大同纵欲自由之乐，与佛氏、婆罗门戒淫不嫁娶之苦，其事相反至极点，而绝人种，芜地球，同归于狉榛草莽之世则不约而全同，若交线而合符也。乃知人道全在得中，凡义不能极，南北极地至相远相反，而为冰海则同，亦其理也。故据乱、升平之制，明知其有害而有不得已者。故古俗抑女而不平等，固出于强凌弱之馀风，重子而待其尊养，固出于亲所生之顺势，然各国据乱之制皆因之；义虽不公不乐，然实人类所由繁华，以胜于禽兽而立于天地之故，亦文明所由兴起，以胜于野蛮而成为大国之故，乃进化必经之道而不可已者也。若人食禽兽则极不仁，印度古教戒杀，印人最慈，虫蚁不践，然印人之岁食于猛兽者遂以万数矣。且人之聪明，多赖食肉以充其精气，故能日创新制以改文明，故食兽之暴与利民之仁，适相反而赖以相成，道无一致，体无一面。故立法者难矣哉！扶东则西倒，法立则弊生，故物方生方死，方盛方衰，竟无全理。凡圣人立制，皆顺势以因之，因病而补之而已。夫以同为天生之人，形体聪明之用皆同，而乃尊男抑女，至为不公，至为不平，而岂知尊男抑女之事效，人类赖以孳繁，国土赖以文明，男女平权之事效，人种因以灭绝，地球因以芜没哉！即使人种不绝，而生人日少，则执业任事者不足，为学穷理者更寡，势必政事隳坏，学术断绝，机器缺乏，宫室败而不修，图书焚而不续。夫政事隳，学术断，书器坏，则人类复归于愚。一物不修，则众物牵连而不可行，如机器然，总机坏则群机不行，群机不行，久则生锈而不可用矣。至是则道路不通，不可越山海，则复分为部落之小国以相争战；人类无学，不能知古术，则复化为野蛮之风俗以受苦毒。夫智则必乐，愚则必苦，乃自然之理也。至是时也，强复凌弱，男子复抑制女子而禁其自由，亲其所生，女但望生子而待其尊养，经此部落野蛮之世，又不知经几千年，经几历劫，经几许仁人圣哲创制立法，肝脑涂地，而后渐为一统，渐为升平。不幸则有他星之来触，而地球已粉碎矣；或去日渐远，势力渐少，则生人之热力亦弱，聪明亦微，无复能制作之精美；是大地人类因男女平权之故，人类永无文明之迹、地球太平大同之乐矣，岂不大可畏哉！然若因此而抑女，禁平等自由，于理不公，于事失用，不独非仁人之心，亦非时势所宜也。故太平之世男女平权之后，怀胎产子，实为人种存亡继绝之第一大事，不可不极思良法以保卫之、禁制之也。

　　为全地人种之故而思保全之，则禁堕胎乃第一要义矣，当以为无上第一大禁，视之与杀生长之人尤加重焉，严著以为律，俾人知畏。昔周公之酒律曰："群饮汝勿佚，尽执拘以归于周，予其杀！"饮酒之罪亦微矣，以杀刑施之亦过矣，然当时纣王沉湎之俗，实不得不然也。今大同之世，人皆性善，刑措不用，当废杀刑；然堕胎之禁应以为刑律第一重律。有犯此者，重则监禁终身，充当苦工，谥为不仁，剥削名誉，虽贵太上，罚之无赦，轻则以有胎之月数为监禁之年数，即出监禁，**别异冠服，戴堕胎之章**，人皆不齿，所有为师、为长尊荣之职皆不许充，所有合众、宴会、公议之事皆不得预。悬为重禁，庶几怀胎生子之苦小而监禁不齿之苦大,两相比较,虽无将来之望而深怀刑耻之恐,则堕胎之患庶几可息,而人种之传庶几不绝矣。又有医生日监视其举动,庶几可免。其医生密为堕胎之方,药肆密卖堕胎之药,皆为祸首,罪比杀人,并监禁终身,剥削名誉;或轻减年数,出监后异其冠服,仍戴堕胎之章,终身不齿,所有为师、为长尊荣之职皆不许充,合众、宴会、公议之事皆不得预,悬为厉禁,庶几少免。其药肆则有大医生随时察视,著为炯戒,防察周密。名耻相尚,以兹救平权自由之女,庶人种或可保全欤!

一、众母妊胎时,既日有二医视之,调养得宜,安胎、保胎、养胎自皆有日出新法以安之,令无痛苦,令人无所畏恶之。

一、众母将产时,诊而知之,告之大医生视察,预备产具。众医日所诊视次数,随时议增。

一、本院医生专考求安胎、保胎、养胎及生子最易无苦之新法。其最得宜之法令孕妇怀胎生子绝无痛苦者,予以最荣高之宝星及厚赏。医者别孕妇之长短肥瘦、大小强弱而以方施之,务令孕妇绝无痛苦。考求之学既专,尊荣之赏既重,生理自易,令人无畏。

一、众母将产时,移置产室密静不虞风寒者,一切产儿养儿之物皆备,并设电话线以通大医生室,以随时问话。

一、众母移入产室后,女医看护人即常时看护,其饮食居处,皆女医节度,务合于生产最适宜者。

一、产室应有乐室、书画室及玻璃草木室,以为众母不出门之清娱。

一、接产选医生精于生理学者充之；其十全无缺者，经若干人加俸，再若干人赏荣衔。有不合法或不得成全者，俸金多者削名誉。

一、子生后即有女看护人专为抚视，凡剪脐、洗浴、穿衣皆女医每日亲为之。医者日视数次，随时酌议。其助乳之法或养育之宜，由医者随时考查良方为之。此为生人之始，尤当郑重。

一、本院医生专考求养子之法，壮健之宜，务令孺子壮健无疾。

一、众母除字子之外，皆有一女看护人为之抚视，众母仍可照常听乐、读书、看画。

一、众母产后气血大亏，应急补养；其饮食滋味，皆日有数医诊视，为之节度。

一、产室常有人鼓琴诵诗于将产已产之时，产母未能自由之日。其琴诗之作虽有时亦听众母之所欲；其琴诗旨义，皆仁爱慈祥、恺悌中正、和平安乐之音，不得有不类不祥、不仁不正之言入于其中，俾众母及孺子感入无闲，放于血气，畅于四肢。

一、子生由管院人报知人口吏，每七日人口吏来视新生子一次，院内群医众母抱子于户内，与官行礼，执事人皆集，奏乐诵吉词而为之名，重人之生也。人口吏乃上之本度地方总长。其父知者，听其省视预闻可也。

一、人生之姓，太古从母，以是时知有母未知有父也；后世从父，以父母可并亲，而父尊有力，成族姓也。然不论从母从父，皆因父母所养，其功最大，故当从之。升平之世，兼从父母，为复姓可也；然大同之世，人既皆养于公，父母无殊功焉，不必再从其姓以生畛域。泣父哭母，据乱也;兼从父母,升平世也;舍父母之姓,太平之至也。盖有姓即有亲,有亲即有私,其于天下为公之理最碍矣,故必当去姓。各人本院皆有甲乙号数,每度因人口多寡而设院,院室各有以某日生号,即以某度、某院、某室、某日数成一名可也。

一、子生弥月后,医者诊视强健,乃可减省视次数。然每日犹当二次,因小儿体弱,顷刻变态也。

一、产母生后在乳字之期,为饮食当受医者节度,以乳食为小儿托命,不能少误。

一、产母以何时可出院行游,何时可见客,何时可与人居宿,应否一月或数十日,皆由医者考察最宜施行。

一、产母字子以岁月为期,然后断乳;由医生考定最宜月数,务令孺子得以健全而后断乳,大约多则六月,极少亦须三月也。

一、众母断乳之后,即可出院,一切听其照常复业自由。

一、众母在人本院字子期内,原应不得与男子结约住宿。然恐人性或难,限以几十日或若干月,许其与男子同游同宿。未许宿之先,或只代以机器之男行欢乐,皆由医生考定适宜日数。若断乳时早,则可定于断乳出院时;其在期内者,未便在产院居住,偶留则可。

一、产母既产子后能出门时,一切听其自由,但有赴会饮食宜受医节度。其有未及预知者,归时当报医生;若有损于孺子者,应立加补救。

一、产母出院时,人口官长到院,会同医生,集各官长,奏乐诵赞功词,赠以众母宝星,贫者或以金钱;并以旗帜送之出院,至其住所;或远方则送以汽车，以示荣耀，见者皆为加敬。

一、各看护人皆用女子，其名曰保，由总医生择其德性慈祥、身体强健、资禀聪敏、有恒心而无倦性者为之。其妥否由产母品定，若其不妥，由产母告明司事易人，若被易逐，则减削名誉，终身不得选上职。一年为期，若至断乳时产母出院，称其慈美，即由公赠以慈保宝星以为荣耀。此宝星下产母一等，下育婴慈保二等，与慈幼女保同。凡女子，必须由人本院、婴幼院、医老院之保傅、看护人出身，乃得升上职；未充此职者，终身不得为君、为师、为长。

第三章　育婴院

慈幼院同。慈幼者，自三岁至五岁入焉，
如不设慈幼院，则总归于育婴院可也。

一、凡婴儿断乳后，产母出院，即移送入此院。

一、此院看护者皆女子，以男子心粗性动而少有耐性，不若女子之静细慈和而有耐性也，其名曰保。凡女保皆由本人自愿，而由总医生选其德性慈祥、身体强健、资禀敏慧、有恒性而无倦心、有弄性而非方品者，乃许充选。盖孺子既离产母，则女保有代母之任，其责最大，人类所关，不可不重其选也。

一、女保皆悬有女保字于冠服，见者不论贵贱，皆加敬礼，以其代为众母，非其子而抚之如子，人类所托命，其事至仁，其行至难。盖数月之婴儿，体弱无知，事事皆待于女保，抱持拥卧，哺食矢溺，提携嬉弄，无晨无夕；稍一不慎，即致疾病，竟夜哭啼，终日襁褓，劳苦尤甚。而长大或不能相识，不能知报，无所为而为之，其事尤难。孔子之为子报父母曰，"欲报之德，昊天罔极"，盖以子生三年然后免于父母之怀也，故罔极之恩，不在一日之生而在三年之怀。然则保母劬劳，人类赖以育成，其有大公德于公众，岂可言哉！故宜有殊荣异礼以待之。

一、育婴院择地之精，当与人本院同，或与人本院接近，尤易移送。若地狭难容二院，则可少次于人本院者。然不得在山谷狭隘倾压、粗石荦确、水土旱湿之地，又不得近市场、制造厂及污秽之处。

一、育婴院结构，当择与婴儿最相宜之式，大约楼居少而草地多，务令爽垲而通风，日临池水以得清气，多植花木，多蓄鱼鸟，画图雏形之事物，皆用仁爱慈祥之事以养婴儿之仁心。凡争杀、偷盗、奸诈种种恶物，皆当屏除，无使入婴儿心目中。其为歌乐及教婴儿歌乐者亦然。

一、本院凡弄儿之物，无不具备，务令养儿体，乐儿魂，开儿知识为主。

一、管院事者皆以医生充之，由众公举，在选仁质最厚、养生学最明者。

一、本院婴儿，早暮有医生诊视二次，其衣服若何而宜儿体，饮食如何而适儿度，嬉戏安息如何而合儿神，务令得宜以壮儿体，一切皆由医者节度而女保受命奉行。若儿儿岁月无疾则得赏，儿儿有疾则得罚。其女保不慎者罚女保。

一、小儿有病，每日医生诊视三次，分别其轻重。其重者有常医视无次数，且归大医诊视，以康泰复愈，然后如常。

一、婴儿数月以上者，一人专抚之；其两年以上者，或以一人而看护二三人，随时酌议。

一、子能言时教以言，凡百物皆备，制雏形或为图画，俾其知识日增。

一、婴儿能歌，则教仁慈爱物之旨以为歌，使之浸渍心耳中。

一、婴儿入院后，人口官全集各院行定名礼，为婴儿立名。惟婴儿既经公养，人为全地之公物，非父母所得私有之，不过藉父母以生之耳。公家有宝星以赏其胎产之劳，足偿之矣，既不必从太古之母姓；不须父养，亦不必同后世之父姓也。且凡有姓则有所私亲，各私其亲，势必如广东各姓之互争而相战，此在太古人类自立则赖之，大同之时最忌别异，必当去之矣。

一、知识稍开时，将世界有形各物，自国家至农工商务，皆为雏形，教之制作，则习惯若性。及其长也，贫而谋生，贵而监督，皆熟悉工艺，多能鄙事，行之自然矣。

一、婴儿知识日开，感染不可不慎。故设院之地不可近戏院声伎之地，葬坟火化之旁，作厂、市场、车场哗嚣之所，以慎外感之染而保清明纯固之神。

一、婴幼身体稚弱，不能当祁寒盛热，且魂体未定，感非时之气，既足以变人体貌，又足以夺人神魂，观印度、马来、非洲之人可见。故今冷带五十度、热带二十度以外，皆不设院。

一、女保以二年满任,任满时,若公察看其仁慈尽职,婴儿健长,公赠以仁人慈保宝星,此宝星为第一等者。盖婴儿无母,即以女保代为母而育之,非其所生而爱抚如子,其功德大过于生母也。凡有此第一等仁人宝星出身者,足为仁爱之实据,凡有各上职即当推升。其慈幼院之女保,一年为期,则降生母宝星一等,以儿长易抚也。其有愿再任者,任满再赠仁人慈保宝星。凡仁人宝星愈多者,尊荣愈至,他职推选愈速。

第四章　小学院

凡人自六岁即离育婴院而入于此,至十岁而止。或人智愈开,人脑愈浚,则自五岁至九岁,亦可随时议定。

一、此院司理及教者皆为女子,号曰女傅。所以用女子而不用男子者,以女子静细慈和、爱抚婴儿,而有耐性,有恒心,有弄心,而男子粗强好动,抚婴之性不如女子,又耐性弄性皆不如女子也。故中国古者教子十年乃出就外傅,出宿于外,则十岁以前必用女傅而不用男傅也,今用其义。

一、女傅当选德性仁慈、威仪端正、学问通达、诲诱不倦者为之。以儿童性情未定,小学乃其知识甫开之时,举动謦笑,言语行为,入耳寓目皆以女傅为转移。熏陶濡染,其气最深,人情先入为主,则终身有不能化者。况人道蒙养之始,以育德为先,令其童幼熏德善良,习于正则正,习于邪则邪,入兰室则香,居鲍肆则臭。故人生终身之德性,皆于童幼数年预为印模,童幼习于善良则终身善良,童幼习于邪恶则终身邪恶。有童幼善良而长大变易者矣，未有童幼习于恶而长大能改者矣。故欲造世界于善良，则选女傅最要矣。

一、女傅非止教诲也，实兼慈母之任。以人方幼童，尤重养身，少年身体强健则长亦强健，少年脑气舒展则长大益舒展。又童幼之性尤好跳动，易有失误，盖未至自立自由之时，故嫩稚也，当养之。卧起行游，提携保持，衣服饮食，照料节度，其事极琐，其行极繁，非有至慈好弄之耐心，不能令童儿之身安而体强也。以至出入嬉游，跳舞戏弄，固不可多束缚以苦其魂，亦不可全纵肆以陷于恶。大概是时专以养体为主，而开智次之；令功课稍少而游嬉较多，以动荡其血气，发扬其身体，而又须时刻监督，勿贻非几。故女傅之任至重，其管理人数亦不能过多也。

一、学地当择山水佳处、爽垲广原之地，以资卫生，以发明悟；不得在林暗谷幽、岩洞崎岖、水泽沮洳之处。盖林谷幽暗，不通风气，则养生不宜；岩谷崎岖，则于童子之跳动恐有损坠之患，水泽沮洳，则湿气过感，精神不爽也。儿童当知识甫开之时，尤易感染学习，故孟子之圣，而近学宫则陈俎豆，近墓地则效葬埋，近市则为买卖，故所邻染不可不慎也。故学舍之地，宜远阛阓。第一当远戏馆、声伎、酒宴之地，第二当远坟墓葬所，第三当远作厂、车场、市场喧哗之地，庶使非礼不祥之事不接于耳目，哗嚣杂乱之物不扰于神思，保其静正之原，乃可广其知识之学。至于学室之式，务便养身，多其容率以得气，慎其光射以宜目，酌其户牖以通风，多植花木以娱游。既人无私家，皆出于公，财力既厚，布置合宜，无有今村舍之狭陋尘嚣，无有今城市之秽污恶习，无有家庭之牵累分半,其于蒙以养正之功,进益之大,相去岂啻天壤哉!

一、体操场、游步场无不广大适宜,秋千、跳木、沿竿无不具备,花木、水草无不茂美,足以适生人之体。

一、图画雏形之器,古今事物莫不具备,既使开其知识,而须多为仁爱之事以感动其心,且以编入学课中,使之学习。若夫金工、木工、范器、筑场,既合童性之嬉,即资长大之业,童而熟习,长大忘形,尤于工艺易精也。

一、儿童好歌,当编古今仁智之事,今为歌诗,俾其习与性成。

一、大同世文字语言皆归于一,学之自事简而功倍,自修身、习算、地理、历史外,所有人世普通之学皆当学习,其学类、学级随时议定。

一、学贵以养身健乐为主,盖人生寿命基于童稚也。其时物备课明,一时可抵今人数时矣,故学时可减。其有安息、记念、嘉时、吉日,可肆其游览跳舞,沿树水嬉,无所不可。惟不许为非礼不正之事,见非礼不祥之人。

一、小学之数,以人数多寡随时增设。然盛热之地,人多发汗,使人筋骨缓弱,神思散越,盛寒之地,使人堕指裂肤,瑟缩战栗,血气不流,功课减少,皆于童幼不宜。故冷带六十度以上,热带一十馀度以内,皆不宜设学。若瑞典、那威之和暖当别论。

第五章　中学院

一、凡人自十一岁即离小学而入此学,至十五岁而出学。此时纯为学龄，一生之学根本于是。

一、此学可习高等普通学，各视其人资禀之敏钝好尚以为学级学类，随时增议。

一、入此院时，知识日开，当大同教化美备之时，人类当此，可以比古人十五岁以后，渐有自由自立之志。但身体稚弱，故养体开智以外，又以育德为重，可以学礼习乐矣。礼以固其肌肤之会，筋骸之节，人世相交之道，公家法律之宜；乐以涵养其性情，调和其气血，节文其身体，发越其神思。

一、入此学时，脑气未充，身体尚弱，不能专事于智思，故德性当令养之益熟，知识当令导之益开，有节有度以养其正可也。

一、此学年龄已长，衣服饮食皆可自理，可纯用礼律以绳之，不须再用保傅。故不论男女皆得为师，惟才德是视。导之以正义，广之以通学，绳之以礼法，虽于慈惠之中而多用严正之气。

一、人生学问之通否，德性之成否，皆视此学龄。中学不通，则无由上达于上学及为专门之学，而终身受其害矣；德性不习定，至长大后气质坚强，习行惯熟，终身不能化矣。及夫时过乃悔而欲学，则勤苦而难成，年长乃变而化性，则倔强而难屈。故中学之师，尤当妙选贤达之士，行谊方正，德性仁明，文学广博，思悟通妙，而又诲人不倦，慈幼有恒者，方当此任。全世界之人类才能德性皆系之，岂不重哉！

一、管学总理之人皆由公推，须学行并高，经验甚深，慈爱普被者，方许充之。其分理、助教略同。

一、中学院舍当择广原爽垲近海近沙之地，令基宇极广，可容万数，自食室、藏书楼、体操场、游步园、操舟渚莫不毕备。其专门之学，则自农、工、商、矿凡百实验之事，莫不备具，以备学者游观、玩摩、摹学，故体裁当极伟大，乃足备用；其院舍皆当令与人体相宜。

一、中学之童，年少血气未定，易于感染，凡剧场声伎之所，葬墓、市场、作厂、车场不净哗嚣之地，院舍皆不得近，此以绝邪缘而正思感。

一、中学之童，年少体弱，在寒带则患以祁寒而减功课，在热带则患以盛热而损身体。除冬夏各有所宜外，馀月皆在温带设学。

一、中学之藏书楼，凡中学应用之书器、图画、古物、雏形应皆具备，令学者可一见而博物会通。

一、中学杂列各学，并延群师以资讲习。其最高级者，与今各国大学、专门学殆过之；以其时教治化明，物备时节，又无家累，故人之智慧比今倍蓰也。

一、中学每所可藏万人或数万人。食堂及起居出入，皆有部位，分班序列，俨如军队，大师如将帅，分教如偏裨，小教习如队长。坐作进退、讲习息游皆有时限，衣服如一，望之有荼火之观。人愈多则观摩愈大，众愈积则激励愈深，道德易一，风化易同。其有过失者，终身不容于众，以为愧耻，故亦寡矣。

第六章　大学院

凡人自十六岁离中学而入此，至二十岁而出学，生人之学于是终焉。凡大学皆专门之学，实验之学。盖自十五岁前，于普通之学皆已通晓，至此时则脑髓已通，不待束缚，不事防检，精粗高下，惟志所之，聪敏钝塞，惟人自受。从古贫人，至是时皆不得为学之候，惟大同之世，天下为公，欲成就同类，俾其大成，故令人人有此五年之学。此时之学，于育德强体之后，专以开智为主，人人各从其志，各认专门之学以就专科之师。其学政治、法律则为君、为长，学教育、哲理则为傅、为师，学贸易、种植则为农、为商，学一技、一能则为工、为匠，虽贵贱攸殊，高下迥异，而各禀天赋，各极人官，各听自由，各从所好，分业成能，通力合作，其于利物前民以供公众之用则一也。

一、大同之时，无一业不设专门，无一人不有专学，世愈文明，分业愈众，研求愈细，究辨愈精。故大学分科之多，备极万有，又于一科之中擘为诸门，一门之中分为诸目，皆各有专门之师以为教焉而听人自择。其门目之多，与时递增，不须今日为之预定，至千万年后，其门目之多，牛毛茧丝不能比数。五年之中，强敏者既听兼通数学，中才者亦得妙解一门；虽极愚下之资，笃守一业，亦足以下之自养其身，上之足赡公用，此乃大同仁覆众生之意也。盖自有生以来，十五年中，同为世界之人，无一人之或富或贫，或贵或贱，同育公家，同学公学，无家可恃，无私可恋，无累可牵，无德可感，无游非学，无群非学，齐驱并进，无却无前，万千并头，喁喁向上。虽欲不学焉，有引于前，有鞭于后，尤由有失学者矣，人固无不德性齐一，学识通明矣。及其入大学也，资格五年。重念二十出学之后，上无公家之养，下无父母之畜，欲不发愤而成学业，将立为饿莩矣，否则入恤贫院而为苦工，名誉全削，终身不齿于人类矣，此又中人以下所不甘者也。况导以善诱之良师，夹以万千之侪辈，耻心既激，循序可升，虽极顽钝之资，无有不成之材矣。今天下子弟之无赖，人才之不成，至于老无一能，终身穷饿，寡廉鲜耻，或为盗贼而就刑戮，此固其人之愚不肖，亦由治教未备之所至也。或其少失父母，无人教化；或因穷不得学，不识之无；或学仅岁月，不能通艺；或父兄椎鲁，乡曲愚鄙，不知所教。假有家富能学，父兄为都士，知所教，教学能至弱冠；然其间濡染家庭市井都邑之恶习，费去家事、疾病、送死、吉凶、祭祀之间日多，有贫贱、死丧、困苦、哀伤之感情，而无公家园舍、园囿之精洁广大，无歌乐、图画、书器、雏形之美备欢乐，无万千齐驱并进之策励，无学级、学类、良师、益友之教导观摩，其间相去，何啻天渊。故必行大同之道，而后人人为有用之美才，人人为有德之成人也。

一、大学分科五年之中，虽有事于虚文，而必从事于实验，若学农必从事于田野，学工必从事于作场，学商必入于市肆，学矿必入于矿山，学律则讲于审判之所，学医则讲于医病之室。故虽讲极虚之文字，亦寄之实验场、试于经用而后可信，百科皆然。故学成皆有用之才，无不效之业，惟其所分门目愈细，故试之实验愈周，不似统括大概之学得以虚文高论也。

一、大学院舍，不能统一并置一地。譬如农学设于田野，商学设于市肆，工学设于作厂，矿学设于山颠，渔学设于水滨，政学设于官府，医学设于病院，植物学设于植物院，动物学设于动物院，文学设于藏书楼，乃至冰海学设于近冰海之地,热带学设于热带之地。盖大学专为世界有用之学而设预备之方,考求之用,故其学舍不在内而在外,不统一而分居,乃所以亲切而有用,征实而可信也。

一、大学之师,不论男女,择其专学精深奥妙实验有得者为之。大学之教,既以智为主,此人生学终之事,不于此时尽其知识,不可得也。大学亦重体操,以行血气而强筋骸;大学更德性,每日皆有歌诗说教,以辅翼其德,涵养其性,而所重则尤在智慧也。

一、各大学皆有游园,备设花木、亭池、舟楫,以听学者之游观、安息、舞蹈。

一、大学衣服皆同式,饮食皆同时,人数万千,部署整肃,当若军法。自食室至讲堂、操场,进退出入皆有部伍;有大师为司理人,统之如将帅,分教如偏裨,小分教如队长。大同之世,每一院如一小国,学者即其人民,教习司理即其公、卿、士夫也。

一、二十岁学成,给卒业证书而出学,听其就业。其至是资钝未卒业者,不给卒业证书,亦令出学,公家不能养之,听其就业。

一、大学各师及有司人,于学生成材者,开其学行,荐于各业公所,而各业公所择而聘用之。

一、大学卒业后,其尤高才者,或有精奇之思,博综之学,或著新书有成,或创新学独出者,由大师几人公同保荐,除就业一年外,公家特给学士荣衔,别给俸禄三年以成其绝学。

一、二十出学后,若无人延用,则俯就贱业;若贱业亦不可得,则就恤贫院，以苦工代食，为人不齿。

第七章　恤贫院

一、凡人无业，无所衣食者，许入此院，公家衣食之。

一、凡入恤贫院者，须作苦工；官监督其作工，出入定有时限，各就所能者为之，不能者教之。

一、凡入恤贫院者，亦有安息游观之时，亦许出游，但有时限。

一、凡入恤贫院者，鬻其作工之金以养之，其不足官为给足，其饶溢官别赏给之。其勤而精美者奖之，惰而粗者罚之。

一、恤贫院内有教导之傅，有劝善之师，有疗疾之保，日集而讲善二次，医者视身体一次。

一、恤贫院衣服粗恶，仅足饱暖，室宇低隘，但不污秽而已。

一、恤贫院小有园囿以供作苦工后之游观，亦有体操场以供工人之体操，其他秋千、蹴鞠、玩器、书画亦皆薄具。

一、凡入恤贫院，皆别具衣服以耻之；若其再三入院，则以衣服之色别之，令人不齿。

一、凡二十岁新出学而入院者，不别衣服；惟经一年不出院者，亦具别服；若再入者，与众人同。

一、凡再入恤贫院者，削除名誉，后此不得充当为师为长之职。

一、凡三入恤贫院者，人不与齿，宴会不与。

一、入恤贫院而精勤寡过者，三月以外，考验其性情属实，管理人得具保结而荐之。

一、再入恤贫院者,若同院上下皆称其精勤寡过,院长联合几人公保,得复其名誉职。

盖大同之世,既有公产,人不患无所养,则有恃无恐,然则人之大恶至于懒惰,乃入恤贫院,故必须重罚以惩之,以劝勤也。"民生在勤,勤则不匮",此大同之公理。

一、四入恤贫院者,罚作极苦之工。

一、五入恤贫院者,移至圜土七日以辱之;其一次入则增入圜土七日之数。盖累过不悛,宜加禁辱,以令其有所惮而思改也。

一、恤贫院司理之人,由其地公举仁慈而善教诲者充之。

一、恤贫院有报,述本院之事及入院之人事,并称述天下古今善行博物,以教育院人,即以院中文人充撰述也。

第八章　医疾院

一、凡人有疾者入此院,医者视其疾之轻重而善待之。

一、每日医生到各人家诊视人一次,治之于未病之先,全地皆然。是时人体强壮,则疾病亦甚少,然不能无。有疾者,许其停工入院居住医治,所有药费医费皆公家所出。

医院皆选良医,尤精艺术者主之,群医皆集。盖每日诊常人之医生,可属寻常之医者,其来院者则或有奇难之症,故必精选名医乃能胜任。

一、医院构造，务于养生之理备极得宜，其园亭水竹、花木鱼鸟足以供清娱者，皆极美备。有高转之秋千可吸空气，裀褥帷幔皆精软，床榻几案皆有音乐，听病者伸手屈足，触动机关，乐音即起，足以为娱。其各处戏院皆有电话相通，可以高卧而得清音，在在可以怡悦病者之身心。

一、医院设有书画乐室，大置书画乐器，供病者娱乐。其乐器并按时有人操之，且听病者所好，欲奏何曲，即为奏之。

一、病人各有所好，各如其意，备其物，听其欢。

一、日有讲师讲古之善行名理及卫生之宜，听病者悦解于心。

一、医院备置药品，凡百草、万木、金类、非金类，皆备置全物，而考究其性色、品味及生长之地宜、燥湿之变节、分化之宜忌，以为治病之具。

一、医者凡卒业后，群医皆集，其考究医学，精益求精，有得新理者，由公赠以哲士荣衔；再得新理一次，再加仁人宝星。其医虽未得新理而治病累奏十全者，亦赠仁人宝星；按其功效之多寡以为宝星之等级，以剖解益精、治病益效为主。

一、医者有误杀人者，科以重罚，削除医士之职，永不得充，并酌拟监禁年数。其有医人累久无效者，即永削医职，减削名誉。

一、医者须日就人家诊视，或早或暮；一人数日仅可视数百人，故是时医生甚多，皆须医学卒业、曾充看护人者，始许充之。然大医生尚须察其人心术技艺，心术以仁慈有耐性，医艺精通者为主，否则革除。

一、医院看护人，不论男女皆可充之，以心术仁慈、神思静细者选补，一年为期。其贤否以病者所出之保举证书为主；病者恶之者，则革除永削名誉职业，终身不得选上职。一年卒事，皆称其仁，公给仁人宝星。凡医者必有本院看护仁人出身，乃许充补，迁秩至大医生、总医长。

一、自人本院、育婴院、慈幼院、养老院，监护皆以医者；其余世界中道路宫室、饮食衣服之事，皆归医者监察，人身之事统归于医。故道路官设一医者监之，宫室之式必经医者许可，市肆衣服饮食皆设医官监察。医者随时将饮食、衣服择其卫生最宜者，标举式样，登报公告；其人家违者，医官可罚之。医者视人，可以入其卧室、溷厕、庖厨巡视，以清秽恶。盖大同之世无军兵，以开人智、成人德、保人身、延人寿、乐人生为政，而所以开人智、成人德者，其归宿亦终于保人身、乐人生而已，故保人身、乐人生之政尤重。故大同之世，医士最多，医才最出，医任最重，医选最精，医权最大。盖乱世尚力，则武人为君，兵权最尚；中世尚文，则学士为君，哲权最重；平世尚仁，则医为君，医权最重也。全世界人自有生有死皆托命焉，岂有重过于是哉！故可号大同之世为医世界。然医者遍布全世界中，数百人有一人，则全世界医者无量。盖依今生人二十五年过半，以今数一千六百兆人计之，以四百人用一医，犹有四兆医生。以千年之后行大同之法，世愈文明，生理之阻力愈少，生人愈多，盖千年后人数不可纪，但是时即以医论，亦当如今日一千八百兆之数矣。聚人愈多，奇才更出，联党更大。既为医世界，则医者之中或有枭桀，藉医行教以为教主；抑借医行权以为君主，盖有之矣。既有教主君主,则必有争战,必有统一,如是则复归于乱世矣。大同破坏,即由于此,故不可不预防之,宜立医者结党之禁,宜立医者传教之禁。盖大同之世,既无国之争,无家之私,无军兵之拥,无一人无一学能拥大权者,惟有医者可防耳。故防女子之堕胎以绝人种,防医者之结党以复专制,则可久保大同。二者之防,乃大同世之特政也。

一、人之有盲、哑、跛躄及诸废疾,皆入院治之,其美备与各疾同,而各有特别之器具以供特疾者之娱乐,与无疾之人欢快无异。

一、生而盲哑者,有特别之院,以女子为保傅,看护而教育之。皆设小学、中学、大学,教之识字读书,专学一艺,俾得营生;于其二十岁后,听其自由执业。其有不能者,终身养于此院,官以所能督其作工,收其所入,以半予之,俾其快然生事之乐而无憾焉。然大同之世,生理甚精,当无复有盲哑诸废疾者矣。

一、疯疾者置之特岛中而官养之,不许男女同居以绝其种,无俾遗育以乱人种。岛中教其耕种作工,官鬻其所入而半给之。然大同之世,亦无感疯之人,亦无传疯之种,亦无疯疾者矣。

一、五官有废疾,若塌鼻、缺唇种种人体及肺痨不完者,不许结男女交合之约,以淘汰其种。其有人欲者,听其报官,结男子互交之约可也,然是时有机器人以代之。

一、传染之病,皆归医者统摄而慎防之,考求而杜绝之;遇其地有传染者,咸令入特别医院而治之,禁其地之往来交通者;或传染过剧,则由公家暂墟其地而民迁他所,务使得全民命而绝传染。其徙民之费,安插之所,皆出公费,令其迁如归,忘其亡徙也。

一、医院择海滨河畔、山巅水涯、广原高阜之地设之,以养生得宜为主;不得在深林下谷、沙漠暍热之地。其有在冰海、寒热带所设之医院,遇有重病,仍当移置温带地中。尤不得近污泥秽染之所及市场、作厂、墓地、哗嚣、不祥之所。

第九章　养老院

一、凡年六十以上者,许入此院养之。公人为公家劳苦数十年,及其老也,宜有以报之。

一、此院以安人之年老,务穷极人生之乐,听人自由欢快,一切无禁。是时人经久化,自无干犯法纪之理;即有偶犯者,除杀人、伤人、堕胎仍科罪外,余罪但减削名誉,不列宴会,少加耻辱而已。

一、此院有护侍人以事老者,不论男女,其职任一年为期,以仁慈及精细者充补。其贤否以老人所许可之证书为据,老人所恶者革除。凡革除者,削除名誉职业,终身不得选上职。一年卒事,皆称其仁,公赠仁人宝星。凡男子必须在老、病两院充过护侍人,始许升上秩,未充此职者不得为君、为师、为长,与女之曾在人本院、婴幼院充保傅者同。盖老者之安否,全赖护侍人之服事,故护侍人之不能服事,则老者不安。大同之世,老者无子女,即以护侍人代之;故护侍人之于老人,如孝子之于父母,先意承志,怡声悦色,问所欲而敬进之,以得老人之欢为主。

一、六十者数人一护侍人,七十者每人一护侍人,八十者每人二护侍人，九十者每人三护侍人，百岁者每人四护侍人，过百岁者每人亦以每加十岁递加一护侍人。惟世愈文明，则人愈寿考，人愈强健，不待多人之扶持，则随时公议，或七十则两人用一护侍人，八十乃用一人，以次递改可也。

一、院中院宇楼阁、林园池沼，广大壮严，备极华适；其祸褥帘幕、床榻几案、玩器乐具，无不穷极美备；其有新书器物，随时增置。盖人一生之勤动，至是休息，人道于是将终，不可不穷极其乐事也。

一、于大同之中仍有差等，盖于养老院中，仍寓奖功之意以资劝戒，俾其壮者有所慕励而不怠惰也。第一等曰元老，凡曾充全世界之大长官、大教主、总医长及有殊功、大德、高名为人所公推为元老者为之。第二等曰大老，凡曾为各职长官、各业总长、各学大教习及有功德、大名、硕学者为人所公推为大老者为之。第三等曰群老；其第四等凡有仁人、智人宝星者皆为庶老，不待公推。第五等曰老人，其未尝得有宝星者，则但曰老人而已。其曾犯刑罚、削名誉及不齿者，则曰老年，是为第六等。以此考功校德，别其享受，一以壮年所行为判，如斯则判颁在生前，其亦足观感乎！一等与二等为上等，名号虽殊而受用略同；三等与四等为中等，五等与六等为下等，皆名号殊而受用略同。大同之世，专发同义，故于诸院皆无差别；至养老院独差等者，盖以尊贤崇德，尚智量功，以示众人壮年之奋勉，俾知所向往，知所愧戒，其亦不得已者乎！

一、上等元老、大老之享受，自宫室、饮食、起居、衣服、玩乐之具，穷极世界之珍美精异，其有游邀，皆用公费；其有所欲，皆告于长吏而供给之,其定制随时公议;其车马衣服皆示别异。盖有大功于公众,则公众以殊异厚礼报之,乃义之至也。故大同世无别异,无章服,有之者其为议报之养老时乎! 其每人宫室崇伟,特为大院,一切具备,膳亦特设,护侍人数惟所欲,随时定议,仍以年限为等。

一、中等之群老、庶老,宫室、饮食、衣服、玩乐之具皆次一等,不供游费,不问所欲。其群老,六十则用一人,以次递加。每人一室,室有内外,内为卧室,外为客室,附设卧室一所,书室一所,以容客或读书,浴室一所,杂物房一所,以便一切。

一、下等之老人、老年,宫室、饮食、衣服、玩乐皆削减粗下矣。虽为人身,少受公家教养,壮年无补于众,无劳无功,虚负公养,是实有罚,徒哀怜其老而恤之耳,无所报也,故宜一切减下。七十乃两人用一护侍人,八十乃用一人,以次递增。每人一室,室有内外,内为卧室,外为客室,湢浴备具。

一、院中皆有戏场、乐场、舞场,听老者游观。其过老惫而难起者,皆有电话线入室中,听其卧听。

一、养老院以在温带之地为上,其冰寒盛暑,皆非老者所宜,故冷带热带可不设。

一、养老院择地,当于海滨山麓、河畔水边、平原高阜、园林茂盛、山水宜人者建之,令风景绝佳,俾老者悦乐。不可于墓地、市场、作厂哗器之所,又不可在山谷崎岖、不通风气、无可游观之所。

一、院中园林宜极大,池沼花木、亭台鱼鸟当极美备,俾老者扶杖足以自乐,修身养神,足以超旷。

一、院中书画乐玩皆具,俾好学者得以补秉烛之心,游艺者足以有怡情之乐,其著述者亦得有所采取。

一、老者入院,以序授室,听之管理院事人。惟其有交好,许其请于所司,迁于邻近,以便交接情话,互相慰抚。其有随时欲迁就山水林亭佳处,苟先无人,皆听其迁。其有远游,许随在入其地养老院,以听游乐。

一、老者非人不暖,院中许其男女同居。而其所交之男女或未及养老之年,则许其附居其室,不收其租,以示优老,惟不许占室。若衣服、饮食皆不得出公费,惟上等者许其附食,以示优异;中等虽许附食,当收回公众租费。其有男子同居者亦同。惟下等者不许久居,以防私租之弊。

一、养老院有讲堂,每日讲道,谈古今天下之名理,大率以养魂积德为主,听老者悟受。院中所悬图画亦然。

一、老者每日有医生二人诊视,其有重病,皆移入医院。

一、老者出有车马以逸之,惟下等者七十始许得乘。上等者乘文轩,或犹用马,则双马以示别异。惟下等者宜示限禁,每七日许乘车马一次,中等者隔日一次,上等者常备。若废马车用电车,以精粗为等。

一、老者出游,下等者,本度百里内外,汽车之费皆公出之,在下等车;中等者,千里之内,公出中等位汽车费;其上等者,全地惟所之,皆公出游费,在上等位。

一、老者以养魂为主,许其招僧同居讲道;院中特设寺庵,延高僧高尼住持,以备老者讲习。

一、老者饮食衣服皆有医者监护之,以便养生,以卫血气。

一、老者若死院中,即由护侍人守侍,在医院亦然。考终院人为理之,皆裹以帛,盛以棺,移于考终院,其仪物视等为差。皆通知其交好知识者相送;元老、大老则其地群官司尽到,警察兵盛陈以送之。群老、庶老亦有一官及数警察兵以送之。

第十章　考终院

一、凡人死,不论老少贵贱,有疾无疾,在私家在公家,报考终院,或裹以帛,或盛以棺,立移于此院。

一、凡尸移入院者,皆陈于堂,其父母、子女、兄弟、姊妹、长从至契、师保至恩者,可为丧主;男女至交、师弟至好皆许住院尽哀。院中人为陈丧仪,备丧具,院堂内外上下皆薰香。高位大名、殊功大德者,陈三日乃殓,中等者二日殓,下等者越日殓,以待交友至好之临视尽哀。其高位大名、殊功大德,若全地统领,若大教主,若大医士,若大党魁,若大哲学者,停月乃化,中等者半月乃化,下等者七日而化,以待交友知识之临视尽哀。中等者,曾为司职长吏、师长、各学各业长官及领有仁人智人宝星,多有功德名誉者也;下等者,未尝充各职及无仁智宝星、无功德名誉者也。高位大名、殊功大德,若全地大长官者,其丧仪全地下旗,罢市,闭门,或半日,或一时,各地大长遣人赴吊,近者或亲赴吊。丧次陈设视其平生,幕帷盖尽易黑色,门堂皆派人护视,每日以午后开吊,至暮而止。吊者皆至尸前鞠躬行礼,撒花致敬,以金鼓为节。及化日,吊者咸集而送之,盛陈警察兵以严之,大陈幡幢旗盖、象驼马牛以张之。至化人厂所,陈柩堂中,吊客鞠躬撒花既毕,送入化人机器,则随风立尽,丧主及吊客于是散归。中等者,或本地下旗、罢市,闭门半日或一日、一时,远近走吊,或遣人赴吊,余仪皆同;但警兵送客、帘幕、帷盖、旗鼓、象驼、牛马减等。下等者无他仪,但帷堂张帷,亲交赴而哀之,焚香、燃烛、撒花为敬。有司至期,与其交好送之化人院,陈尸堂中,鞠躬撒花,致其哀敬,即入化人机而化之,丧主吊客乃散。

凡丧主交好者至院,殓毕不得居住,化后不必哭泣。盖死者已矣,不能复生,虽生人思慕无穷,而哭泣哀思,最为损魂而害体。故就一人之私情,宜尽哀以昭其厚,就公家之卫生,宜夺哀以保其身,义各有宜也。否则一人之死而累诸生者,或瘠羸,或灭性,于死者无益而医事无穷。盖大同之世,人者天生公众之身,无复有私属之人,故不许遂其哀也。

凡服制各有其情,不为定期,若全地大长官则为一日之服。然虽父母、子女、男女私交,亲爱无尽,或保傅、师弟、主臣之恩,长者不许期年,短者只须一月;朋友无文,皆听其情。盖大同之制,私人之事皆听自由,故服制亦不定限也,惟越丧次则皆解丧服。夫父母、子女恩义之深,何以不为定制?盖大同之世,人皆教养于公家,父母无非常之恩义,或有不相识者,故各听其情,若能相识知,则期已可矣;不同往者父母,生养教诲长大成人,当报以三年也。母恩亦止生产、抚育至断乳而止,此后即不常见,爱愿报之,亦期年可矣。若夫慈保抚育之恩实与母等,而劳尚过之,在学师傅教育之勤,亦有与父母等者,故大同之世,知有父母者少而知有师保者多,盖以师保易父母矣。大同之世,虽无君臣,而一业之中必有主有夥,故以主从名之;盖有主从终身提携相依,恩义极深者,故以与师保并称焉。

凡丧服,或帕其首,或带其腰,或绣其肩,或围其臂,凡四等,视丧之轻重为差,皆以黑色寸布别异之。在服期,皆不可衣绣,弥月或二复、一复不听乐。服何以黑色?盖黑有幽忧之色,足以表哀思也。黑白本为三统,今从用黑礼。何以行鞠躬也?盖伏地抢头于人魂有损,而大同之世率皆平等,虽有父母师保之尊亲而皆养自公家,恩义实减,非有往古之厚。且其时父母或展转远迁,亦多不相识,故改从鞠躬之制。若有父母相知识而恩义尤深者,其伏地抢头,久丧三年,亦何尝不可。但人为公家所养,故公家制义,皆屈私恩以伸公义,如古礼公子父在为妾母缌,岂非屈私恩以伸公义乎!

凡大学之童殇,即日殓,三日化,同学之师友临焉;中学之童殇,即日殓,越日化,同学之师友临焉;小学之童以下殇,即日殓化,保傅即司理人看护人临焉;恤贫院之人死,即暮殓,三日化;狱囚死,即日殓,越日化。

凡有殊功异德者死后,若时得有异术如埃及以药水保全尸者,则可保其尸而葬之;墓上刻石如其像,若阿剌伯之制,以昭敬异。

按中国及欧美皆有土葬树坟而吊慕之,若合符节,盖爱其生则不忍弃其死也。印度日本多以火葬,其诸蛮有鸟犬之葬者。以孔子之义观之,丧欲速朽,则非欲其永存。盖人之死也,骨肉归土,不葬于水则葬于蚁,与火几无异,但有迟速之分耳。腐胔败骨,臭秽变形,尚不如生前之爪发矢溺也,今于爪发矢溺未有宝而存之者;若有病,则割肉,刮骨,去腐,流脓,无所爱焉;以人之生气在其魂知,不在其血体也。夫在其魂知也,故季札曰"魂气无不之",孔子曰"知气在上",不在体魄骨肉中明矣。故腐胔朽骨,存之可也,焚之亦可也,总之与魂知无与,不过矢溺脓腐之比耳。古者格物未精,而人子不忍之心不忍迁弃,故欺其心目而掩埋之。若推死者速朽之心,则火葬为最矣;然火葬烈烈,观者惨伤,亲者爱者实有不忍焉。千数百年行大同之时,机器日精,电化更奇,必有电化新机器,鼓动风转,顷刻足以化形骸骨肉于无有者,上复归于虚无,下散入于山谷。人之生也自无之有者,亦自有之无,是全归于天也;无使掘地者有抬骸践骨之惨,无使居人者有葬地不洁之近,岂不善哉! 于欲速朽之义至为迅速,大同之世莫若行此乎! 若有大功德者,有异药保其尸,以风示天下,道兼存之,岂不美哉! 大同之道,以求人生之喜乐为主,故于人情之崇喜乐而去悲哀。夫古今数万年,竭圣哲之心思,靡才武之身命,不过为众人求安乐耳,有可以得众人之安乐者,既无害于仁义,何为而不为哉! 故去人人之至亲相结,既扫其哀悲之原,复减其服制哭泣之文,亦损其哀悲之节。于是时也,人道几有喜乐而无悲哀,岂非佛所谓极乐之世界耶! 佛欲强逃烦恼世界、别觅极乐世界而不可得,今为演出极乐世界于全世界中,后此世界无复烦恼世界矣。

凡有殊功异德于大地及有功德于一地之中及一职、一学、一院之内,其功德事迹,由众公议,归议院核定,告之考终院,为立金石之像。刻其行事于石表,以著功德而昭不忘,则本院任之。

凡人仁智并备者曰贤;大仁大智并备者曰圣。凡有功德于人者,皆曰仁人,若建一学堂、立一医院、起一养老、慈幼、育婴、人本院,或捐舍多金、多地、多器皆是;大之则若开一大河,凿一火山,或造有益生民之业利物前民者皆是也;小之若为师保、看护人亦是也。凡能创一新理、新器为前古所无、后世大利者,号曰智人;生前有此,皆锡以宝星,有大小多少之差。及其铸像立表,则仁人之石表以方,智人之石表以圆,其仁智并备者则石表方圆并备;以其仁智宝星之多寡为方圆层级之多寡。若其多无可算者,则为六角、八角,刻镂其方圆以表之。其下层之石级,亦视其仁智以为方圆之形,视其仁智多寡以为石级多寡,皆考终院制之。像成揭幕,则视其名位功德之大小,以为号召远近人数之多寡,大者动全地之众,小者集一界之民,备乐设器,供奉香花,公举有位望者主祭而揭幕,万人鞠躬瞻礼,撒花致敬,以垂不朽,于是生人之事终焉。

一、凡人死皆累其行事及其产业器物,悉由考终院记之于册。其人产业器物,除依其遗嘱所赠,皆以半归公,会同遗产官理之。其行事则详载于册以备查,其有功德者上于史馆以传后。

庚部　去产界公生业

人生之所赖,农出之,工作之,商运之,资生之学日精,则实业之依倍切。至于近世,奖劝日加,讲求日精,凡农工商皆有学校。农耕皆用机器化料;若工事之精,制造之奇,汽球登天,铁轨缩地,无线之电渡海,比之中古有若新世界矣;商运之大,轮舶纷驰,物品交通,遍于五洲,皆创数千年未有之异境。文明日进,诚过畴昔,然新业虽瑰玮,不过世界之外观,于民生独人之困苦,公德之缺乏,未能略有补救也。

第一章　农不行大同则不能均产而有饥民

今以农夫言之,中国许人买卖田产,故人各得小区之地,难于用机器以为耕,无论农学未开,不知改良。而田主率非自耕,多为佃户,出租既贵,水旱非时,终岁劳动,胼手胝足,举家兼勤,不足事畜,食薯煮粥,犹不充饥,甚者鬻子以偿租税,菜色褛衣,其困苦有不忍言者。即使农学遍设，物种大明，化料具备，机器大用，与欧美齐；而田区既小，终难均一，大田者或多荒芜，而小区者徒劳心力，或且无田以为耕，饥寒乞丐，流离沟壑。此不惟中国为然，自美洲新辟得有大田外，各国殆皆不能免焉；而亚洲各旧国，地少人多，殆尤甚者也。孔子昔已忧之，故创井田之法而后人人不忧饥寒；而此方格之事，非新辟之国实不能行。若孔子所谓"盖均无贫"，则义之至也；后儒日发均田之说，又为限民名田之法，王莽不得其道而妄行之，则适以致乱。英人傅氏之论生计，欲以十里养千人为大井田，其意仁甚，然亦不可行也。盖许人民买卖私产，既各有私产，则贫富不齐，终无由均。若如荷兰之治爪哇，有地头主，领地于国而下税于民，则为重税如诸侯天子矣，盖非太平之道。然则虽有仁人，欲使全地养民，无冻馁之患，无不均之忧，实不可得也。故以今之治法，虽使机器日出精奇，人民更加才智，政法更有精密，而不行大同之法，终无致生民之食安乐，农人之得均养也。或亦能倡共产之法，而有家有国，自私方甚；有家则一身而妻子待养，有国则陈兵而租税日增，以此制度而欲行共产之说，犹往南而北其辙也；无论法国革命时不能行之，即美国至今亦万不能行也。

第二章　工不行大同则工党业主相争，将成国乱

若夫工业之争，近年尤剧。盖以机器既创，尽夺小工，畴昔手足之烈一独人可为之者，今则皆为大厂之机器所攘，而小工无所谋食矣。而

能作大厂之机器者,必具大资本家而后能为之。故今者一大制造厂、一大铁道轮船厂、一大商厂乃至一大农家,皆大资本家主之,一厂一场,小工千万仰之而食;而资本家复得操纵轻重小工之口食而控制之或抑勒之,于是富者愈富,贫者愈贫矣。

机器之在今百年,不过萌芽耳,而贫富之离绝如此;过是数十年,乃机器发达长上之秋,树干分枝布叶之时也。自尔之后,资本家之作厂商场愈大愈远,银行周国土,铁道贯大地,商舶横五洲,电线裹大地,其用工人至为亿为兆而不止,如小国焉。其富主如国君,其百执事如士大夫,其作工如小民,不止贫富之不均远若天渊,更虑昔者争土地、论贵贱之号为国者,改而争作厂、商场以论贫富为国焉,则旧国土之争方息,而新国土之争又出也,此其贻祸于人群,岂可计哉!

夫人事之争,不平则鸣,乃势之自然也;故近年工人联党之争,挟制业主,腾跃于欧美,今不过萌蘖耳。又工党之结联,后此必愈甚,恐或酿铁血之祸,其争不在强弱之国而在贫富之群矣,从此百年,全地注目者必在于此。故近者人群之说益昌,均产之说益盛,乃为后此第一大论题也。然有家之私未去,私产之义犹行,欲平此非常之大争而救之,殆无由也。

第三章　商不行大同则人种生诈性 而多余货以殄物

若夫商业之途,竞争尤烈,高才并出,骋用心计,穿金刻石,巧诈并生。由争利之故，故造作伪货以误害人，若药食舟车，其害尤烈者矣；即不作伪，而以劣楛之货妄索高赍，欺人自得，信实全无，廉耻暗丧。及其同业之争，互相倾轧，甲盛则乙妒之，丙弱则丁快之；当其争利，跃先恐后，虽有至亲，不相顾恤，或设阱陷，机诈百生，中于心术，尽其力之所至而已，无余让以待人矣。资性之日坏，天机之日丧，积久成俗，以此而欲至性善之世，岂可得哉！近自天演之说鸣，竞争之义视为至理，故国与国陈兵相视，以吞灭为固然，人与人机诈相陷，以欺凌为得计。百事万业，皆祖竞争，以才智由竞争而后进，器艺由竞争而后精，以为优胜劣败乃天则之自然，而生计商业之中尤以竞争为大义。此一端之说耳，岂徒坏人心术，又复倾人身家，岂知裁成天道、辅相天宜者哉！

夫强弱无常，智愚无极，两商相斗，必有败者。一败涂地，资本尽倾，富者化而为贫，则全家号咷而无赖，生计既失，忧患并生，身无养而疾病丛起，家无养而死亡相从，吾见亦夥矣。即有贫人以商骤富，而以一人什百千万于众，不均已甚。夫富相什则下之，富相百则事之，富相千则奴之。在富者则骄，在贫者则谄，骄极则颐指气使，谄极则舐痔吮痈，盖无所不至矣。故骄与谄，非所以养人性而成人格也，然而循竞争之道，有贫富之界，则必致是矣。

近世论者，恶统一之静而贵竞争之器，以为竞争则进，不争则退，此诚宜于乱世之说，而最妨害于大同太平之道者也。大以巧诈倾轧之坏心术如此，倾败之致忧患、困乏、疾病、死亡如此，骄谄之坏人品格如此，其祸至剧矣，其欲致人人于安乐亦相反矣。然则主竞争之说者，知天而不知人，补救无术,其愚亦甚矣。嗟乎,此真乱世之义哉!虽然,不去人道有家之私及私产之业,欲弭竞争,何可得也,故不得不以竞争为良术也。

夫以有家之私及私产之业,则必独人自为营业,此实乱世之无可如何者也。今以独人之营业与公同之营业比较之。

第四章　独农与公农之比

以农业言,独人之营业,则有耕多者,有耕少者,其耕率不均,其劳作不均,外之售货好恶无常,人之销率多少难定,则耕者亦无从定其自耕之地及种植之宜,于是有余粟滞销者矣。木材果实,畜牧渔鱼,销售与否,多寡孰宜,无从周知,无从预算,于是少则见乏而失时,多则暴殄天物而劳于无用。合大地之农人数万万,将来则有十百倍于此数者,一人之乏而失时,一人之殄物而枉劳,积之十百万万人,则有十百万万之殄物、失时、枉劳者矣。有十百万万人之殄物、失时、枉劳,则百事失其用,万品失其珍,以大地统计学算之,其所失败,岂恒河沙无量数而已哉!然则不本于大同而循有家私产之害,但中于农者为不可言也。

第五章　独商与公商之比

以商业言之,商人各自经营,各自开店用夥,无能统一,于一地之人口,所需什器,不能得其统算之实。即能统算,而各店竞利,不能不预储广蓄以待人之取求,所储蓄者人未必求,人所求者未必储蓄,不独甲店有余而乙店不足,抑且人人皆在有余不足之中。夫有余于此,则必不足于彼,于是同一物也,不足则昂涌,有余则贱退,虽有狡智亿中致富之人,而因此败家失业者多矣。夫既有赢亏,则人产难均,而一切人格治法即不能平,败家失业,则全家之忧患疾病中之,甚且死亡继之而人不能乐。即在百物有余,壅积久必腐败,商人好利,必不轻弃,饰欺作伪,仍售于人,虽有律限,不能尽察。以腐败之食物药物与人,则可致疾病而卫生有碍,以腐败之机器与人,则其误害之大尤不可言矣。即自食物、药物、机器外一切用器之腐败者,误人误事,作伪生欺,岂可令其存于天壤而为太平之蠹哉!且政府即能查察,余货不售,则必弃之,是为暴殄天物。以一店之余物已不可言,若合大地之商店余货而统算之,其为恒河沙无量数,殆不知加几零位而不能尽也。当太平之世,大地全通,生人繁殖,需用物品益为浩繁。夫以生人之数无量而大地之产有涯,今以一人之用品计之,如一日需食粉质几何,肉质几何,糖质几何,销料几何,需衣布帛几何,绒料几何,皮料几何,需用木料、竹料几何,金料、石料几何,羽毛料、草料、骨料几何,丹青料几何,药料几何,机器几何,万品千汇为人所需者,出之于地,作之于人,皆有定数,而徒供无量之腐败弃掷,非徒大地不给,亦治大地统计学为国人谋利益者所大失策也,愚谬甚矣!孔子为大同之策曰:"货恶其弃于地也,不必其藏于己。"夫既亲其亲子其子而有私产,则虽欲不藏于己不可得也;既藏于己,则虽欲不弃于地不可得也。夫以全地商店久积有余之货皆当弃地者,而一一移而为有用,以供生人之需,其所以为同胞厚生者增几倍哉!以此为恤贫,复何恤贫之有?故不本于大同而欲治商业者,不可得也。

第六章　独工与公工之比

以工业言之，又工人各自为谋。各地工人多少不同，多则价贱，少则价昂，资本家既苦之。而工人同一操业，而价贱者无以足用；若其求工不得者不能谋生，饥寒交迫则为盗贼，其害益甚矣。即大作厂机场之各自为谋，亦不能统算者也，不能统算矣，则各自制物，则必至甲物多而有余，乙物少而不足，或应更新而仍守旧，或已见弃而仍力作。其有余而见弃者则价必贱，不足而更新者价必昂，既有贵贱，则贫富必不均而人格必不平，无由致太平之治。且其有余见弃者，必作伪欺人，坏其心术，若机器药物之有诈伪，有腐败，贻害无算。夫凡百什器，皆岂有腐败而欺人哉！若不欺人而不售，则必弃之。夫以全地之工人统算，其作器之见弃，其为恒河沙无量数，不知加几零位矣。夫工人之作器，费日力无算，弊精神无算，费备用之百器无算，无量数之工人之需衣食器用者无算；若以之作器，器必有用，必不虚作，其益于全地同胞岂有涯量！而今以无量之工人之作器而弃之，是弃无量数之人，弃无量数之日力，弃无量数之精神及其他一切无量数之衣食宫室器用也，又岂止暴殄天物而已哉！为大地统计学者，为人民谋公益者，虽日谋之计之而无以为策也，惟有失谬无算而已，无术救之矣，不去人之私工故也。

第七章　公　农

今欲致大同，必去人之私产而后可；凡农工商之业，必归之公。举天下之田地皆为公有,人无得私有而私买卖之。政府立农部而总天下之农田,各度界小政府皆立农曹而分掌之,数十里皆立农局,数里立农分局,皆置吏以司之。其学校之学农学者皆学于农局之中,学之考验有成,则农局吏授之田而与之耕,其耕田之多寡,与时新之机器相推迁。其百谷草木、牧畜渔鱼皆然,其职业与学堂之堂生相等,不足则兼职,取之兼业之人,其有余则酌职业而增之以求致精。人愈多则农业愈增,辟地愈多,讲求愈精。各小政府以时聚农官议而损益之,岁时以其度界内所出之材产告之公政府之农部,移告之工商部。商部以全国人民所需之食品用品统计若干,与其意外水旱天灾弥补若干,凡百谷果木、牧畜渔产之用物,何地宜于何品,何地不宜于何品,若山陵原隰、川海沙漠、腴瘠燥湿出产几何,皆据各分政府之农曹所报之地质出产,以累年之比较而定其农额,统计而预算之,定应用若干;因各度界之地宜应种植、牧畜、鱼产若干,令各度界如其定额而行之,移之农部。农部核定,下之各度界小政府之农曹,令各小度界如额种植、牧畜、渔产,如中国江南之宜稻,河北之宜麦,江浙之宜桑,四川之宜药,广东之宜花果,北口外之宜牧畜,沿海之宜渔盐,山西之宜盐煤,暹罗、安南、缅甸之宜米,印度之宜五谷,南洋各岛之宜蔗、加非、胡椒是也。大凡热带雨水最多,草木最繁盛,则生棉花、蓝靛、糖、苏木、棕榈、椰、蕉、黑白檀及诸香料。温带繁植稍次之,而食物、用物乃最多,若枫、榆、榉、柳、松、柏、桂、樟、杉、桦、桑、麻、薯、蔗、榛、桃、米、麦之类是也。寒带植物少,西伯利亚宜松及麦,长白、高丽宜参。或波斯气候温湿,产米、蔗、烟、罂粟、桃、李、梨、杏、梅、枣。阿富汗、爱乌罕暖地产棉、米,冷地产麦、蔗、瓜、葡萄。阿拉伯产枣及加非,土耳其产小麦、葡萄、橙、榄、松、柏。盖花卉香料,亚洲为盛矣。法国地宜农,产麦、玉蜀黍、桑、烟、葡萄、榄、林檎;英以棉、麦甲各国;西班牙产蔗、栗、榄、橙、桑、蓝、葡萄、棉、米;葡萄牙之葡萄酒,为绝美之专产。若橙、柠檬、小麦、玉蜀黍、马铃薯,意大利略同,而棉、茶、桑为大。希腊产米、棉、烟;瑞士产裸麦、洋薯,而又富于坚材。日耳曼多种葡萄,又与澳大利、匈牙利产小麦、裸麦、谷、麻、烟;瑞典萝卜最美。俄罗斯、荷兰、丹麦多产各种麦,而荷有烟、麻,俄富于材木焉。比利时产忽布。大率欧洲北部有松、柏、榛、榆及矮小之杨柳也。非洲热带,有数十年之木棉、大椰树、枣树,内地则加非、胡桃,北岸则榄、桃。埃及产五谷、蓝、棉、蔗。美洲产玉蜀黍、小麦、棉、蔗、米、烟、马铃薯及诸果,秘鲁同之而鸡那最多。墨西哥产苏木、玉蜀黍、烟、麻、加非,而米尤盛。西印度诸岛尤饶兼热带诸产物,扣勃岛产糖冠天下,墨西哥加非尤盛,而烟、橙、凤梨有名矣。科仑比亚以椰为著,可制帽;其蓝、棉、加非、烟、蔗,又若树胶、苏木,则南美洲所独矣。智利、阿根廷产大小麦、葡萄、蔗;夏哇尼岛产面包;澳大利亚洲产竹椽、葡萄、小麦、玉蜀黍、棉、蔗、烟、米及诸果;此其大略也。凡五洲土产,各有所宜,分其地质之宜而种植、牧畜、渔取之。各小政府农曹及各农局公商界内种植、牧畜、渔取、称额之法,统计而决算之,分之各地农场。应用农人若干,应备化料若干,应备农具机器若干,应开垦若干,应分别种百谷、果、菜、树木,畜鸡、鸭、鹅与鱼、牛、马、羊、豕若干,厂场若干,各分其职而专为之极其琐细。分业愈多则愈专而愈精，地无遗利，人无重业。及其种植、牧畜、渔产之收成，小政府商曹统计其度界内应留用之物品若干，预告之商部，而截留其若干。其余种植、牧畜、渔产各品，为亿为兆，归之公政府商部；商部乃合收全球之农产而均输于各地，以所有易所无，以有余补不足。其预备水旱、虫蝗、天灾、地变之不时者曰预备额，略留多数以弥补各度界之凶荒灾患不时者。若无灾而有余，则留以待下年之用；而下年之统计预算，即扣留之以宽地力。其农具、机器、化料皆购之于各地商店，其农人应给工价，随时议之。

　　每度界为一自治政府，立一农曹，其下数十里为一农局，其下数里为农场。其为稻、麦、黍、百谷、花果、草木、渔产、牧畜，各置分司，皆有主、伯、亚、旅、府、史、胥、徒以司之。主者总办也，伯者分司之提调也，亚者副之助之者也，旅者群执事者也，府者收藏者也，史者统计及记事者也。其农场者，农田种植之所也；里数不定者，机器愈精，道路愈辟，人之智力愈强，则农场愈广也。每度农曹皆有地质调查局，将其本度内之山陵、原隰、坟衍、川海、人居为小模形，别其肥瘠及泥沙水石之差，风雨霜露之度，以色别而详识之。其地产之所宜及化料之所合，皆记而备之累年之报告调查，存考而求其进化。及其变更，皆有农学士多人岁时专考，而以报发明布告之，又皆有农学会以讲求之。其农学校有考验所，水产、牧畜、矿产皆然，择其最良之种而支配之，其恶种去之。凡农夫，皆得有农学考验证书而后用之；其未得证书而年逾二十者，亦得用为农夫，但不得为长及农学士矣；但其后有阅历日深，得有新义，亦许给证明书而迁为长伯学士焉。其农曹立长,其下有副长,有参赞,有学士佐之,其下有史、府二官,胥、徒分任之,府、史皆有长、贰、掾属、胥、徒焉,其官数各视其地。其分曹之属,若百谷、花果、牧畜、渔产、矿产,各视其地之有无多寡以设司,无则缺之;全度界皆一物也,则农曹长自领之而不设司。每一物品皆有调查讲习所,有学士多人聚而讲之,以报岁时发明布告之。其矿产、水产、山林,则有工师、技师司之,即学士也。凡分曹,其长、贰、参、佐必由学士、工、技师出身,乃许任职,亦有府、史二官及胥、徒焉。其各农局,则分监督各农场者也,设于各农场适中之地,有长、副长、参赞以领之。其属有府、史二官以分领收藏、记事二职,有胥、徒焉以奔走其事。其百谷、花果、草木、渔产、牧畜、矿山皆有分曹,有主、伯、亚、旅以任之,并有学士、工师,设地质调查讲习所考求之,有报,以岁时发明布告之,与各度农曹同。其农场,若百谷、花果、树木、牧畜、渔产、矿产,划其地宜,数里以为之区。其各度人口之多寡,即以农场配分分之,各有主、伯、亚、旅、府、史、胥、徒、学士、工、技师以任其事。主者总管全场之事;伯者分任农具、机器、用料、养料、化料、用人之事及各小区之监工也,并有亚以助之;旅者奔走管工也者;府则凡百谷、花果、树木、畜牧、水产、矿产之所入,司其收纳及支出以待农曹长之命,或截留之所耕之地,或交之近耕地之商店,或纳之农局、农曹之仓,皆听农曹府、史之统计而指拨之;史则凡本场种植、牧畜、渔矿之事,日记而月省、岁计之,而上之于农局,以听指拨之命令;胥则奔走之人;徒则耕作渔牧之人也。其耕耘收获、牧养渔取,皆有部勒程度,其每日作工皆有时限。世愈平乐,机器愈精,则作工之时刻愈少,然作工之时,坐作进退几如军令矣。自农夫、渔、牧、矿工,各视其材之高下,阅历之浅深,以为工价之厚薄,略分十级。其尤者则拔迁农曹各司,但其长贰则必以学士、工师出身为之,可递迁为公政府各洲分政府农部官。其农夫、渔人、牧夫、矿工、林工至下级者,其俸令足为其衣食之资,自此等而上之可也。其支俸以先安息日给之,俾其游乐。其农场皆有室居,不住而别住客舍者听之;其场所皆有公园囿、公图书馆、戏院、音乐院以备游息,有公饭厅、公商店以备食宿,但规模稍粗而小耳。其演戏鼓乐则诸农自为之。凡能任农事者,学校卒业之后,不论男女皆许为农;其男女有交好者,许在公室同居焉。其公室,人占二室,一为卧室,一为客室,并有浴房;十人则为大公厅,皆高广疏达,花草楚楚,楼阁绵丽,过于今富室矣。其食,听人之所好而扣其费。又有公共讲堂,有讲师,每安息日则讲古今道德品行贤豪之事及农业之事,以养其德性学识。其公室则公置之,不取值。其衣食之事,则由工金支之,出自费焉,听其自由,而工钱常留十分之一存于公中,为储金焉,以备其不愿作工而欲结友远游购书之需。其稍远,则有公旅舍以备游行食宿,则收费矣;其去市近者,皆听其游。其告假不作工者听之,按日扣其工价;其太惰不作工及告假太多者逐之;凡累经逐者,削其名誉焉。其主、伯、府、史,职业虽优而居室仍同,以示平等,但工金不同耳。其府司仓库者不必纳押金,以是时人心无盗诈而商卖皆出于公也,但选阅历深、老成谨重者任之。

　　夫如是,农人、牧夫、渔人、矿工,中古至贱者也,然其出身既人人由学校而来,卒业学校又寄之农局之中,则知识明而身体强,谙练熟而习惯安。其农局之长,与诸生有父兄师弟之亲,即有安置提携之爱,苟其不惰,未有不见用焉。若其才明智巧者,则耕、农、牧、渔之徒役即可迁拔农官,若曾由学士、工、技师出者,则可进为公政府分政府之农部长及各议员,其荣至矣。人无私家,昔有仰事俯畜之累而今无之;民无私产,天有水旱螟虫之患而今不患之。坐得工金,听其挥霍,居得公室,逑匹同居,好学者有图书之益,中才者有听讲之教,食有公厨,游有公囿,除每日作工数时外,悉皆自由。近市府之场所游乐无方,即稍远者,铁轨屋车之密有如蛛网,轮舟汽球之行有若抛梭,自行电车于时尤盛,工事余晷皆可畅游,凡市府声色之繁华,山水登眺之清娱,礼乐书画之文明,皆可挹而受之,此中古帝王士大夫之所不得者。其作工之数时,不过等于逸士之灌花,英雄之种菜,隐者之渔钓,豪杰之弋猎而已。又凡百举动皆有机器,无沾手涂足之勤,被襆耰锄之状,不惟无苦而反得至乐,非大同何以得之!

若天下农田之收入,则各度农曹截留其本度应用之物品而告之农部,农部移之公政府之商部与各州分政府之商部,统计全地各度物品之消息盈虚而分配之;先其近者,以省转运,近地有余,乃运配于远方。举全地所出之百谷、花果、草木、牧畜、鱼产、矿产,皆适足以应全地人数之所需,少留赢余以备各地水旱、天灾、地变之虞。是以地无遗利,农无误作,物无腐败,品无重复余赢,留其无量之地力物精以待将来,留其无量之人力日力以乐其身心,增其德性,长其学识,以成他益,举全地之百产而操纵之,举全地之农、牧、渔、矿之夫而乐利之,非大同而安得此!其与私产之农,其安苦、忧乐、愚明,不有类于天人之与凡夫哉!其与私产之农物,有无量之重复、赢余、腐败,得失岂可数算哉!其移无益以为大有益,岂可并论哉!

第八章　公　工

大同世之工业,使天下之工必尽归于公,凡百工大小之制造厂、铁道、轮船皆归焉,不许有独人之私业矣。公政府立工部,各部小政府立工曹,察其地形之宜而立工厂,或近水而易转运,或近市而易制作,皆酌其工之宜而行之。商部核全地人民所需之什器若干,凡精者、楛者、日用者、游乐赏玩者、新异者、寻常者,察各物多寡之差,以累年之报告比较而定其额。乃察各度界之工,其精擅专门风俗尤长者,譬若江西景德镇之瓷,苏、杭之丝织,广州之螺钿刻牙,博山之垆,成都之锦;其在欧洲,则意人尤长于工,佛罗练士之画与雕刻,威尼士之玻璃雕刻,罗马兼之;法巴黎之于衣冠、杖履、首饰,理华之瓷,里昂之丝,宜引万国土宜之工业加入英人则羊毛织品,德人则萨逊埋侲之瓷,克鲁伯之制铁,荷兰之织呢制瓷,那威之制舶,比人之制铁及织纱,皆统于工部者也。商部乃以举国所需之物品、什器之大数分之于各度精工擅长之地,而定各地各品物、什器制造之额,移之工部。工部核定,下之各度界工曹,工曹督各工厂场如额而制之。各工曹工厂皆有主、伯、亚、旅、府、史、胥、徒,皆以学校之及年者为之。其有成业证书者,授为学士、工师、技师、匠师、工长、技长、匠长之号,得为主、伯、府、史,累迁可至公政府、分政府之工部长,皆专门为之，终身不移官，不贰事。其工价因其工之美恶勤惰为数十级而与之；其有精能而干才者，则工人可迁工长，以累迁本曹之主、伯、府、史焉。其工曹有各工讲习会，各工学士、技师入而讲习；其有所发明，皆于报布告之。其各厂亦然。当大同之时，工厂既尽归公，则一厂之巨大为今世所难思议，用人可至千百万，亘地可至千百里，厂内俨如古国土，厂主俨如古邦君。其分管各职之伯，其补助之亚、管数之府、记事之史如大夫，其群管工之旅如士，其巡察之胥如下士，作役之徒如民，其议工之院如朝廷，其蓄图书器物之府，皆有学士、技师百数以朝夕论思，日月献纳，如天禄、石渠，其公园花木、水石如上林，皆有音乐院、戏园，听工人自为。工人皆有公室，人二室：一卧室，一客室；更有浴溷小室，十余人则有公厅，作工者不论男女皆许同居，其别寓旅舍者亦听。有公饭厅，食听人所好而扣其工费；有讲道院，日日有学士讲道德之名理，古今之故事及工业之良术以教诲之。其工费皆先于安息日支给，衣食玩好自费焉，听其挥霍，而留其十分之一作储金，以备其将来远游辞工之用。其至下之工，必足给其衣食之需，以时议之。其公室楼阁宏丽，花木幽靓，过于今之大富室矣。

夫野蛮之世尚质，太平之世尚文。尚质故重农，足食斯已矣；尚文故重工，精奇瑰丽，惊犹鬼神，日新不穷，则人情所好也。故太平之世无所尚，所最尚者工而已；太平之世无所尊高，所尊高者工之创新器而已；太平之世无所苦，所为工者乐而已矣。故为乐之工，以美术、画图、雕刻、音乐为本，而缩地、飞天、便人、益体、灵飞捷巧之异器乃日新，政府之所奖励,人民之所趋向,皆在于新器矣。凡能创新器者,给以宝星之荣名,如今之科第焉;赏以千万之重金,如今之商利焉。当是时,举全地人民之所以求高名,至大富者,舍新器莫致焉。其创有新器者,如今之登高第,中富签;其创新器而不成者,如士之落第,商之倒肆焉。故野蛮之世,工最贱,最少,待工亦薄;太平之世,工最贵,人之为工者亦最多,待工亦最厚。自出学校后,举国凡士、农、商、邮政、电线、铁路,无非工而已,惟医可与工对待耳。至于是时,劳动苦役,假之机器,用及驯兽,而人惟司其机关焉,故一人之用可代古昔百人之劳,其工皆学人,有文学知识者也。太平之世,人既日多,机器日新,足以代人之劳、并人之日力者日进而愈上。以今机器萌芽,而一器之代手足者以万千倍计,过千数百年后,人既安,学既足,思想日进,其倍过于今者不可以亿兆思议。故今之作工者,中国每日十二时或十六时,欧美半之为六时或八时,太平之世,一人作工之日力,仅三四时或一二时而已足,自此外皆游乐读书之时矣。其作工时限亦随时议定,勤者奖之,精者赏之,加其工价;其惰不作工者逐之,经三逐则削其名誉,不得升迁,不得列于上流焉。然当是时,为工之时甚少,亦无有不作工而惰游者矣。

夫为工人之独身计之,既无内顾、仰事、俯畜之忧,又无婚姻、祭祀、庐墓之计,人皆出自学校,不患无生计之才能,少时之工,不待惰逐而不忧无工之苦。为工又皆掌执机器而不待沾手涂足,少时工讫,即皆为游乐读书之日。工厂既可男女同居,又有园林书器足资游乐以养魄,读书以养魂。故太平世之工人,皆极乐天中之仙人也。

为全地公计之，工人之作器适与生人之用器相等，无重复之余货，无腐败之殄天物，其畴昔作重复余剩之器，徒耗有用之光阴，今则听勤者易其时日以好学深思，愚下者易其时日以乐游健身。好学深思，则新器日出以裨公众，乐游健身，则传种日壮而人类进益，人无忧苦，则魂魄交养，德性和乐，其于人道之美，岂不羡哉！其与私产之工疲人苦，波害大众，较其损益，巧历不能计也。

第九章　公　商

大同世之商业，不得有私产之商，举全地之商业皆归公政府商部统之。夫物品者，农出之地，工作之人，万货所由成也。商部核全地人口之数，贫富之差，岁月用品几何，既令所宜之地农场、工厂如额为之，乃分配于天下。令各度小政府立商曹，其数十里间水陆要区立商局、各种商店，其数里间立商店。其曹、局、店皆有主、伯、亚、旅、府、史、胥、徒。主者总办也，伯者分司之长也，亚者佐也，主、伯皆有之，旅者群管事也，府者司财币之收纳也，史者记账者也，胥者巡察者也，徒者各店之执事送货。商局者，监督各商店者也，商曹者，司商政者也。曹、局有商务考究会，各商学士入而考求，而以报发明布告之。凡农工所成之万货，由商部核各度人口之数，日用之宜，而由铁路、汽船支配之，转运之。商曹核本度乡市之人口而分配之各商店中，当是时，一市仅一商店，大市大店，小市小店。其商店之大，如今一都会百数十里，大者乃数百里，皆与汽车汽船相通，有机器运之。货仓即分类陈列，全地之货万品并陈，每品之中万色并列，如今赛珍会然，惟人所择；皆有定价，不待商略。太平时，物不二价，只能谓之运部，不能谓之之商部；曰商部者，俾人易解耳。商店遍陈小模形，浩大如一市，随地皆有电话，机器皆有号数。欲购其货，以手抚机，书姓名居址，或传电话；其掌柜书记闻电机即听而书之，电告于管货仓者，即照送其家。其寻常日用之食品用品，每年月中每人开单告知商店，需用何品，日月若干，则按日按时送至其门；皆有收货机器，货至门则向而收之，此器或在屋上。或有余不足，改用他品，则皆有电话，可传至商店而立取之。然商店之大，用人多者至百数十万夥，如一国然，总办如邦君，司事如大夫，每业之中各有主、伯、亚、旅、府、史、胥、徒焉。然合农、工、商三者而较之，商之用人至少矣；但有运货、会计、振机三者，静而不哗，闲而寡事，货无伪品，价无欺人。政府但除农工及运送之所出之本，以时酌定其价之高下，高者无过什一，下者可至佰一，但以取足养十二局之人民为度而调剂之，计其时物价之贱可过今什佰倍蓰矣。

　　盖货品之所以贵贱不时而人民受累者，由各地生养、造作、运送之不时，而私商滞货居奇之所致也。且私工之所作，私商之所售，凡一工厂、商肆，小者十数人，大者千百人，而皆有主、伯、府、史坐食之多人，又运送之费，一机之运抵人百数。主、伯、运夫之费皆分利而非生利者也。中国一店之中，分利者几居其半，欧美各国亦有三四，如合一市而计之，则一市而备一肆，与备万肆同耳，则所省九千九百九十九矣；合大地计之，坐于商店之中而分利者，盖十万万而不止九万万也。若总归之公，则运货归一，由电汽车船皆以机器直运至店，无无数运夫分利之事一也。一店而百工并作，万货毕陈，用人寡少，昔之一市万店，店用十人为十万人者，今则归于一店，用千人可总任之矣，否则万数千人无不任之矣，是可省百数十倍也。尽去百数十倍分利之人，而物价可贱百数十倍。物价既贱，购者自易，全地之货皆集，日日皆如赛珍会，知识自开，而无有地僻难于购物者之患矣，又无地僻运难、价至腾涌百数十倍之患矣。国家但以公商养民，权其轻重而充公用，于是全地无量之人只有向公中而支工金，公中更未尝向一人而收赋税，扫万国亘古重征厚敛之害。而太平世之生人，不知抽剥追敲之苦，只有领得工金为歌舞游观之乐，其为乐利岂有比哉！

凡此商店，以时而市，过时即闭，店伙散归。商店在市有饭馆、客舍，亦公为之；有戏园乐馆以娱之；有讲道院讲道德之名理，古今之故事及商业之术；以日浸灌教导之。其公室即以客舍为之，其欲取优室者半其费，其宏丽与工人同。其食即在公饭馆，听其所择而自出费。男女皆可为商，皆可同居，其别有屋者听。当太平时，人无私商，皆工人也，其出身皆自商学卒业，其商学即在商店之中，日劳数时而即有读书游乐之暇。其才者，迁转可至商曹、商部长，无仰事俯畜之忧，无亏本散家之苦，近市而不嚣，博物而不劳，其在都会之商者，见闻尤博，雍容甚都哉！

第十章　总论欲行农工商之大同则在明男女人权始

若虑农工商皆归之官，得无有司作弊，侵吞盗窃，为害更甚者，此其所虑为乱世言之也。太平世人无私家，无私室，无私产，无私店，无家而禄厚，性美而教深，必无侵盗之心，自无侵盗之事。即使有欲侵盗而别无私店，虽侵之盗之而从何售鬻之！万一泄漏，则终身不齿。且其时，凡人之金皆寄金行，其得金之多寡，视其工价及创新之赏，人人得而知之，若司商务而骤得多金，侵盗之迹即露。夫大无耻之事，苟非家累贫病，迫不得已，孰肯为之而令终身见弃乎！太平之人，无家累，无贫病，荣途悬在前而清议迫于后，风化既美，种教更良，孔子所谓"虽赏之不窃"也，而何虑焉！

凡诸农田、商货、工厂之业，全地至大，从何而归之公？即欲举公债以承之，亦万不能行也。然欲急至大同，最难则在去国；若去民私业，此事甚易，即自去人之家始也，即欲急去国界者，亦自去家始。

欲去家乎，但使大明天赋人权之义，男女皆平等独立，婚姻之事不复名为夫妇，只许订岁月交好之和约而已；行之六十年，则全世界之人类皆无家矣，无有夫妇父子之私矣，其有遗产无人可传，其金银什器皆听赠人。若其农田、工厂、商货皆归之公，即可至大同之世矣。全世界之人既无家，则去国而至大同易易矣。于是时也，最难去种界之别，当少需岁月而已。

夫男女平等，各有独立之权。天之生人也，使形体魂知各完成也，各各自立也，此天之生是使独也。夫使天之生人使男女以两人偶合也，则不能独立也，天之生男女使如人兽之异形也，则不能独立也，今男女之魂知形体各自完成，各能自立，不相待也，不相下也，不相异也，极相爱也。徒以形中微有阴阳凹凸之小异，而男子挟其强力以凌弱质，收为私属，不齿平人，习久成常，视为义理，遂大背天予人权之义而永为小康忧苦之世。虽彼男子得拥一日之私尊，然以视大同太平之极乐，不犹乞丐之视帝王，凡夫之比神仙哉！人有弃帝王而为乞丐，弃神仙而为凡夫者乎？故全世界人欲去家界之累乎，在明男女平等各有独立之权始矣，此天予人之权也；全世界人欲去私产之害乎，在明男女平等各自独立始矣，此天予人之权也；全世界人欲去国之争乎，在明男女平等各自独立始矣，此天予人之权也；全世界人欲去种界之争乎，在明男女平等各自独立始矣，此天予人之权也；全世界人欲致大同之世、太平之境乎，在明男女平等各自独立始矣，此天予人之权也；全世界人欲致极乐之世、长生之道乎，在明男女平等各自独立始矣，此天予人之权也；全世界人欲炼魂养神、不生不灭、不增不减乎，在明男女平等各自独立始矣，此天予人之权也；欲神气遨游、行出诸天、不穷不尽、无量无极乎，在明男女平等各自独立始矣，此天予人之权也。吾采得大同太平、极乐长生、不生不灭、行游诸天、无量无极之术，欲以度我全世界之同胞而永救其疾苦焉，其惟天予人权、平等独立哉，其惟天予人权、平等独立哉！吾之道早行早乐，迟行迟乐，不行则有苦而无乐。哀哉，全世界人生之苦也，其宁甘之而不求乐欤！

辛部　去乱界治太平

第一章　分地为百度

举全地经纬分为百度,赤道之北五十度,赤道之南五十度,东西百度,共一万度。近南北极之度少狭矣;其余各度,近中国之四百里弱,略当英之百里乎! 以四洲海陆截长补短计之,亚细亚东西可七千英里,南北可五千三百英里,并岛屿计之,面积可一万七千万方里,当一千七百万方英里,每万方里为一度,共得一千七百度界。欧罗巴东西长可三千四百英里,南北广二千四百英里,共三千七百万方里,当三百七十万方英里,共得三百七十度界。北美洲南北长四千五百英里,东西广三千英里,并岛屿计之,面积共八千六百方里,当八百六十万英里,共得八百六十度界。南美洲面积凡六百五十万方英里,略当六十五百万方里,共得六百五十度界。非洲并岛屿面积一千一百五十四万八千英里,凡一万一千五百四十八万方里。共得一千一百五十五度界。澳洲并各岛四百二十三万二千方英里，凡四千二百三十二万方里。共得四百二十三度界。通共全球之陆凡五千二百三十八度。大地各国言天度地度者，率以三百六十为数，极零畸而不整，皆缘古者草昧，妄以地转三百六十五之昼夜而周天，因断为三百六十以测天焉。今既知为地转，且亦非三百六十之定数，则与测候无关，又以计里太碎，宜概与删改，但以度为全地计里之数，从其整数划分为百度，纵横经纬为万度，多寡得宜，易于数矣。

第二章　全地通同

凡大同之世，全地大同，无国土之分，无种族之异，无兵争之事，则不必划山为塞，因水为守，铲除天险，并作坦途。所有自古之崇山盘栈、绝漠横沙，头痛身热之区，风灾鬼难之地，深箐密林之域，毒蛇猛兽之所盘据，毛人生番之所栖宿，莫不夷险平难，除莽涤秽，犁巢扫穴，奔魑走魅，成为都会，邑居相望。铁轨贯穿于绝壑，车马交横于戈壁，文明之器，无有僻壤绝域，莫不广被矣。昔日近水之区，皇都之所，人民辐辏，百货盛集；其僻壤绝域、崇山深谷，则山鬼踯躅，人迹不至，此特开辟之先驱，事势不得不然耳。盖其时机器未兴，开道之具未备，无法以兴之，故有山谷水源之殊形，都邑村落之异状。大同之世，铁道横织于地面，汽球飞舞于天空，故山水齐等，险易同科，无乡邑之殊，无僻闹之异，所谓大同，所谓太平也。惟北近冰海，南缠热带，寒暑太过，足以铄人，非人之弱质所堪也夫，于人生之长养，人身之健宜，及人体魄皆有大损，有所大损，则遍布种于人类，其害甚剧。故生人养人之地，若人本院、育婴院、慈幼院，若小学、中学、大学，若养老院，皆择温带之地为之，寒热两带之地皆不宜，此以护养人种之义有进无退；如农工商之所在则不择地，无所不届也。

第三章　地方分治以度为界

大同之治体，无国种，无险要，故分治之域，不以地势为界而但以度为界，每度之疆树石刻字以表之。人生其中，即为其度之人，由人本、育婴、慈幼三院养成，则入小、中、大学，学成则充看护人，一年则入农工商各场，有疾则入医院，老则入养老院，死则入考终院。人民以界为表，则于一界之中，政府设司立职焉。

夫何为于每度立一政府也？凡行政之区，有上达下达之异，皆视其国土之大小以为分析之广狭，大概其域大者其治疏，其域小者其治密，而其层级多者其治塞，其层级小者其治通，自治之制，则又无大小通塞之分，惟视有国与否以定，其自治之权不得不缩。此不特君主国为然，即民主之国亦不得不然也，势也。大同之世，全地皆为自治，官即民也，本无大小之分，若以一乡落数十里之地为一政府，未尝不可也，以今分国分洲之势，以洲或国置一大自治政府，亦未尝不可也，然皆非大同之宜也。盖以一乡落为一政府，则大才仍少，物力不足，其于振兴为难；在公政府统之则百千万数，苦其太繁而难综理，在议院选人则百千万数，苦其太多而难举，标名识号，纷错浩浩，亦为无术，故不可行也。若以一洲或今一国为之，则其下必多置分治之分政府，然与公政府隔绝疏邈矣，等级之势又将渐生而不平又出矣；大同之世，全地皆为自治，全地一切大政皆人民公议,电话四达,处处交通,人人直达,何事多立此分洲分国之分政府乎! 惟一度之地,以之上通全地公政府,下合人民,大小得宜,多寡适当,故可立为自治之小政府也。每度约为英里之一百,其时铁道极多而极捷,数刻而度内可通,电话汽船如蛛网交织,其短缩视度界之地如今中国一大城耳,有事公议,电话一通,数刻咸集,此公议便一也。有中国十万方里,当今一道数府之地,几多于全国,容人无数,太平之世可至数千万人或不止此,则人才无数,以兴百业,无所不可。其农、工、渔、牧、矿业出产极繁,政事极繁,其讲求鼓励,以之兴作,可成一大团体;即以境内容十院,生人养人之地甚多,若在今日,分域自治,尚嫌太大,幸大同时交通之利器极捷,故可耳。再增此乎,则地太远,人太多,传宣之脑筋渐不敏捷,则合众难,出产事业太繁,则综理难,故以此为极矣。至于上达乎全地分度之政约三数千,议员亦三数千人,虽似稍多,而用人皆由各度公举,与公政府无关,即公政府之行政员亦由各度公举,则亦无关,至于稽察政事风俗,则每度有一二人查核报告,消息已可通。夫电话、铁路、汽船数事者,开创不及百数十年,今之疾速过前世界远矣。今美之铁路每小时行七十英里,一日可一千六百八十英里,如此过百年当大同之世,人智大增,其进化之速率,岂今日所能思议,不止十数倍抑百千倍也。今西伯利铁道已成,环球周行不过月余,大同之时,环球一周,多者不过数日,急者或不待此,则交通敏捷,地球虽大,不过如中国之一大县而已。以一公政府领三数度,如今一大县领二三千村落而已,其于为治尚易通于今之一县,则无待中间一洲一国之大分政府矣。且人情一有所分,即有亲疏,如今中国同姓有分房,同国有分省,则亲其同房、同省,而疏其异房、异省。今已尽去人之家、族、乡、国以绝人自私之根,即如各度界之小政府,已属不可得已,岂可再为广树分洲之分政府以生亲疏哉！故合全地之大,经纬纵横,划为百度,每度立一政府,合数千小政府,而公立全地大政府,不可少,不可多,不可加,不可减矣。

第四章　全地大同公政府政体

全地公政府以下列各部院管理之:

一、民部掌各度人本院、育婴院、慈幼院、养老院、恤贫院、考终院之事,并游徼消防之政及整顿之事,为诸部之长。

二、农部掌全地各度百谷草木物之事。

三、牧部掌全地之畜牧,酌其用数而支配之。

四、渔部掌全地之渔产,酌其用品而支配之。

五、矿部掌全地之矿政。

六、工部掌全地百工之作货,分列其地宜,总其多寡而支配之。

七、商部掌全地货物之运输,支配于各度、各场厂,其会计至难。

八、金部总掌全地金行出纳度支之金政,定其用之多寡,于大同世界部之权最大。

九、辟部掌开辟荒地、深山、穷谷而为坦途、都邑。

十、水部掌全地治河导水之政,海亦属焉。

十一、铁路部掌全地之铁路而日图扩充之,各度内小路亦属焉。

十二、邮部掌全地邮递之事。

十三、电线部掌全地电文电话之事。

十四、船部掌全地船事,内河小船亦属焉。

十五、飞空部掌全地汽球、飞机、飞船之事。

十六、卫生部掌全地卫生、医疾、检疫之事,天文之关于测候、风灾、火山等事亦隶焉。

十七、文学部掌全地文学之事,测候亦隶焉。

十八、奖智部掌全地奖励创新特许之事。

十九、讲道部掌全地讲道劝善之事,凡有宗教炼魂者统之,兼奖励仁施之事。

二十、极乐部掌人道极乐进化之事,凡音乐、美术、游戏、博物、动植物等皆属之。

二十一、会议院,凡有官联之事及公共大政,二十部公议之,从其多数,随时随事举议长,不为定位。

二十二、上议院,全地各度各举一人,议全地法律职规大政,并掌大裁判、政教、文艺、评论之事。

二十三、下议院,但有书记,无议员,传电话于各度,合全地各度之人公议之,一切法律、规则、财政,以此为极。

二十四、公报院,全地各度公举数人,掌公共交互查报全地之事,报告全地,还报本部。

凡各曹皆有主、伯、亚、旅、府、史、胥、徒。主者长也,伯者分司之长也,亚者主伯之佐也,旅者群执事之官也,府者主纳,史者主记事,胥者主奔走,徒者复也。既统全地之事,自须用多人,其职员分司随时公议。

凡一部之主，总全地之事，皆由各度本曹之主数千人公举之，从其多数。其余铁路、邮政、汽船、电船、汽球分局之员，由曹主分派，然亦必由众公举而曹主乃择之。至曹主、亚由全地各局主公举，必由上智、至仁出身，无其人乃得用大智、大仁者为曹主。其伯虽由曹主选派，然必由大仁、大智出身，无其人乃许择及多智、上仁之人出身者。

政党之事，惟竞争乃能进化，不竞争则不进，然竞争则坏人心术矣。今立宪之政体，其行政之诸长皆出于全国政党竞争，大昏博夜，喧走道途，号召徒党，密谋相攻，或至动兵行刺；若议举之先，兆人万众旁皇奔走，大罗酒食以媚庶人，所取既未必公，即公亦出大争，坏人心术，侵入根种，此大不可。大同之世，无有国争，无秘谋，大举须假权于行政之长及立统领之人。万几、百政、法律、章程，皆由大地大众公议，余事则各度小政府专行，事事皆由公举。公政府名虽总统，其实无权，不过坐受各度之成而司会计、品节、奖励之事而已，故无须有一人为之总统之理。各部长不能由一人选派，皆由各度各曹自举。选举之日，以电话立问立复，皆从其多者而用之，无有竞争喧哗之事，更无有互攻刺杀之事，则无伤于心术，其视今政党之争，将以为野蛮之举动而笑之者矣。且各曹长被举之人，亦必须让三让再以副举贤若夔龙之美事，及再三为大众所推乃得受之，以弘让德而镇嚣争焉。凡各度公举一切曹司，皆当类是，其有不让者，则为丑德，清议所不容焉。是时人性固美、德教固盛，而事权实在公众，公政府诸长虽有责任而实极小，不过以高誉盛德坐领职司，为名誉之事而已，则高陈三让亦自易事。

凡大小政府议院之员，虽许慷慨陈词，抑扬透辟，而辞辑辞怿，皆有脊伦，言笑晏晏，皆有程度，而择善从之。若如今政党议员，互攻激刺，大笑喧哗，失仪无节，乃野蛮之至，可为大耻，则必纠仪弹之，清议不齿。然太平世人德至美，教学尤深，议员为贤哲高流，固无此野蛮之举动也。太平之世只此公政府、各度政府、地方自治局三级。地方自治局，乡也；各度政府，邑也；人类不能无者也。只此院、场、厂、馆诸司之主、伯、亚、旅、府、史、胥、徒，故大同之世无有民也。举世界之人公营全世界之事，如以一家之父子兄弟，无有官也。其职虽有上下，但于职事中行之，若在职事之外，则全世界人皆平等，无爵位之殊，无舆服之异，无仪从之别。惟仁智之人特许殊荣者，以致进化而防退化耳，益同胞而福大众，其功德固宜殊异也。

第五章　各度政府政体

各度政府之组织如下：

一、民曹掌地方自治之事，凡人本院、育婴院、慈幼院、养老、恤贫、考终诸院之事并游徼消防之政，为诸曹之长。

二、农曹掌百谷、草木、渔牧之事。其地不能种百谷但为牧场者，则立牧曹。若有林麓，则改为虞曹。其地产备兼者则立诸曹。如有百产之物如盐、茶之类多者则立盐茶曹。

三、矿曹掌开矿之事。

四、工曹掌百工之事，土木建筑属焉。

五、商曹掌商货之运输。

六、金曹掌金币、会计、金行之事。

七、辟曹掌开辟荒山、沙漠，无大山无荒地者不设；凡地理、地质学掌焉。

八、水曹掌治水之政，无水者缺。

九、通曹掌道路船车之政，大者皆归铁路，此其小者。

十、医曹，凡医疾院掌焉，及卫生、饮食、市场查验之事掌焉。

十一、文曹，凡小学、中学、大学及图书馆、测候馆掌焉。

十二、道曹，凡各处讲道劝善之事。而修魂炼性之人归其掌焉。

十三、智曹，凡创新之事、特许之荣者掌焉。

十四、乐曹掌人间进化极乐之事，凡音乐馆、博物院、动植物园，其施舍仁伦之事，奖励之章掌焉。

十五、会议院，凡十四曹官职之事则会议之，从其多数取决，而民曹为之长。

十六、上议院，公举度内之元老、文学、仁智之人为之，其人数视其度内人数多少，随时议定，略以数百为度。十四曹之长皆为议员，每年一任，以太平之世，人才太多，各使得展其才也。凡大政掌之，而专主职规、法律、行政、裁判、评论之事；各地评事不断者，则此院公评之。

十七、下议院，下议院无选议员，凡人皆预议，但有书记之人，传电话于全境内人众合而公议之。

十八、公报馆，由公政府派来一人，会同在度内公举之人，掌考查、布告度内各情于公政府及各处政府暨本境人民，俾彼此、上下、四旁交通联互。

凡各曹,自民曹以下至农牧渔、矿、工、商、金、水、辟、通、医十曹,皆掌人民厚生之事,自文、智二曹则掌人民开智之事,道曹则掌正德之事,乐曹则掌极乐之事。当太平之世,无争兵故无海陆军,无刑讼故无刑法,无国际交涉故无外务,凡诸司皆为民之官而已。孔子之为《书》也,唐虞之世九官,自平水土、教稼穑、明人伦、工虞、水火、礼乐皆为民之官,庶几小近,惜非其时,不详备耳。

凡各曹皆有主、伯、亚、旅、府、史、胥、徒。主一等,府、史与伯、亚二等,旅三等,胥四等,徒五等。凡各曹皆由地方自治局公举,终身不贰事,不移官。凡各司之职,皆由本曹公举。如一曹之主,则各地方自治之各局主、伯、府、史及本曹之伯、亚、府、史、旅皆同举焉,或听胥、徒并选举之,从其多数。其伯、亚、府、史则以下递举而听主用之。其旅、胥以下由徒公举,而听伯、亚、府、史之用。

第六章　公　通

大同之世,铁路、电线、汽船、邮政皆归于一,皆属于公,是时飞船大盛通行,亦公为之。五者皆为大地交通运送之要政,公政府各设专部以经营之。是时五者繁密,如网如梭,缠于大地,既为公产而不归私有;人口尤众,游历通信尤繁,则五者所收之费不可胜数矣。五者网于大地,处处设司,每度有总局,数里、数十里有分局,皆有主、伯、亚、旅、府、史、胥、徒。史以记账,府以收纳;而府之权尤大,府之中又有主、伯、亚、旅焉。其用人皆自学校出,其专门学即在五者局中。其有工学士出者,得补主、伯,皆有报以发明布告之。其有司皆为技师、工长,其才者累迁至部长,终身不贰事,不移官。其五者终日无息,则人轮数时,与百工等。其在铁道、汽船者,风尘波浪或太劳苦,岁许休息其半,当休息之月仍支工金焉。

第七章 公 辟

大同之世,公政府日以开山、通路、变沙漠、浮海为第一大事。盖人口愈多,用品愈繁,至于是时,深山穷谷、绝岛深箐无不大通,视同都邑,故通路、治水、筑桥之大工,役人最多。汽船、铁道之修筑需费最巨,故夷山凿岭,通川河而桥峰峦,所在皆开。无论老林深矿,无一不辟,雪山冰海,探抚日深,利源皆出,农场、林圃、花囿、果园、电碓、石厂、矿场遍于高山绝岛间。其温带热带之高山,空气至多,暑气较少,尤于养生为宜,则各学校、各养老院、养病院皆筑于山顶山麓,而富人、学士、罢政之逸老亦皆争筑室于山顶,以纳空气而便养生。人既多聚,则商店、公园、图书、乐馆亦皆设于山顶,开为都会焉。譬如中国之泰、华、衡、嵩、罗浮、匡庐、天台、雁荡,印度之须弥,北美之落机,南美之安底斯,欧之巴干比尔、袅士而、阿尔频岳,今已馆室遍峰峦矣。宜引大地各国名山加入。

凡此名山,皆为都会之胜地,其他群山莫不开凿,并开岩架壑,铁道盘空,电线飞驰,空船来往。名山尽辟以为公园,引飞瀑以四奔,激涧泉以上射,异花殊草,聚大地之珍奇;怪兽珍禽,皆栅栏以公养。诸峰直峭,则通以飞桥,飞桥架空,则悬以飞屋。飞屋高悬天半,<u>绖</u>以铁纽,玻房玲珑,植以繁花,廊槛纵横,著以翠鸟,几榻之机皆含音乐,嘘吸之气并属云霞，其欲上下周游，则跨汽球空船，或机停而立至矣，斯亦逸士真人之极乐也。盖据乱窟居，人多住山，升平堂构，人多住原，太平极乐，人复居山，周而复始。但窟居者多在山谷之幽，风气不通，故于卫生不宜，太平极乐则居山顶，风气四通，故于养生最益也。若其磴道盘旋，阑干环绕，织山若网，匼匝回环，亭榭点缀于峰头，几榻交横于道左，电灯掩映于涧壑，楼阁玲珑于五云，真有仙山五步一楼、十步一阁之观焉。

若其轮船之大，不可思议，长以千万丈，广亦百数寻，有若小岛焉。船中堆山筑池，种树架桥，缀以亭榭，其上住室客堂环绕其间，逸老、名士好吸海风，多赁居于是以周游四海焉。其近海之地或无洲岛，则絚以巨铁，广袤数里或百数十里，其上堆山，筑池，种花，植树，听人居之，筑为客室，商店咸备，浮海远游，听其所之。以铁为巨堤，环周其外，巨浪难撼，大鱼不惊，出没日月，嘘吸天地，此又浮桴之乐也。

又若大河海峡之横亘，则渡以千万丈之长桥，石地、积沙之互阻，则开其百千里之川流，有如苏彝士、巴拿马之开河及纽约之筑桥。盖处处皆是沙漠之地，久壅无用，行人苦之，则引之铁管，导以流泉，以汽车运泥，以石堤阻风。及石堤弥天，汽车匝地，风难旋转，沙渐低平，于其泊洑渐引川河，遍植草树，将多雨泽，渐可使沙漠化为壤土，戈壁成为中原，此虽莫大之工程，而以公政府之巨力为之，亦不难也。

凡兹铁道、汽船、电线、邮政、飞船之岁入，尽以从事于工程焉，则大地虽大，崇山大河虽多，深林邃谷虽奥，不数百年皆化为都邑焉。故公政府立辟部以督之，有主、伯、亚、旅、府、史、胥、徒以任其事。其府主金出入,其史日月记事,又各有主、伯、亚、旅焉。每一工程皆立一局,又各有主、伯、亚、旅、府、史、胥、徒以督之。其人并出身于学校,其专门学校皆在局中,一切法政皆与工部之工曹,工局、工厂同。其局之大者,役徒百数十万人,若秦之筑长城,波斯之铸跨海七十里铜人,埃及之筑五里石陵,然皆用机器为之,力省而不劳,举之较易矣。凡全地有无工无养之人,皆可充此工以养之。夫以国计之,间税多于直税且十倍,英之直税二千万而邮政及印花二者乃二万余。大同世之铁路、汽船、空船、电线、邮政五者,一岁之入不可量数,况自制纸币而公行之,虽多发无数商货,游资亦收回,则一岁所开辟之山海、道路、桥梁、水利、巨工亦不可量数,而役徒虽多,物料机器虽多,而役徒之所购物品、机器工料之物品仍流入于公设之商店,则用其一而尚存其半焉,可以成大工,可以役大众,可以辟穷荒,政府统算而消息之可也。

第八章　地方自治

当是时,人之所居,都会之大聚,以山顶海边及岛屿为至多,而河流川源之间次之。然人口虽多,皆归之农、工、运、辟四部,否则老幼、疾病、学校十院之养于公者,然则屋室、园囿、店、厂、场、局皆出于公,几无私宅者矣。既出于公,则必崇宏浩大,一院而万千人,多或亿兆人,故太平之世,无散人之村乡而但有公家之廨署。其时道路平广,电车四达,瞬息百里,自行车更均,人人皆具,亦顷刻十数里,故农场耕牧之地可散而食宿之院可聚,虽十数里一农场亦可也。有农场之地,则商店从之,邮局、电局从之,飞船、铁路之站从之,为一聚落焉,故太平世之农场即今之村落焉。其地方政治,即农场主主之,而商店长、邮、电、飞船局长、铁路站长佐之,不必设乡官焉。其有事则开议,人人皆有发言之权,从其多数而行之。其应上告而整顿者,则大众列名而农长代表焉,每月必聚议其场政而上之于农局。其为工厂地者,则为今之市镇,则工厂主主之,其地之商店,邮电局、铁路、飞船并设,则各局长佐之。其有事开议,人人皆有发言权,自其长亲入议堂外,其余皆自各处电话发来而史以书记之,月必聚议其厂政,从其多数行之。其应上告而整顿者,与农场同,告则直上于各度小政府之工曹焉。其农局居农场之中或山水原陆之要,则或有人本院、育婴院、慈幼院、小学院、中学院、大学院、养老院、医疾院、恤贫院、考终院十院在其间,则必有金行、公园、博物院、植物院、动物院、音乐院、美术院、讲道院、大商店、邮电局、飞船铁道局,其有川原者,则有船局或有工厂、作厂。如是,则设一地方自治局焉,有主、伯、亚、旅、府、史、胥、徒以任其地政,其曹有道路,警察、卫生、讲道、评事、测候等司,若有水道则有都水一司,若有山谷则有辟山一司,其桥、堰、陂、塘皆归于道路司,其稽察饮食之宜、室屋之式、疫疠之事则归之卫生司,其余场、厂讲道之人则归讲道司,其有诤论则归之评事司。是时刑措,盖无狱矣,其有罚者削其名誉,再有甚者付之恤贫院作苦工而已。其人皆由议院举之,议院岁以数月开之,公议本局之立法诸事。院局之长咸入一堂,听人人提议,而以电话询于各场厂局,院司之众,人人皆有发言之权而从其多数。其公举主、伯、府、史皆取其地有智人、仁人之徽章多者举之,无仁智之徽章不得被举焉;又有公报馆以总公政布告之事,其职图如下:

地方自治局之属

议　　院		人本院
农　　局	农场（凡盐场各产物场皆同）	育婴院
矿　　局		慈幼院
牧　　局	牧场	小学院
渔　　局	渔场	中学院
工　　厂		大学院
商　　局	商店	医疾院
金　行	金店	养老院
都水局		恤贫院
辟山局		考终院
道路局		
游徽局	徽员	博物馆
卫生局		图书馆
讲道局	讲道	音乐馆
评事局		美术馆
		公游园
		植物园
		动物园
		讲道馆
		测候台
		公报馆

第九章　公金行

凡全地之金行皆归于公，无有私产。立金行部于公政府，即度支部。分立于各度小政府，为总金行，下至于各地方自治局有分金行，各工厂、作厂、农场皆有小金行。凡全地商店、铁道、汽船、电线、邮政、飞船之所入皆归于总金行，分配于各度及各地各场之金行，以应农、工、商作铁道、汽船、电线、邮政、飞船之需及人本、育婴、慈幼、小学、中学、大学、养老、医疾、考终十院之用。其人民储金，亦收之而予之息。其各地、各度分金行，岁月将其所收商店、邮政、铁道、汽船、电线、飞船之数报之公政府，而其所出农、工、商三部及养人十院之费，酌其多少，请于公政府总金行而拨用之，其地方自治之收费用费亦归焉，而听自治局公议而公用之。

当是时，金币用二品：上币金，下币银；其铜留为器物，不作币，而皆有纸币代之。其纸币之小者，如今各国之印花，每纸百钱焉。计其时矿出益多，或只用金一品而银亦可不用为币，但为器物可也。金钱略为三品：小者作十用，次者作百用，大者作千用。是时实名金行，不名银行。纸币皆制自公金行，亦无作伪者，由公印发，出之无穷，令民饶裕而多行乐也。凡金行有司，各有主、伯、亚、旅、府、史、胥、徒，皆自学校计学出身，其学士累迁可至金行部总长，其主、伯、亚、旅皆选商业富人充之，各业大富人充之亦可。其时富人必由造出新器而后得富，则皆聪智人也，又必多有仁人徽章而后举之。盖大同之世，权至大者莫如金行，故不能不郑重之。

太平之世，农、工、商一切出于公政府，绝无竞争，性根皆平。夫物以竞争而进上，不争则将苟且而退化，如中国一统之世。夫退化则为世界莫大之害,人将复愚,人既愚矣,则制作皆败而大祸随之,大同不久而复归于乱,此不可不预防也。若导人以争,又虑种于性根而争祸将出,二者交病。且太平之世,农、工、商、学、铁道、邮政、电线、汽船、飞船皆出于公,人皆作工,只有工钱,无甚贫富,则新器亦难销流而新机将息。且其农、工、商、铁道、邮政、电线、汽船、飞船亦必不改进而腐败随之,诸事腐败,人将复愚,事将复塞,而大同亦不可久,则复归于乱矣。夫天道不平者也,不平则乱,人道感于乱祸,故裁成辅相而力求其平。然至于平时,则平之祸又出矣,补偏救敝,不可不虑患而深防之,此尤太平之深忧也。思防弊之法而调停于二病之间,则救之有二道。

第十章　竞　美

一、为公众进化计,大同之世,室屋、园囿、农场、工厂、商业、铁路、电线、汽船皆出于公,既无竞争,何肯改良,何肯进上? 必将坐听其弊,其害又甚大,此不可无以鼓舞之也。其道令各度小政府主持一切,若养人十院如何加益,公屋之如何而加精美伟丽,公园之如何而加新趣乐心,音乐院、美术馆、动植园、博物馆如何而加美妙博识,农工如何而改良奖励,桥梁、道路、铁道、汽船在各度境内如何加其安乐华妙,公政府许其于本境商场售货及其本境铁道、汽船、飞船、邮政收费听其酌加,以为兴起、改良、增进之计,各度境内小汽船、电车皆归于本度政府专利自办,以为兴起、改良、增进各事业之费。但其时自行车多,马车亦无几耳,故不得不以商业、铁路、邮政各费听其议加。凡此汽船、马车之收费、商业、铁路、邮政、电线之加费,皆由各度本境人公议,遍传电话于各农场、工厂、商店及十院执事之人,凡境内有独立权者皆预焉,从其多数而行之。盖商货之售,铁道、电线、邮政、汽船、马车之收费,其贵贱多少皆境内人受之,益则公益,损则公损,苟境内各人皆甘愿物价微涌,收费微昂,而得十院及公园、公屋、公音乐、美术、动、植物园、博物院、舟车、道路、桥梁之奇精新妙,则涌贵者乃其人民之自愿,非由公政府之暴政,安得不听之。夫所私损者少,所公益者多,凡人民亦孰不踊跃以听,以期邻度之称美仰望乎!公政府之民部,于各度中有尤为日新进上者,则赠徽章于其度,公奖其公民,于岁中列表,等其高下而荣异之,或合各度行赛会,赛其高下。各度人民私益、公荣一举两善,谁不愿稍涌毫厘之价以得巨资,其于率作兴工,增美释回,固甚易易。各度各自为之,各自竞上,则室屋、园圃、农场、工厂百物,安有患其坐敝不进,退化不改者哉!若夫铁路、汽船、飞船不能分度界,乃全为公政府之物,其有新式妙术增进者,公议院与全地人民传电话而公议之,稍加物价及运输收费,亦不过以众人之力为众公益,所以私损少而公益大,亦孰不愿,岂患其不能改良哉!

第十一章 奖 智

一、为独人进化计,当太平之时,人人皆作工而无高下,工钱虽少有差而相去不能极远,则人智不出,器用、法度、思想、意义不能日出新异,则涩滞、败恶,甚且退化,其害莫大焉;欲防其弊,即对其害而矫之。

当太平时,特重开人智之法,悬重赏以鼓励之,公为四科:一曰新书科,
有能作新书为昔所无者,不论农、工、商、铁路、电线、邮政、汽船、飞船
学、法政、教艺、乐理、医、气、力、形、质、声、光、数、电皆可。其新书分三
等:第一曰新理,以理能推所以然也;第二曰新术,术有法可寻者也;
第三曰新益,有益于人道者;盖理与术穷极造化,该括天人,而奥深或远
于人道,新益者即切于人道者也。创新理者为圣哲,创新术者为慧巧,
创新益者为明智。一曰新器科,大之若今之铁道、电线,小之则百器皆
是,以有益助进化为主,差其所益公私大小而为等。一曰新见科,凡天
文之星气、地层之矿质,通鸟兽之语而训用之,考医药之物而化用之,及
一切人世未出之物、未有之事皆是,以其大小深浅定其等焉。一曰新识
科,因旧有之物质、物品、物理而荟萃贯串,择精去粗而成之,政、教、艺、
乐皆然。公政府设奖智院,专任鼓舞、劝导、鉴定之事,每州设分院,各
度小政府皆设一局,小者由各度小政府鉴察而特许之,大者呈各州分院
或公政府总会鉴察而特之。其制新器,著新书,发新见,若力不足,则
公助之或公出资优养其人为之。其奖智院设各科学士、博士,由博士大
众公鉴之,鉴定而颁发其特许之赏,差其高下以为赏之等。其赏有名有
实,名者荣衔也,实者金钱也;其理之精奥伟大者其名高,其事之切实益
人者其实厚。凡名誉之赏,能创新者公赠徽章,谓之智人,每一次创新
则得一次智人徽章,积十次则为多智人,其创新之卓绝者则为大智人,
积十次卓绝之创新则为上智人,其尤卓绝者则为哲人,其卓绝而不可思
议者则为圣人。圣人、哲人不为定例,遇有其人,公议同服,则众上其徽

号;凡得是名誉者,众共尊礼加敬之。其创新之轻重大小,皆有比例之定格以为等,积次积等而比较之以为其位之高下。凡学士必由多智人选出,博士必由大智人选出,圣人、哲人必由上智人选举。故其时之智人犹今之秀才也,多智人犹今之举人也,学士犹今之进士也,大智人犹今之翰林也,博士犹今之鼎甲也,其上智之号犹今之状元也,圣人则旷年累世而后一遇其人而得为之,大约圣、哲之号多于死后公推焉。其赏金则与名位不同。凡名位略从同,苟非卓绝,皆为智人而已。而赏金则分析级数甚多,可至千百等,以益于人用之多少为差;然虽至下等者,赏金亦必极多,俾其人富而更易创也。略以千金为至下位,自此等而上之千级,凡至百万焉。大智又有岁赏焉,亦自千金至百万之千级以为岁俸,终其身而后止。智人徽章用圆形,绣其所创之物;其大智虚理不能绣者绣以月,为蛾眉、弦、望之形;至十次则为上智,绣以满月;哲人则绣以日;若圣人则绣大日绕以群星,如天焉。凡领徽章多者,则尽悬之于身及背,犹不足悬,则及于手足;其大智以上之徽章则悬之于冠。其死也,有功德于人而人思之者,则铸其像,以其创新之次数为其级数,级皆用圆。其为大智之章,则用他式,亦视其次数为层数;其别领得仁人徽章者,亦按其次数为级数,级则用方。按其领章之年为其级数方圆之次第,其领得大仁人之章者,亦用他式,亦按其领章之年以为次第焉。凡各度奖智局,聚全度之学士、博士而为公鉴员,然每业、每学皆设专员以司之,而余人以时与议焉。可以赏智人徽章。其全州奖智分院,则必博士乃得为公鉴员,全州博士尽与焉,亦各设专业、专学之司而余人以时与议焉；其大智之赏必于是，学士之号必于是，各度小政府无是权也。其公政府之奖智局，聚全地博士之盛名者为公鉴员，各业、各学皆设专司，而余人以时与议焉。其圣哲之位必于是公议，其上智之章号亦于是领之，博士之号亦于是推之，各州皆无是权也。凡始创新者随时呈进，颁赏赠号亦随时；若学士、博士位号则每年论定一次，无额，惟其才；哲人、圣人则俟有公举者，无年限。当是时，举全地之人，聪明隽秀之士，心思才力之用，日夜研究之事，行游探访之意，皆创新之是图，无他志焉，无他思焉。苟得名号，则佩戴圆章，荣尊于世，领获巨金，行乐于时，富贵迫人，迥非畴昔，有若今者之考试求科第者焉，其得则如今登第，有若升天，其失则如今下第，有若堕渊。盖太平世无所竞争，其争也必于创新乎，其竞也必在奖智乎！智愈竞而愈出，新愈争而愈上，则全地人道日见进化而不患退化矣；赏金既巨，又有岁俸，无力者又有公助或公代办而优养之，则新器之出不患不多，又不患无有力者之争购，于是销流矣；既有赏金、岁俸之富，则公室之外不患无私宅矣；其他车马、衣服、什器之玮瑰奇丽与室屋之伟丽，自并起竞争而不患其渐趋简陋矣。太平世人无国争、兵争之苦，无抑事俯畜之忧，无祭祀、祠墓之事，无疾病之虞，无身后之计，每日作工数时之暇皆是余闲，魂清体健，比之今人，思精虑密，神闲气足，何止千万亿倍；而又有荣名巨金以驱策之，当是时之人，惟有日思创新而已。大以其人境遇神明之优饱，又当图书器质之精备，而又有巨金荣名驱策，则全地聪明睿智之士，日尽其心思才力以思创新，其新理、新器、新术日出而无可涯量，精奇而不可思议，其视今者之制作,何止极恒河沙倍也,盖犹天人之视五浊世也,岂复今乱世之人所能思议哉,其进化之速,一日千里,岂犹患其退化哉!

第十二章　奖　仁

当太平之世,既无帝王君长,又无官爵科第,人皆平等,亦不以爵位为荣,所奖励者惟智与仁而已;智以开物成务、利用前民,仁以博施济众、爱人利物,自智仁以外无以为荣。当是时,人无父母、妻子,无族姻之养恤,无祭祀、祠墓之费,无疾病之虞,无身后之计,一人而得百重金或千百万重金,或岁有百十万赏俸,将何用之! 是时人不为奴,不得有妻,同时不能多男女之交,屋宇不待大,宝玩古器多藏于公,除远游外,几无以为用多金之地。然则得金无用,而又有仁人之荣号徽章以鼓舞之,故其时人惟有好施舍而已,不止其性之善也,亦其俗制使然也。夫一人善射,百夫决拾,众人好施,则风俗随之。公政府于是设奖仁院以励慈惠之事,各州则有奖仁分院,各度小政府有奖仁局,司施舍慈惠之事而奖其位号。凡有仁惠之事,皆公赠仁人之号,差其仁惠之大小以为之等。凡其等高下,论次数为序,以多为贵;积领十次则为上仁人,积领五十次者为大仁人,积领百次者为至仁人,其或公德殊绝者则为大仁人,积领大仁十次则为至大仁人,其尤殊绝者则为大人天人,此两号待之公议,不常赠。

凡入本院、育婴院、慈幼院、养老院、医疾院之看护人,考终院执事人,领有完业无过执照者,皆得赠仁人之号;其赏金视其执照之功大小以为差,以千百金为度。其产母皆赠仁人之号,高一等;其医院医生积岁无过者,皆赠仁人之号;其等数、赏金皆视其功以为差,每岁或三岁一定之;其有过者扣除仁人之号。其赏金可自百千至百万,或加岁赏焉。盖野蛮之世以杀人为事,最重为兵,太平之世以生人为事,最重为医,故其赏之厚亦同之。其医人尤多而有效者,可骤赠大仁人,其赏金尤重焉。其十院执事人及诸学教习,皆三岁考之,其完课无过者皆得赠仁人之号,其等类高下,赏金多少,皆视其功以为差;其有过者扣除仁人之号。其赏金可自十百至千万。其为官者,积岁有功,奖励亦同;小功德则为仁人,大功德则为上仁人,功德殊绝则为大仁人、至仁人;其有过者扣除之。其施舍者,亦视其功德之大小高下以为差,皆有格焉,或积累焉,以定仁人、上仁、大仁、至仁之号。当大同之世,人人皆不饥寒,人人皆少疾病,人人皆入学校,虽欲施甚难。其所施舍者,多赠学校之图书,多赠人本院、育婴院、慈幼院、恤贫院、养老院、医疾院之费用,多建园林,多置乐院,多修桥梁,多通道路而已,而以辟山凿荒为功德之尤大者。譬若里息勃斯之开苏彝士河,则一举而可为大仁人至仁人矣,此宜赠金千万者也,且可公议为大人矣。

　　凡仁智兼领而有一上仁或多智者,则统称为善人。上仁多智兼领者,则统称为贤人。上仁多智并领而或兼大仁或兼大智,则为上贤人,大智大仁并领则统称为人贤人。人智人仁并领而兼上智者,则可推为哲人。人智大仁并领而兼至仁者,则可推为大人。上智至仁并领而智多者,则可推为圣人。仁多者则可称为天人。天人、圣人并推,可合称为神人。

凡议事之位则以职为序,其宴会公集之位次悉以仁智之等为序。盖太平之世,尚德不尚爵也,所以使人勉于道德而化其美俗也,所以使人化于慈祥而尽于公德也,所以使人增其灵明而收其公益也。

然虽有神圣,尊之亦有限制,以免教主合一,人民复受其范围,则睿思不出而复愚矣。即前古之教主圣哲,亦以大同之公理品其得失高下,而合祠以崇敬之,亦有限制焉,凡其有功于人类、波及于人世大群者乃得列。若其仅有功于一国者,则虽若管仲、诸葛亮之才摈而不得与也;若乐毅、王猛、耶律楚材、俾士麦者,则在民贼之列,当刻名而攻之,抑不足算矣。若汉武帝、光武、唐太宗皆有文明之影响波及亚洲,与拿破仑之大倡民权为有功后世者也。自诸教主外,若老子、张道陵、周、程、朱、张、王、余、真、王阳明、袁了凡,皆有影响于世界者也;日本之亲鸾,耶教之玛丁路得,亦创新教者也;印度若羯摩、富兰那、玛努与佛及九十六道与诸杂教之祖,欧美则近世创新诸哲若科仑布、倍根、佛兰诗士,凡有功于民者皆可尊之。

当太平之世,人性即善,才明过人,惟相与鼓舞踊跃于仁智之事;新法日出,公施日多,仁心日厚,知识日莹,全世界人共至于仁寿极乐善慧无边之境而已,非乱世之人所能测已。

第十三章　学　校

太平世以开人智为主,最重学校。自慈幼院之教至小学、中学、大学,人人皆自幼而学,人人皆学至二十岁,人人皆无家累,人人皆无恶习,图书器物既备,语言文字同一,日力既省,养生又备,道德一而教化同,其学人之进化过今不止千万倍矣。其时学校所教,时时公议改良,固非今日所能预议。若其公理乎,则德教、智教、体教之外,以实用教为最重,故大学科专行之。至于古史,则略备博学者之温故而已,为用甚少,如今人之视猺、蛮、生番,聊资进化之考验或为笑柄而已。若名理之奥,灵魂之虚,则听学者自为之,或开学会而讲求之,非公学之所急,即不待公学之教之也。公政府有学部以统之,各度小政府亦立学曹以司学务,皆有主、伯、亚、旅、府、史、胥、徒以司其事。当太平之世,地地相等,无有都会、乡邑之殊,但以择善地为养生之宜耳。故除非洲、印度、南洋热带及近冰海处不设十院不立学校外,其温带近海之地则多设之,无据乱世学校全聚京都而乡邑则皆横僿不文之俗,此不平不同也,太平世地地相同,地地平等,不待裹粮远学焉。其学官皆自各学校教习出,转推至学部长,若学部长欲议改良学制,则合各度学校而公议之,公议皆以电话从其多数而行之。其学官如父兄,其学生皆如子弟,盖以大地为一家,而鞠育后进以负荷家业也,其畴不勉焉!

第十四章　刑　措

孔子曰:"必也使无讼乎!"太平之世,治至刑措,乃为至治。伤哉乱世也! 人民之生,恶质愚性,触刑犯网,刻削肌骨,断绝躯体,殃被亲族;若其损害廉耻,败坏风俗,浸薰天性,尤其大者矣。夫原人之犯罪致刑,皆有其由。夫人之生而有身有家,则不能无贫困也,天也;以贫困之故则不能忍,不能忍则有窃盗骗劫、赃私欺隐、诈伪偷漏、恐吓科敛、占夺强索、匿逃赌博之事,甚者则有杀人者矣。不治其救贫之原而严刑以待之,衣食不足,岂能顾廉耻而畏法律哉!人之生而有生殖之器,则不能无交合色欲之事者,天也;以天之故则必不能绝,必不能绝则必有淫奸之事,自情好强合、占夺偷抢以至渎伦乱宗、杀人倾家者有矣。虽有万亿婆罗门、佛、耶稣欲救之而欲绝其欲,而必不能使全世界人类绝交合之欲也;假令能从其教而绝之,则全世界之人类,不数十年而尽绝矣,则莽莽大地复为草木禽兽之世界矣。然使永永为草木禽兽之世界,犹之可也,然未几则兽类进化,展转为人,才智复出,又相争矣,是徒举全地百亿万年经营辛苦而得有文明之世界而草莽之,其为大祸莫有过焉,比之共纵色欲交合之害,过之不啻恒河沙倍矣。是故诸教主之教,幸人不尽从之耳,若尽从之,则人类绝而大祸至矣。不善其救欲之源,徒严律待之,彼色欲不给,岂能顾廉耻而畏法律哉!若夫有君长则有争而倾国为兵;有父子兄弟宗族则有亲,而望养责善争分之讼狱起矣;有夫妇则争色争欲而奸淫禁制、责望怨怼,甚至刑杀之事出焉;有爵位则有钻营媚谄、作伪恃力、骄矜剖夺之事起矣;有私产则田宅、工业、商货之争讼多焉;有尸葬则有墓地之狱焉;有税役关津则逃匿欺吞之罪生矣;有军兵则军法尤严重,杀人如草芥焉;有名分则上之欺凌压制,下之干犯反攻起矣。此外违乎人之情,离乎人之性,反乎人之欲,远为期而责不至,重为任而责不胜,凡若此者,皆设网罗,张陷阱,而致人人于刑,兴人于讼者也,人道所必不能免也。不知治此,而日张法律如牛毛,日议轻刑如慈母,日讲道德如诸圣主,终不能救之也,无具甚矣。诸帝王之号称仁者,诸教主之号称圣者,不过如巫者医者之治沉病然,铙钹并作,灯烛杂陈,或祓除其不祥,或针灸其孔穴,间有小瘳而终不能起其沉疴而至于长生也。滔滔数千万年,往者圣哲已矣,虽有良医如婆罗门,如耶、佛及希腊诸哲,暨于近哲,方亦多矣,而深山僻野,药材不具,医器难作,生当据乱,不逢其世,有术无具,如之奈何! 今之世,药犹未备也,吾思救之之方,将来之瘳此无量大病者,必当行之也。孔子曰:"道不远人,人之为道而远人,不可以为道。"庄子论墨子曰:"离天下之心,生人不堪,离于天下,其去王也远矣。"墨子之教不能行者,以生人不堪故也。今诸圣主之道,其亦有离于天下而生人不堪者耶! 惟大同之道,无仰事俯畜之累,无病苦身后之忧,无田宅什器之需,无婚姻、祭祀、丧葬之费;孑然独立之一身,少有二十年学校之教,长有专门生计之学,老疾皆有所养,作工仅三数时,其无业而入于恤贫院者尚不患无所养也。若稍有所犯,终身不齿,无所迫而为之,何忍自绝于向上! 即谓人性无厌,贪心易起,则又经累世大同之化,传种改良,则无复有窃盗骗劫、赃私欺隐、诈伪偷漏、恐吓科敛、占夺强索、匿逃赌博乃至杀人谋财之事,则凡此诸讼悉无,诸刑悉措矣。太平大同之世,男女各有独立之权,有交好而非婚姻,有期约而非夫妇,期约所订,长可继续而终身,短可来复而易人。凡有色欲交合之事,两欢则相合,两憎则相离,既无亲属,人人相等。夫宽游堤以待水泛,则无决漫之虞,顺乎人情以言礼律,则无淫犯之事矣。夫人禀天权,各有独立,女子既不可为男子之强力所私,其偶相交合,但以各畅天性。若夫牝牡之形，譬犹锁钥之机，纳指于口，流涎于地，何关法律而待设严防哉！筑坚城者适召炮攻，立崇堤者适来水决，必不能防，不如平之，故不若无城无堤之荡荡也。况男有侍妾则为义，女有向背则为奸，故严刑峻法特为男子之私设之耳，岂大同人权并立时所可有哉！故大同之世，交合之事，人人各适其欲而给其求，荡荡然无名无分，无界无限，惟两情之所属。人人可得，故无复有强合、占夺、抢争之事，人人可合，故无复有和奸逼淫之名，无亲无属，故无复有乱宗、渎伦、烝报之恶，又安有帷薄之讼，淫奸之刑哉！惟自由之义，乃行之于二十出学之后。若在童男童女之时，身体未成，方当学问，受公政府之教养，未有独立之权，亦无自由之义，不独强奸之有害，亦交合之损身，自当在禁防之列，此在教师之训导，又在友朋之激厉。苟不谨而犯此，虽不速于刑狱，亦当见摈清议，削减名誉，此为冒犯学规，不隶刑司焉。至强奸童幼，有损身破体者，本当予以严刑。惟此等恶风皆出于中世淫律过严之时，人有欲而无所泄，故致犯此。若太平之时，人得所欲，何事强奸童幼，为绝无滋味之事，可不待防。若果有之，付之公议以定其罚可也。盖法律之立，所以预防为非，太平之世苟尚有恶欲若此者，必非自好之士，亦必不畏法律，故无须矻矻以制刑书也。他事仿此。盖古世法律未立，议事以制，中世有法律以防奸恶，太平无律，复类上古，以人不为恶，不须预防也。女色既易，固可无犯，然美男破老，固又有好男色者，虽索格拉底已有之矣，虽非阴阳之正，或于人身有损，然好色亦未有不损者。人情既许自由，苟非由强合者则无由禁之。夫公理本无善恶是非，皆听圣者之所立。佛法戒淫，则孔子之有妻亦犯戒律，当堕地狱矣；孔子言不孝无后为大，则佛耶二教主亦犯戒律矣；莲华生、亲鸾及玛丁路得公然在佛耶界内创新教而行淫，然天下亦无有非之者，且多从之者：西藏红教居大半，皆居莲华；日本亲鸾教，从者人过千万；路得新教，则过万万矣。故知善恶难定，是非随时，惟是非善恶皆由人生，公理亦由人定。我仪图之，凡有害于人者则为非，无害于人者则为是。昔之禁男色者，恐好于彼则恶于此，虑害嗣续而寡人类，故禁之。太平之世，男女平等，人人独立，人人自由，衣服无异，任职皆同，无复男女之异，若以淫论，则女与男交，男与男交，一也。其时人太安乐，不患人类之不繁，无待过虑。其有欢合者，不论男女之交及两男之交，皆到官立约，以免他争。惟人与兽交，则大乱灵明之种以至退化，则不得不严禁矣。太古之世，兽交最多，人之本始亦自灵兽之交展转而成。印度古昔有驴仙人，尚未大脱兽交之俗；犹太女子成人，至今先与羊交，故摩西立法之先，有交兽者杀，与周公之群饮勿佚，尽拘以杀，同虑以恶种乱灵明之种也，则其时兽交之俗盛矣。中国文明已久，早无此风，故律无明文，然今各国所传，其交猴、犬、豕、牛、马而生子类兽者不绝，"羡杀乌龙卧锦茵"，李义山之所为诮也。香港某氏妇畜犬而与卧起，火发不能脱。前年加拿大女子生狗，登于报纸。纪晓岚《阅微草堂笔记》称一何某者，畜牝豕十数，闭门与交，其生豕多有人头者，又称有妇与马交而死，有男子与牝牛交而死。大约畜猴犬交者盖多矣，此于保全人种之大义最为悖反，若有此者，应科非常之严律，视为大逆不道。然究其所因，皆由中世禁淫之律法过于崇严,而人欲之大发有不可禁,故至陷此乱种之不道。若在大同世,但在情欢,绝无禁戒,则人得所欲,以文明之人类,起居饮食备极香美,岂能复与兽交哉! 义当无之,可不立禁;若有犯此者,公议耻绝,不齿于人可也。

大同无邦国故无有军法之重律,无君主则无有犯上作乱之悖事,无夫妇则无有色欲之争,奸淫之防、禁制、责望、怨怼、离异、刑杀之祸,无宗亲兄弟则无有望养、责善、争分之狱,无爵位则无有恃威怙力、强霸利夺、钻营佞诡之事,无私产则无有田宅、工商、产业之讼,无尸葬则无有墓地之讼,无税役关津则无有逃匿欺吞之罪,无名分则无欺凌压制、干犯反攻之事。除此以外,然则尚有何讼,尚有何刑哉! 我思大同之时,或有过失而必无罪恶也。其过失为何? 于一业一职之中,或有失职误事者焉,或有失仪过语者焉。以二十年学校之教,化行俗美之休,人性既善,精力又强,其殆并失误而无之;必谓有之,此亦不待刑讼者也。故大同之世,百司皆有而无兵刑两官。其各业各职之失误者,失仪过语之非礼者,皆归其本司依例教戒,或少加罚锾极矣。即两有诤论,亦君子所有,太平之世或不能无,则公请评事人定其曲直,不须设理官也。故太平之世无讼,大同之世刑措,盖人人皆有士君子之行,不待理矣。故太平之世不立刑,但有各职业之规则,有失职犯规而无干刑犯律也。自职规之外,立法四章而已。

第十五章 四 禁

第一禁懒惰 太平之世,园林音乐,男女同游,饮哺歌舞,人太逸乐,即不作工业,亦有恤贫院以收之。若人人如此,则百事隳坏,机器生锈,文明尽失,将至退化。故惰之为害,可以举大同之世复还于乱世,其害莫大,故当严禁。有惰工者,计日罚镪,若过经月则削名誉,再久则不得充上职,其人入恤贫院,则作苦工。苟非富逾巨万、银行有凭者,久不作工,皆当议罚。盖大同之事业治化,皆以众人公共任之,一人不任职,则一职有损。即有好修炼精魂,深山独处,草衣木食,与世长辞者,此为出世有道之士,本不能科以世法。但大同之世,人之生也,养之公家二十年,岂可空受养而逃之!虽在佛法,曾受父母之养而飘然出家,实为失报施之理,况今公政府乎!夫投桃报李,欠债偿钱,此为公理之至,无可逃于天地之间也。公家既教养人民二十年,人民亦当报公家二十年,故四十岁以前,不许出家修炼,过兹以后,乃听自由。

第二禁独尊　太平之世,人人平等,无有臣妾奴隶,无有君主统领,无有教主教皇,孔子所谓"见群龙无首",天下治之世也。若首领独尊者,即渐不平等,渐成专制,渐生争杀,而复归于乱世。故无论何神圣,据何职业,若为党魁,拥众太多共尊过甚者,皆宜防抑。故是时有欲为帝王君长者,则反叛平等之理,皆为大逆不道第一恶罪,公议弃之圜土。以一有帝王君长即不平等,即生争杀而反于乱世,凡成一人之尊,必失公众太平之乐也。即有神灵绝出之人,以教主收众,亦当禁绝。盖教士虽仁智覆众,非出害人,而尊崇过甚,恐有摩西、摩诃末之伦假教主而为君主,则专制复成,平等必乱,又将复归于乱世也。然太平之世,人智浚发,欲为君主教主者甚难,必无是事;然不可不预防之。计其时人权甚分,极难拥众,惟医生之权最大而人身多托命焉。或有灵异绝出之人如拿破仑者,以其雄才大略,托医挟术以讲道收众,则由地球医长为地球大统领,由地球大教主而为地球大皇帝,是秦始皇复出,而将挟权恃力,焚书坑儒以愚黔首,则太平之极复为据乱,其祸害不可胜言,此不可不立严律以预防之也。故凡有独尊之芽,宜众共锄之,不许长成。

第三禁竞争 人之性也,莫不自私,夫惟有私,故事竞争,此自无始已来受种已然。原人之始,所以战胜于禽兽而独保人类,据有全地,实赖其有自私竞争致胜之功也。其始有身,只知有身而自私其身,于是争他身之所有以相杀;其后有家,则只私其家,于是争他家之所有以相杀;有姓族部落则只私其姓族部落,于是争他姓族部落之所有以相杀;有国则只私其国,于是争他国之所有以相杀;有种则只私其种,于是争他种之所有以相杀;以强凌弱,以勇欺怯,以诈欺愚,以众暴寡。其妄谬而有一知半解如达尔文者,则创天演之说,以为天之使然,导人以竞争为大义,于是竞争为古今世界公共之至恶物者,遂揭日月而行,贤者皆奉之而不耻,于是全地莽莽,皆为铁血,此其大罪过于洪水甚矣! 夫天演者,无知之物也,人义者,有性识之物也;人道所以合群,所以能太平者,以其本有爱质而扩充之,因以裁成天道,辅相天宜,而止于至善,极于大同,乃能大众得其乐利。若循天演之例,则普大地人类,强者凌弱,互相吞啮,日事兵戎,如斗鹌鹑然,其卒也仅余强者之一人,则卒为大鸟兽所食而已。且是义也,在昔者异类相离、诸国并立之世,犹于不可之中而无术遏之,不得已者也,若在大同之世,则为过去至恶之物,如童子带痘毒,岂可复发之于壮老之时哉！大同之世,无异类,无异国,皆同体同胞也,竞争者,于异类异国为不得已,于同体同胞为有大害,岂可复播此恶种以散布于世界哉！夫据乱之世,人尚私争,升平之世,人人各有度量分界,人不加我,我不加人。故大同之世,视人如己,无有畛域,"货恶其弃于地也,不必藏于己,力恶其不出于身也,不必为己"。当是之时,最恶竞争,亦无有竞争者矣。其竞争者,惟在竞仁竞智,此则不让于师者。虽然,作色者,流血大争之兆也,勃怒者,巨炮攻争之气也,嚣哗者,对垒争锋之影也。太平之人,有喜而无怒,有乐而无哀,其竞争虽或有之,则不能不严禁焉。凡有争气、争声、争词、争事、争心者,则清议以为大耻,报馆引为大戒,名誉减削,公举难预焉。若其弄兵乎,则太平世人决无之;若有创兵器之议者,则反太平之义,亦以大逆不道论,公议弃之不齿焉。

第四禁堕胎　见人本院篇。

壬部　去类界爱众生

人类既平等之后,大仁盎盎矣。虽然,万物之生皆本于元气,人于元气中,但动物之一种耳,当太古生人之始,只知自私爱其类而自保存之,苟非其类则杀绝之。故以爱类为大义,号于天下,能爱类者谓之仁,不爱类者谓之不仁,若杀异类者,则以除害防患,亦号之为仁。夫所谓类者,不过以状貌体格为别耳,与我人同状貌体格则亲之爱之,与我人不同状貌体格则恶之杀之。是故子者吾人精气所生也,虱者吾人汗气所生也,然生子则爱之养之惟恐其不至矣,生虱则杀之绝之惟恐其不至矣;均是所生也而爱恶迥殊,岂不以类之故哉! 是以胎孕而生者,苟有生蛇犬异类之物,则必扑而杀之,即生子之耳目手足少异者,亦多不养焉,然则人之所爱者,非爱其子也,爱其类已也。故螟蛉之教诲,苟似我者则爱之矣,甚矣爱类之大也! 孔子以祖宗为类之本,故尊父母。子女者爱类之本也,兄弟宗族者爱类之推也,夫妇者爱类之交也,若使与兽交者，则不爱之矣。自此而推之，朋友者，以类之同声气而爱之也，君臣者，以类之同事势而爱之也，乡党者，以类之同居处而爱之也，为邑人、国人、世界人、以类之同居远近而为爱之厚薄也。以形体之一类为限，因而经营之，文饰之，制度之，故杀人者死，救人者赏，济人者誉，若杀他物者无罪，救济他物者无功。尽古今诸圣聪明才力之所营者，不过以爱其人类，保其人类，私其人类而止。若摩西、摩诃末者，以立国为事，自私其乡国，率人以食人，其为隘陋残忍，不待摈斥。即中国诸圣乎，耶稣乎，祚乐阿士对乎，索格拉底乎，言论心思之所注，亦不过私其同形之人类，于天生万亿兆物之中，仅私一物，爱一物，保一物；以私一物，爱一物，保一物，则不惮杀戮万物，矫揉万物，刻斫万物，以日奉其同形之一物。其于天也，于爱德也，所得不过万亿兆之一也，其于公理也，于爱德也，所失已万亿兆之多，已乎，已乎，公之难乎，爱德之羞乎！夫将自仅爱其同类同形之物而言之，则虎狼毒蛇，但日食人而不闻自食其类，亦时或得人而与其类分而共食之，盖自私其类者，必将残刻万物以供己之一物，乃万物之公义也。然则圣人之与虎，相去亦无几矣，不过人类以智自私，则相与立文树义，在其类中自誉而交称，久而人忘之耳；久之又久，于是虎负不仁之名而人负仁义之名。其实人者日食鸟兽之肉，衣鸟兽之皮，剥削草木，雕刻土金，不仁之尤，莫有大者，虎曾不得人不仁之万一而颠倒其名义，盖皆由于人之炎智哉！大立国者，必以背己者为贼而以诛除异己者为功，人之于他物亦然。故人者，私而不仁之至者也。所谓盗贼者，能杀人而建其私家之功，故官刑之，所谓豪杰者，能杀人以建其私国之功，而圣人斥之，圣人者，能杀物而建其私类之功，在天视之，其可斥一也。虽然，杀鸟兽者，亦人之有不得已也。夫以太古大鸟大兽之期，兽蹄鸟迹交于中国，故风后、力牧殪大风而杀猰㺄，益烈山泽而焚鸟兽，周公驱虎豹犀象蛇龙而放之，以为大功；盖不杀鸟兽，则人类绝不得存久矣，岂特无望于大同，而欲求此数千年之据乱世，亦安可得哉！以亲亲之杀言之，两害相形则取其轻，宁有杀兽之不仁而不可有绝人类之大不仁，则杀之宜也，虽有杀根存于种性而不能顾也。至于大同世乎，则全地皆为人居，鸟穴兽窟，搜焚净尽，恶兽毒蛇，其无遗种矣。今缅、暹、印度、安南之象日少，而非洲、西亚之狮必日少一日矣。他日虽有猛兽，亦皆圈之囿中以供博异之考求而已。自余蕃孳，皆豢养之驯物，若牛、马、羊、豕、犬、猫等，非有与人争杀者也，以供人用者也。且牛、马、犬、猫之知识灵明，其去人盖不远矣，其知痛苦亦甚矣，而纵一时之口腹，日屠杀之，熟视其毂觫宛转哀鸣而不顾。以为与人争，杀而自保其种类乎，则非也，以为权其轻重，不得已而杀之以救人乎，则亦非也，不过供口腹而已。以为味美而足乐乎，亦非也，日常食之，不识其美，以为乐也。以为有大益于人而足补精健体乎，是似然矣，亦不尽也。日本人只食萝白而亦精健，印度人亦多不食肉而亦强健，则何必日杀鸟兽，令其痛苦呼号以博我之一饱哉！以一饱之故而熟视鸟兽之痛苦呼号，上背天理，下种杀根，其不仁莫大矣。

故婆罗门佛者，人道之至仁也，无以逾之矣。印度人见蚁不履，见虫不杀，其余化亦仁矣哉！虽然，未至其时而发高论，必不能行也。方当乱世，国与国争，家与家争，人与人争，人且食人肉，何有于鸟兽肉乎！虽为大仁，施之少躐等矣，乱次以济矣。虽然，婆罗门佛者，真天下之好也，虽茹苦不舍也，仁人也夫！吾好仁者也，主戒杀者也，尝戒杀一月矣，以今世必未能行也。故孔子有远庖厨之义，以今世之故，虽不能至于至仁也，但勿使杀根种焉，亦不得已者乎！孔子之道有三：先曰亲亲，次曰仁民，终曰爱物，其仁虽不若佛而道在可行，必有次第。乱世亲亲，升平世仁民，太平世爱物，此自然之次序，无由躐等也，终于爱物，则与佛同矣，然其道不可易矣。大同之世，至仁之世也，可以戒杀矣。其时新术并出，必能制妙品，足以代鸟兽之肉而补益相同者，且美味尤过者。当是时，人之视鸟兽之肉也犹粪土也，不戒杀而自能戒矣。合全世界人而戒杀矣，其视牛、马、犬、猫如今之视奴仆，亲之，爱之，怜之，恤之，用之，而食之，衣之，斯为大同之至仁乎！

当代肉妙品未出之先，必不能绝肉食也，于是量全地人之所食，而牧部量地畜牧而供之。其杀之也，以电机杀之，不使其有呼号痛苦之苦。夫所尤恶于杀而恻隐所生者，在其苦耳，今既不苦，则鸟兽终有死之日。虽不得终其天年乎，然于彼无苦而在人亦不致植其杀根也，斯亦于不仁之中有仁在焉，亦远庖厨之推类至尽也。

当大同之世，全地之兽皆治及之，其恶毒而噬人者绝其种焉。各地皆有生物院，或留其一二种以考物种，皆由人饲养之，各因兽所生所乐之地，为之堆山穴石以处之，而以铁栏围之焉，其数取足供全地生物院之数而止。生物院皆置于山中，否则假山焉。盖全地之大，自生物院而外，无复有猛兽者矣，只有驯兽耳，盖至是全地皆为人治之地矣。夫兽与人同宗，而才智稍下，遂至全绝，此则天演优胜劣败之极至矣夫。

其驯兽，若牛马则为驾重乘跃之用，犬猫则为娱弄随从之用，猴则尤灵，至大同时必通其语，则供仆从使令之用，鹦鹉供传言歌舞之用，盖人等皆平，则惟奴使驯兽灵鸟而已。当是时，猴、鹦为上，牛、马、犬、猫次之，此则人多畜之，满于全地，其种最盛。若象及刚角鹿之奇大，而驯鹿之文明皆人所爱畜者，其种亦繁挚，不须约束，听其游于园囿山原间以供玩乐。盖人治极强，受其驯扰者则生存而挚其种，不受驯扰者则扫除而绝其种，亦人治之不得不然者耶！凡兹豢兽，皆用而不杀，死则化之。孔子以敝盖埋犬，敝帷埋马，待以人道，共仁爱之至欤！

鸟盈天空，既戒杀生，则听其飞翔歌舞以流畅天机之行，点缀空中之画，皆供人之乐也。若其大鹰、雄鹘力能杀人者，则捕绝其种焉，此为保人类所不得已也。若其孔雀、彩雉、白鹤、鸳鸯、秦吉、画眉及南美绿羽长尾之小凤，声色足娱，供人豢养，由来久矣。鹦鹉能言，其最上者以代奴婢，应繁其种。大同之世，园林益多，游乐之人更众，则此物尤盛焉。鸟与人为远宗，而依天不依地，与人不争，故其类多全焉。鳞介类之生，下于鸟兽，上于昆虫，而皆有智，则亦痛苦，是皆众生也，与人为远宗耳，既已戒杀，一律纵之。夫龟鳖遨游沼泽嬉嬉，蛤蛙之类，当同比例；惟鼋、鼍、蛟、鳄之大者，特能杀人则除之。凡治鸟兽之大例，其害人者则除，其不能害人者则存之，此通义也。

故戒杀者，先戒杀牛马犬，以其灵而有用也；次戒杀鸡豕鹅鸭，以其无用也；终戒及鱼，以其知少也。是故食肉杀生，大同之据乱世也，电机杀兽，大同之升平世也，禁杀绝欲，大同之太平世也，进化之渐也。

然则如佛之一切戒杀乎？亦不然也。虫则游于地上，无地无之，若必尽戒杀，则虫能侵人，其疾病多矣，是与印度无异也，人之自保其类亦不若是其迂也。今定一律，凡有犯人者许杀之，是亦不得已也。若夫一切虫虱之类，是时亦必有新药能令虫虱自不侵犯人室者，则亦不须杀之矣。虽然，人既为人，既有身有形矣，滞于形矣，有所限之矣，虽欲为仁，乌能尽吾仁，虽欲为爱，乌能尽吾爱！万物之形有大有小，其大有尽而其小则无能尽也。蟭螟巢于蚊睫，三飞而蚊不知，今夫蟭螟物之至大者也。今置滴水于杯而以显微镜视之，则见万虫蠕蠕，有圆者，有长者，有轮而角者，有翅而足者，千怪万汇，跂跂缩缩，不能尽。大同之世，显微镜之精，拓于今日不知几亿兆京垓秭倍，今之视蚁如象矣，异日之视微生物之大，将如负青天之大鹏矣。满空尽皆微生物也，以人之宏巨，一欠呻嘘吸而杀微生物无数，一举足挥手而杀蚁虫无数，盖吾自谓好仁，而自有生以来，杀微生物不知经几千倍恒河沙无量数也。谓彼么么无知乎，而显微镜视之，则过于龙象矣，是亦众生之巨者也，是亦生物也。佛者号戒杀，而日杀生无数矣。昔者佛命阿难以钵取水，阿难言水有微生物，不当取而饮之，佛谓不见即可饮。夫佛言"众生"，但当论生物不生物，不当论见不见，假令不见者而为人也，则亦可杀之乎？盖并水不饮，实不可行，故佛为遁词。抑知佛虽不饮水而不能不吸气也，气有呼吸，即佛有杀生矣，吾不能遁于气外而不吸之，即安能仁于生物而不杀之乎！仁乎，仁乎，终不能尽，故孔子止远庖厨，生乎，生乎，终必有杀，故佛限于不见。已乎，已乎，生生无尽，道亦无尽，惟其无尽，故以尽尽之。故道本于可行而已，其不可行者，虽欲行之，不能不止矣。吾仁有所限矣，吾爱有所止矣，已夫，已夫，虽大同之仁，戒杀之爱，置之诸天之中，其为仁不过大海之涓滴也夫！虽然，诸天之内，诸天之外，为仁者亦无以加兹。

癸部　去苦界至极乐

第一章　治教以去苦求乐

当生民之初,以饥为苦,则求草木之实、鸟兽之肉以果腹焉,不得肉实则忧,得而食之饱之钦之则乐;以风雨雾露之犯肌体为苦,则披草树,织麻葛以蔽体焉,不得则忧,得而服之则乐;以虫蛇猛兽为苦,则榰巢土窟以避之,不得则忧,得而居之则乐;以不得人欲为苦,则求妃匹,拥男女,不得则忧,得之则乐。后有智者踵事增华,食则为之烹饪、炮炙、调和则益乐,服则为之衣丝加采、五色六章、衣裳冠屦则益乐,居则为之堂室楼阁、园囿亭沼、雕墙画栋杂以花鸟则益乐,欲则为之美男妙女、粉白黛绿、熏香刮鬓、霓裳羽衣、清歌妙舞则益乐。益乐者,与人之神魂体魄尤适尤宜,发扬开解、欢欣快畅者也。其不得是乐者则以为苦,神结体伤,郁郁不扬者矣。其乐之益进无量,其苦之益觉亦无量,二者交觉而日益思为求乐免苦之计,是为进化。

圣人者,制器尚象,开物成务,利用前民,裁成天地之道,辅相天地之宜以左右民,竭其耳目心思焉,制为礼乐政教焉,尽诸圣之千方万术,皆以为人谋免苦求乐之具而已矣,无他道矣。能令生人乐益加乐、苦益少苦者,是进化者也,其道善;其于生人乐无所加而苦尤甚者,是退化者也,其道不善。尽诸圣之才智方术,可以二者断之。虽然,圣法之为苦乐也,循环以相生,则视其分数以为进退焉;圣法之为苦乐也,因时而异境,则权其轻重以为去留焉。九界既去则人之诸苦尽除矣,只有乐而已。

第二章 居处、舟车、饮食、衣服及其他之乐

居处之乐 大同之世,人人皆居于公所,不须建室,其工室外则有大旅舍焉。当时旅舍之大有百千万之室,备作数等以待客之有贫富者。其下室亦复珠玑金碧,光采陆离,花草虫鱼,点缀幽雅;若其上室,则腾天架空,吞云吸气,五色晶璃,云窗雾槛,贝阙珠宫,玉楼瑶殿,诡形殊式,不可形容;而行室、飞室、海舶、飞船四者为上矣。

行室者,通路皆造大轨,足行大车。车之广可数十丈,长可百数十丈,高可数丈,如今之大厦精室然,以电气驶之,处处可通。盖遍地皆于长驱铁路外造此行屋之大轨,以听行屋之迁游也。盖室屋之滞碍在凝而不动,既无以吸天空之清气,又无以就山水之佳景,偶能择得,亦难遍纳清佳,此数千年之所苦也。惟屋可游行则惟意所适,或驱就海滨而挹海气,则岛屿沧茫;或驶向湖边江湄而饫波光,则天云潆濙;或就山中而

听瀑,则岩谷幽奇；或就林野而栖迟,则草木清瑟。一屋之小,享乐无穷,泛宅浮家,于焉娱志。盖太古游牧,中世室居,太平世则复为游国,如循环焉。若夫为大舟以娱游,泛海舶以跌荡,此则易见矣。

飞屋、飞船者,汽球之制既精,则日推日大,可为小室、小船十数丈者,再推广则为百数十丈,游行空中,备携食品,从容眺咏,俯视下界,都会如垤,人民如蚁,山岭如涌波,江海若凝膏,飘飘乎不羽化而登仙焉。然是但供游行,不能常住者也。凡兹行屋、飞船,一切大旅舍咸备,其余五步一楼,十步一阁,蜂房水涡,几千万落,大小高下,拱交绣错,听人之租。故太平之世,人无建私宅者,虽大富贵逸老,皆居旅舍而已。

间或智士创新领赏,财富巨盛,亦只自创行屋,放浪于山岭水涯,而无有为坐屋者矣。盖太平之世,人好行游,不乐常住,其与古世百里鸡狗相闻而老死不相往来,最有智愚之反也。夫草木至愚者,故系而不动,羊豕之愚胜于草木,能动而不能致远者也,若夫大鹏黄鹄,一举千里。古世老死不出乡者如草木,中世游行如羊豕,太平世则如大鹏黄鹄矣。

凡公所、客舍、私屋,制造形式皆以合于卫生为宜,必经医生许可。凡公所、旅舍,夏时皆置机器,激水生风,凉气砭骨,冬时皆通热电,不置火炉,暖气袭人,令气候皆得养生之宜焉。其四壁及天盖地板,绮交绣错,花卉人物,日月能变,皆如生者,中皆藏乐,抚机即作,以怡神魂而畅心灵焉。

舟车之乐　大同之世,水有自行之舟,陆有自行之车。今自行之车已盛矣,异日或有坐卧从容,携挟品物,不须费力,大加速率之妙。其速率比于今者或百千倍焉,其可增坐人数者或十百焉,或借电力,或炼新质,飘飘如御风焉。人人挟一自行车,几可无远不届,瞬息百数十里。自非远途,铁路或只以载重焉,其牛马之车,但资近地载物之用,且新电车可以载物,并牛马亦无所用之。

大小舟船皆电运,不假水火,一人司之,破浪千里,其疾捷亦有千百倍于今者。其铺设伟丽,其大舟上并设林亭、鱼鸟、花木、歌舞、图书,备极娱乐,故人亦多舟居以泛宅浮家焉。故大同之始居山顶,其中居水中,其后居空中。

饮食之乐 大同之世,只有公所、旅舍,更无私室,故其饮食列座万千,日日皆如无遮大会;亦有机器递入私室,听人取乐。其食品听人择取而给其费。大同之世无奴仆,一切皆以机器代之,以机器为鸟兽之形而传递饮食之器。私室则各有电话,传之公厨,即可飞递。或于食桌下为机,自厨输运至于桌中,穿窿忽上;安于桌面,则机复合;抚桌之机,即能开合运送去来。食堂四壁皆置突画,人物如生,音乐交作则人物交舞,用以侑食,其歌舞皆吉祥善事,以导迎善气。

大同之世,饮食日精,渐取精华而弃糟粕,当有新制,令食品皆作精汁,如药水焉。取精汁之时,凡血精皆不走漏,以备养生,以其流质销流至易,故食日多而体日健。其水皆用蒸气者,其精汁多和以乐魂之品,似印度麻及酒,而于人体无损,惟加醉乐。故其时食品只用精汁汽水生果而已,故人愈寿。

　　大同之世,新制日出,则有能代肉品之精华而大益相同者,至是则可不食鸟兽之肉而至仁成矣。兽与人同本而至亲,首戒食之,次渐戒食鸟,次渐戒食鱼焉。虫鱼与人最疏,又最愚,故在可食之列;然以有知而痛苦也,故终戒之,此戒杀之三世也。盖天之生物,人物皆为同气,故众生皆为平等。人以其狡智,以强凌弱,乃以食鸟兽之肉为宜。然徒以太古之始,自营为先,故保同类而戕异类乃不得已,然实背天理也。婆罗门及佛法首创戒杀,实为至仁,但国争未了,人犹相食,何能逾级而爱及鸟兽,实未能行也。若大同之世,次第渐平,制作日新,当有代者,到此时岂有复以强凌弱,食我同气哉!是时则全世界当戒杀,乃为大平等。故戒食兽肉之时,太平之据乱世也,戒食鸟肉之时,太平之升平世也,戒食虫鱼之时,则卵生、胎生、湿生皆熙熙矣,众生平等,太平之太平世也。始于男女平等,终于众生平等,必至是而吾爱愿始毕。

　　草木亦有血者也,其白浆即是,然则戒食之乎?则不可也。夫吾人之仁也,皆由其智出也,若吾无知,吾亦不仁;故手足麻木者谓之不仁,实不知也。故仁之所推,以知为断。鸟兽有知之物也,其杀之知痛苦也,故用吾之仁,哀怜而不杀之;草木无知之物也,杀之而不知痛苦也,彼既无知,吾亦无所用其仁,无所哀怜也,故不必戒杀。且若并草木而戒杀,则人将立死,可三日而成为狉榛之世界,野兽磨牙吮血,遍于全地,又须经数千万年变化惨苦而后成文明,岂可徇无知之草木而断吾人同文明之人种哉!故草木可食。

　　衣服之乐　大同之世,衣服无别,不异贵贱,不殊男女,但为人也无不从同;惟仁智异章,以励进化耳。衣之从同者,裹身适体,得寒暑之宜,藏热反光,得养生之要,帽之前檐必蔽目,履之仰革以便走,贴身而裁以作工,戴章而荣以行礼,其时虽严寒盛暑,必有一新制足以一衣而却寒纳凉者。自此之外,燕居游乐,裙屐蹁跹,五采杂沓,诡异形制,各出新器,以异为尚,其时雾縠珠衣,自有新物,非人所能拟议矣。

器用之乐 大同之世,什器精奇,机轮飞动,不可思议。床几案榻,莫不藏乐,屈伸跃动,乐声铿然,长短大小惟其意。夕而卧息,皆有轻微精妙之乐以养魂梦。若夫男女交合,则有房中之乐在其床焉,皆仁智吉祥之善事,神仙天人之欢喜者也。男女构精,万物化生,实为全地人道之本始,宜皆有节奏廉肉,清浊高下,以应节合拍,蹈中履和,庶几外以极人欲之乐,而内以正生人之本,则生人之传种庶皆中和明妙焉。其他舟车之奇妙敏灵,用器之便巧省事,日有所进,千百万倍,以省人之日力、目力、心力、记事者,殆不可量也。用器进故人之明智亦日以进焉,交相为用,其益莫大。用器精可以调察人之行事,令人难惰、难偷、难诡,令人惊犹鬼神之在左右,使人不敢为恶,则善行自进。盖观于铁路所通,即文明骤进,用器之关于进化如此。

净香之乐 大同之世,自发至须眉皆尽剃除,五阴之毛皆尽剃落,惟鼻毛以御尘埃秽气,则略剪而留之。盖人之身以洁为主,毛皆无用者也。凡鸟兽则纯毛,野蛮之人体亦多毛,文明之人剪发,太平之人,文明之至也,故一毛尽拔,六根清净。是故多毛者去兽不远者也,少毛者去兽远而不离近于兽者也,惟无毛者超然为最高明之人矣。

今欧美少女披发数尺，尚为野蛮之旧俗也，惟其剪发先于中国矣。印度最先剃须发，埃及、突厥、阿喇伯先去五阴毛者，以其在热带也。或谓剪发而少留寸许，可以护脑，此为欧美免冠之俗言之也。夫行礼而不用本身之肢体而假于外冠，实不便之尤也。中国古者刑人有罪亦免冠，盖自取卑辱之意，而因以为退让致敬之礼。然于近冰海寒地实不可行，行之必伤人，此非可通行之礼也。既不须免冠，则不须护脑矣。惟须发日、出日薙殊烦，必待有新药之制，一涂而发不复生，又不损人，乃可全无，否则薙之劳不如剪之逸也，太平之文明必有妙药，一毛不留矣。须眉亦殊污乱，皆当去之。于是男女皆熏香含泽，日浴数次，体气香洁，清净妙美，传种既久，自然香洁。今乱世之人，以香泽为妇女之事，此以玩具视妇女而不以文明之高物自待也。夫兽豸最污者无论也，野蛮又最污者也，垢面臭口，卧地便旋，余秽迫人。知野蛮污垢之近于兽，则知清香华洁而远出于兽矣。所谓恶乱者污浊也，所谓文明者华洁也。故太平之世，人人皆色相端好，洁白如玉，香妙如兰，红润如桃，华美如花，光泽如镜，今世之美人尚不及太平世之丑人也。

沐浴之乐　太平世之浴池，纯用白石，皆略如人形，而广大数倍，滑泽可鉴，可盘曲坐卧，刻镂花草云物以喷水，冷热惟意。水皆有妙药制之，一浴而酣畅欢欣，如饮醇酒，垢腻立尽。浴衣亦然，且带香气，不须别置熏笼也。其口浴次数及其时，则医生随时定之。

其溷厕悉以机激水，淘荡秽气，花露喷射，薰香扑鼻，有图画神仙之迹，以令人超观思玄；有音乐微妙之音，以令人和平清净。盖人就溷时，乃最静逸去嚣哗之一时,粪溺亦人体之一也,与血脓同,知必弃而不可保存也,有以动其出世之思,弃形之想,则神魂自远也。

医视疾病之乐 大同之世,每人日有医生来视一次,若有病则入医院,故所有农牧、渔场、矿工、作厂、商店、旅馆处处皆有医生主焉,以其人数多寡为医生之数,凡饮食之品,皆经医生验视而后出。及夫宫室之式,衣服之度,道路、林野、溷厕、庖浴之宜,工作之事,一切人事皆经医生考核许可,然后得为之。其有疫痘熏传之症,则各地早防之,亦必有妙药扫除之。盖必全地洁净而后疫无从起,有一地不治则疫可生焉,故太平之世无疫。太平之世,人皆乐游,无有忧虑,体极强壮,医视详密,故太平世无疾。其有疾也,则外感者耳,必无内伤肺痨传种之疾矣。其所居择地,胎教精详,恶种则淘汰之,并无盲哑跛躄废疾人痴者矣。其外感者则可一药而愈。故太平之世,虽有病院而几无人,其病者则将死者也,然皆气尽而死,莫不考终焉。若其气尽,呻吟太苦,众医脉之,上医脉之,知其无救,则以电气尽之,俾其免临死呻吟之奇苦焉。故大同之时,人无有权,惟医权最大。盖乱世以杀人为主,故兵权最大,太平世以生人为主,故医权最大,时义然也。医权最大,医士亦最多,医学亦最精,加有新器助之,又鼓励之,故其时医术神明,不可思议。养生日精,服食日妙,人寿日长,不可思议,盖可由一二百岁而渐至千数百岁焉。

炼形神仙之乐 大同之世,人无所思,安乐既极,惟思长生。而服食既精,忧虑绝无,盖人人皆为自然之出家,自然之学道者也。

于时人皆为长生之论,神仙之学大盛,于是中国抱朴、贞白丹丸之事，炼煞制气、养精出神、尸解胎变之旧学，乃大光于天下。人至垂老，无不讲求，于是隐形、辟谷、飞升、游戏、耳通、目通、宿命通亦必有人焉，若是者可当大同之全运，或亦数千年而不绝益精也。惟人受公政府之教养二十年，报之作工亦须二十年，如乱世人之当报父母也。其有入山屏处者，必须四十岁之后，乃许辞工专学道也。盖神仙者，大同之归宿也。

灵魂之乐　养形之极，则人有好新奇者，专养神魂，以去轮回而游无极，至于不生不灭、不增不减焉。神仙之后，佛学又兴，其极也，则有乘光、骑电、御气而出吾地而入他星者，此又为大同之极致而人智之一新也。然有专精修道，入山屏人，谢绝世事者，只许四十岁后为之。以人为公政府所教养二十年，非己所得私有，须作工二十年报之，乃听自由。亦以虑人皆学仙、佛，则无人执事作工，而文明之事业将退化也。

耶教以尊天爱人为海善，以悔罪末断为悚恶，太平之世，自能爱人，自能无罪；知天演之自然，则天不尊，知无量众魂之难立待于空虚，则不信末日之断，耶稣之教，至大同则灭矣。回教言国，言君臣、夫妇之纲统，一入大同即灭，虽有魂学，皆称天而行，粗浅不足征信，其灭更先。大同太平则孔子之志也，至于是时，孔子三世之说已尽行，惟《易》之阴阳消息，可传而不显矣，盖病已除矣，无所用药，岸已登矣，筏亦当舍。故大同之世，惟神仙与佛学二者大行。盖大同者世间法之极，而仙学者长生不死，尤世间法之极也，佛学者不生不灭，不离乎世而出乎世间，尤出乎大同之外也。至是则去乎人境而入乎仙、佛之境，于是仙、佛之学方始矣。仙学太粗，其微言奥理无多，令人醉心者有限；若佛学之博大精微，至于言语道断，心行路绝，虽有圣哲无所措手，其所包容尤为深远。况又有五胜三明之妙术，神通运用，更为灵奇。故大同之后，始为仙学，后为佛学，下智为仙学，上智为佛学。仙、佛之后则为天游之学矣，吾别有书。